राजेन्द्र यादव

जन्म : 28 अगस्त, 1929, आगरा।

शिक्षा : एम.ए. (हिन्दी), 1951, आगरा विश्वविद्यालय।

प्रमुख पुस्तकें : *देवताओं की मूर्तियाँ, जहाँ लक्ष्मी क़ैद है, छोटे-छोटे ताजमहल, किनारे से किनारे तक, चौखटे तोड़ते त्रिकोण, वहाँ तक पहुँचने की दौड़, अनदेखे अनजाने पुल, हासिल और अन्य कहानियाँ* आदि (कहानी-संग्रह); *सारा आकाश, उखड़े हुए लोग, शह और मात, एक इंच मुस्कान* (मन्नू भंडारी के साथ), *मंत्र-विद्ध और कुलटा* (उपन्यास); आवाज तेरी है (कविता-संग्रह); *कहानी : स्वरूप और संवेदना, प्रेमचन्द की विरासत, अठारह उपन्यास, काँटे की बात* (बारह खंड), *कहानी : अनुभव और अभिव्यक्ति, उपन्यास : स्वरूप और संवेदना* (समीक्षा-निबन्ध-विमर्श); *वे देवता नहीं हैं, एक दुनिया : समानान्तर, कथा जगत की बागी मुस्लिम औरतें, औरत : उत्तरकथा, पितृसत्ता के नए रूप* आदि (सम्पादन); *औरों के बहाने* (व्यक्ति-चित्र); *मुड़-मुड़के देखता हूँ...* (आत्मकथा); *राजेन्द्र यादव रचनावली* (15 खंड)।

प्रेमचन्द द्वारा स्थापित कथा-मासिक 'हंस' के अगस्त, 1986 से 27 अक्टूबर, 2013 तक सम्पादन। चेखव, तुर्गनेव, कामू आदि लेखकों की कई कालजयी कृतियों का अनुवाद।

निधन : 28 अक्टूबर, 2013

प्रतिनिधि कहानियाँ

राजेन्द्र यादव

सम्पादक

मोहन गुप्त

राजकमल पेपरबैक्स में
पहला संस्करण : 1985
तेरहवाँ संस्करण : 2024

राजकमल पेपरबैक्स : उत्कृष्ट साहित्य के जनसुलभ संस्करण

राजकमल प्रकाशन प्रा.लि.
1-बी, नेताजी सुभाष मार्ग, दरियागंज
नई दिल्ली-110 002
द्वारा प्रकाशित

शाखाएँ : अशोक राजपथ, साइंस कॉलेज के सामने, पटना-800 006
पहली मंजिल, दरबारी बिल्डिंग, महात्मा गांधी मार्ग, प्रयागराज-211 001
1, अनमोल सोराबजी सन्तुक लेन, धोबी तलाव, मरीन लाइंस, मुम्बई-400 002
वेबसाइट : www.rajkamalprakashan.com
ई-मेल : info@rajkamalprakashan.com

बी.के. ऑफसेट
नवीन शाहदरा, दिल्ली-110 002
द्वारा मुद्रित

मूल्य : ₹199

PRATINIDHI KAHANIYAN
Representative Stories of Rajendra Yadav
Edited by Mohan Gupta

ISBN : 978-81-267-0313-5

क्रम

प्रामाणिक यथार्थ की खोज में

स्वतंत्रता-प्राप्ति के बाद हिन्दी-कहानी में गुणात्मक परिवर्तन की जो प्रक्रिया शुरू हुई थी, उसने एक ओर तो कहानी को साहित्य की केन्द्रीय विधा के रूप में प्रतिष्ठित किया, और दूसरी ओर उसके बाह्य तथा आन्तरिक व्यक्तित्व को इतना बदल दिया कि उसकी अलग पहचान के लिए उसे 'नयी कहानी' कहना ज़रूरी समझा गया। इस नयी कहानी का रूपाकार समसामयिक जीवन के यथार्थ से रू-ब-रू होने पर कहानीकार के मन में उत्पन्न संवेदनाओं और विचार-तत्त्वों के संघात से नए साँचे में ढल रहा था, और इसका सबसे अधिक जीवन्त उदाहरण राजेन्द्र यादव की कहानियों में मिलता है। जीवन के छोटे-से-छोटे प्रसंग में निहित अन्तर्विरोध को उजागर करने की चेष्टा में रूपात्मकता के पुराने ढाँचे को तोड़कर शिल्प के जितने नए प्रयोग उन्होंने किए हैं उतने शायद ही किसी और कहानीकार ने किए हों। इन प्रयोगों के कारण भाषा और शिल्प में कहीं-कहीं दुरूहता भी आई है। लेकिन जिस मध्यवर्ग का चित्रण राजेन्द्र यादव ने अपनी कहानियों में किया है उस दौर में वह न केवल एकदम नए, बल्कि बहुआयामी और उलझे हुए संश्लिष्ट बाहरी-भीतरी दबावों को झेल रहा था। स्वभावतः उन दबावों और तनावों की कथा-अभिव्यक्ति बहुत सीधी और सरल नहीं हो सकती थी।

संक्षेप में कहा जाए तो राजेन्द्र यादव की कहानियाँ आज़ादी के बाद तेजी से विघटित हो रहे मानव-मूल्यों, स्त्री-पुरुष सम्बन्धों, बदलती हुई सामाजिक और नैतिक

परिस्थितियों तथा पैदा हो रही एक नई विचार-दृष्टि को रेखांकित करती हैं। उन्होंने व्यक्ति के माध्यम से समाज को समझने की लगातार कोशिश की है। यही कारण है कि उनकी कहानियों में रूपायित व्यक्ति-चेतना सामाजिक चेतना से विरत या निरपेक्ष नहीं है, क्योंकि एक अनुभूत सामाजिक यथार्थ ही उनका यथार्थ है। यथार्थ-बोध के सम्बन्ध में उनकी अपनी मान्यता है कि "जो कुछ हमारे संवेदन के वृत्त में आ गया है, यही हमारा यथार्थ है...लेकिन इस यथार्थ को कलात्मक और प्रामाणिक रूप से सम्प्रेषणीय बनाने के लिए ज़रूरी है कि हम इसे अपने से हटकर या उठकर देख सकें, उसे माध्यम की तरह इस्तेमाल कर सकें।"

प्रयास किया गया है कि राजेन्द्र की इस मान्यता को किसी-न-किसी रूप में स्थापित करनेवाली उनकी हर महत्त्वपूर्ण कहानी इस संकलन में रहे।

—मोहन गुप्त

जहाँ लक्ष्मी क़ैद है

ज़रा ठहरिए, यह कहानी विष्णु की पत्नी लक्ष्मी के बारे में नहीं, लक्ष्मी नाम की एक ऐसी लड़की के बारे में है जो अपनी क़ैद से छूटना चाहती है। इन दो नामों में ऐसा भ्रम होना स्वाभाविक है जैसाकि कुछ क्षण के लिए गोविन्द को हो गया था।

एकदम घबराकर जब गोविन्द की आँखें खुलीं तो वह पसीने से तर था और उसका दिल इतने ज़ोर से धड़क रहा था कि उसे लगा, कहीं अचानक उसका धड़कना बन्द न हो जाए। अँधेरे में उसने पाँच-छः बार पलकें झपकाईं, पहली बार तो उसकी समझ में ही न आया कि वह कहाँ है, कैसा है—एकदम दिशा और स्थान का ज्ञान उसे भूल गया। पास के हॉल की घड़ी ने एक का घंटा बजाया तो उसकी समझ में ही न आया कि वह घड़ी कहाँ है,वह स्वयं कहाँ है और घंटा कहाँ बज रहा है। फिर धीरे-धीरे उसे ध्यान आया, उसने ज़ार से अपने गले का पसीना पोंछा और उसे लगा, उसके दिमाग़ में फिर वही खट्खट् गूँज उठी है, जो अभी गूँज रही थी...।

पता नहीं, सपने में या सचमुच ही, अचानक गोविन्द को ऐसा लगा था, जैसे किसी ने किवाड़ पर तीन-चार बार खट्-खट् की हो और बड़े गिड़गिड़ाकर कहा हो—'मुझे निकालो, मुझे निकालो!' और वह आवाज़ कुछ ऐसे रहस्यमय ढंग से आकर उसकी चेतना को कोंचने लगी कि वह बौखलाकर जाग उठा—सचमुच ही यह किसी की आवाज़ थी या महज़ उसका भ्रम?

फिर उसे धीरे-धीरे याद आया कि यह भ्रम ही था और वह लक्ष्मी के बारे में सोचता हुआ ऐसा अभिभूत सोया था कि वह स्वप्न में भी छायी रही। लेकिन वास्तव में यह आवाज़ कैसी विचित्र थी, कैसी साफ़ थी!—उसने कई बार सुना था कि अमुक स्त्री या पुरुष के स्वप्न में आकर कोई कहता—'मुझे निकालो,

मुझे निकालो!' फिर वह धीरे-धीरे स्थान की बात भी बताने लगता और वहाँ खुदवाने पर कड़ाहे या हाँडी में भरे सोने-चाँदी के सिक्के या माया उसे मिलती और वह देखते-देखते मालामाल हो जाता। कभी-कभी ऐसा भी हुआ कि किसी अनधिकारी आदमी ने उस द्रव्य को निकलवाना चाहा तो उसमें कौड़ियाँ और कोयले निकले या फिर उसके कोढ़ फूट आया या घर में कोई मृत्यु हो गई। कहीं इसी तरह, धरती के नीचे से उसे कोई लक्ष्मी तो नहीं पुकार रही है? और वह बड़ी देर तक सोचता रहा, उसके दिमाग़ में फिर लक्ष्मी का क़िस्सा साकार होने लगा। वह मोहाछन्न-सा पड़ा रहा...

दूर कहीं दूसरे घड़ियाल ने फिर वही एक घंटा बजाया।

गोविन्द से अब नहीं रहा गया। रज़ाई को चारों तरफ़ से बन्द रखे हुए ही बड़े सँभालकर उसने कुहनी तक हाथ निकाला, लेटे-ही-लेटे अलमारी के खाने से किताब-कॉपियाँ की बग़ल से उसने अधजली मोमबत्ती निकाली, वहीं कहीं से खोजकर दियासलाई निकाली और आधा उठकर, ताकि जाड़े में दूसरा हाथ पूरा न निकालना पड़े, उसने दो-तीन बार घिसकर दियासलाई जलाई, मोमबत्ती रौशन की और पिघले मोम की बूँद टपकाकर उसे दवात के ढक्कन के ऊपर जमा दिया। धीरे-धीरे हिलती रोशनी में उसने देख लिया कि किवाड़ पूरे बन्द हैं, और दरवाज़े के सामने वाली दीवार में बने, जाली लगे रौशनदान के ऊपर, दूसरी मंज़िल से हल्की-हल्की जो रोशनी आती है, वह भी बुझ चुकी है। सब कुछ कितना शान्त हो चुका है। बिजली का स्विच यद्यपि उसके तख़्त के ऊपर ही लगा था, लेकिन एक तो जाड़े में रज़ाई समेत या रज़ाई छोड़कर खड़े होने का आलस्य, दूसरे लाला रूपाराम का डर, सुबह ही कहेगा—'गोविन्द बाबू, बड़ी देर तक पढ़ाई हो रही है आजकल।' जिसका सीधा अर्थ होगा कि बड़ी बिजली खर्च करते हो।

फिर उसने चुपके से, जैसे कोई उसे देख रहा हो, तकिये के नीचे से रज़ाई के भीतर-ही-भीतर हाथ बढ़ाकर वह पत्रिका निकाल ली और गर्दन के पास से हाथ निकालकर उसके सैंतालीसवें पन्ने को बीसवीं बार खोलकर बड़ी देर घूरता रहा। एक बजे की पठानकोट-एक्सप्रेस जब दहाड़ती हुई गुज़र गई तो सहसा उसे होश आया। 47 और 48—जो पन्ने उसके सामने खुले थे, उनमें जगह-जगह नीली स्याही से कुछ पंक्तियों के नीचे लाइनें खींची गई थीं—यही नहीं, उस पन्ने का कोना मोड़कर उन्हीं लाइनों की तरफ़ विशेष रूप से ध्यान खींचा गया था। अब तक गोविन्द उन या उनके आस-पास की लाइनों को बीस

बार से अधिक घूर चुका था। उसने शंकित निगाहों से इधर-उधर देखा और फिर एक बार उन पंक्तियों को पढ़ा।

जितनी बार वह उन्हें पढ़ता, उसका दिल एक अनजान आनन्द के बोझ से धड़ककर डूबने लगता और दिमाग़ उसी तरह भन्ना उठता जैसा उस समय भन्नाया था, जब यह पत्रिका उसे मिली थी। यद्यपि इस बीच उसकी मानसिक दशा कई विकट स्थितियों से गुज़र चुकी थी; फिर भी वह बड़ी देर तक काली स्याही से छपे कहानी के अक्षरों को स्थिर निगाहों से घूरता रहा—धीरे-धीरे उसे ऐसा लगा, यह अक्षरों की पंक्ति एक ऐसी खिड़की की जाली है, जिसके पीछे बिखरे बालों वाली एक निरीह लड़की का चेहरा झाँक रहा है। और फिर उसके दिमाग़ में बचपन की सुनी कहानी साकार होने लगी—शिकार खेलने में साथियों का साथ छूट जाने पर भटकता हुआ एक राजकुमार अपने थके-माँदे घोड़े पर बिल्कुल वीराने में, समुद्र के किनारे बने एक विशाल सुनमान क़िले के नीचे जा पहुँचा। वहाँ ऊपर खिड़की में उसे एक अत्यन्त सुन्दर राजकुमारी बैठी दिखाई दी, जिसे एक राक्षस ने लाकर वहाँ क़ैद कर दिया था...छोटे-से-छोटे विवरण के साथ खिड़की में बैठी राजकुमारी की तस्वीर गोविन्द की आँखों के आगे स्पष्ट और मूर्त होती गई। और उसे लगा, जैसे वही राजकुमारी उन रेखांकित, छपी लाइनों के पीछे से झाँक रही है। उसके गालों पर आँसुओं की लकीरें सूख गई हैं, उसके होंठ पपड़ा गए हैं...चेहरा मुरझा गया है और रेशमी बाल मकड़ी के जाले-जैसे लगते हैं—जैसे उसके पूरे शरीर से एक आवाज़ निकलती है—'मुझे छुड़ाओ, मुझे छुड़ाओ!'

गोविन्द के मन में उस अनजान राजकुमारी को छुड़ाने के लिए जैसे रह-रहकर कोई कुरेदने लगा। एक-आध बार तो उसकी बड़ी प्रबल इच्छा हुई कि अपने भीतर रह-रहकर कुछ करने की उत्तेजना को वह अपने तख्त और कोठरी की दीवार के बीच में बची दो फीट चौड़ी गली में घूम-घूमकर दूर कर दे।

तो क्या सचमुच लक्ष्मी ने यह सब उसी के लिए लिखा है? लेकिन उसने तो लक्ष्मी को देखा तक नहीं! अगर अपनी कल्पना में किसी जवान लड़की का चेहरा लाए भी तो वह आख़िर कैसी हो?...कुछ और भी बातें थीं कि वह लक्ष्मी के रूप में एक सुन्दर लड़की के चेहरे की कल्पना करते डरता था—उसकी ठीक शक़्ल-सूरत और उम्र भी नहीं मालूम उसे...

गोविन्द यह अच्छी तरह जानता था कि यह सब उसीके लिए लिखा गया है; ये लाइनें खींचकर उसी का ध्यान आकृष्ट किया गया है। फिर भी वह इस

अप्रत्याशित बात पर विश्वास नहीं कर पाता था। वह अपने को इस लायक भी नहीं समझता था कि कोई लड़की इस तरह उसे संकेत करेगी। यों शहरों के बारे में उसने बहुत काफ़ी सुन रखा था, लेकिन यह सोचा भी नहीं था कि गाँव से इंटर पास करके शहर आने के एक हफ्ते में ही उसके सामने एक 'सौभाग्यपूर्ण' बात आ जाएगी...

वह जब-जब इन पंक्तियों को पढ़ता तब-तब उसका सिर इस तरह चकराने लगता, जैसे किसी दसमंज़िले मकान से नीचे झाँक रहा हो! जब उसने पहले-पहल ये पंक्तियाँ देखी थीं तो इस तरह उछल पड़ा था, जैसे हाथ में अंगारा आ गया हो!

बात यह हुई कि वह चक्की वाले हॉल में ईंटों के तख़्त-जैसे बने चबूतरे पर बड़ी पुरानी काठ की संदूकची के ऊपर लम्बा-पतला रजिस्टर खोले दिन-भर का हिसाब मिला रहा था, तभी लाला रूपाराम का सबसे छोटा, नौ-दस साल का लड़का रामस्वरूप उसके पास आ खड़ा हुआ। यह लड़का एक फटे-पुराने-से चैस्टर की, जो साफ़ ही किसी बड़े भाई के चैस्टर को कटवाकर बनवाया गया होगा, जेबों में दोनों हाथों को ठूँसे पास खड़ा होकर उसे देखने लगा।

गोविन्द जब पहले ही दिन आया था और हिसाब कर रहा था, तभी यह लड़का भी आ खड़ा हुआ था। उस दिन लाला रूपाराम भी थे, इसलिए सिर्फ़ यह दिखाने को कि वह उनके सुपुत्र में भी काफ़ी रुचि रखता है, उसने नियमानुसार नाम, उम्र और स्कूल-क्लास इत्यादि पूछे थे; नाम रामस्वरूप, उम्र नौ साल, चुंगी-प्राइमरी स्कूल में चौथे क्लास में पढ़ता था। फिर तो सुबह-शाम गोविन्द उसे चैस्टर की छाया से ही जानने लगा, शक़्ल देखने की ज़रूरत ही नहीं होती थी। चैस्टर के नीचे नेकर पहने होने के कारण उसकी पतली टाँगें खुली रहतीं और वह पाँवों में बड़े-पुराने किरमिच के जूते पहने रहता, जिनकी फ़टी-निकली जीभों को देखकर उसे हमेशा दुम-कटे कुत्ते की पूँछ का ध्यान हो आता था।

थोड़ी देर उसका लिखना ताकते रहकर लड़के ने चैस्टर के बटनों के कसाब और छाती के बीच में रखी पत्रिका निकालकर उसके सामने रख दी और बोला, "मुंशी जी, लक्ष्मी जीजी ने कहा है, हमें कुछ और पढ़ने को दीजिए।"

"अच्छा, कल देंगे..." मन-ही-मन भन्नाकर उसने कहा।

यहाँ आकर उसे जो 'मुंशी जी' का नया खिताब मिला है, उसे सुनकर उसकी आत्मा खाक़ हो जाती। 'मुंशी जी' नाम के साथ जो एक कान पर क़लम लगाए, गोल-मैली टोपी, पुराना कोट पहने, मुड़े-तुड़े आदमी की तस्वीर सामने आती है—उसे बीस-बाईस साल का युवक गोविन्द सँभाल नहीं पाता।

लाला रूपाराम उसी के गाँव के हैं—शायद उसके पिता के साथ दो-तीन जमात पढ़े भी थे। शहर आते ही आत्मनिर्भर होकर पढ़ाई चला सकने के लिए किसी ट्यूशन इत्यादि या छोटे पार्ट-टाइम काम के लिए लाला रूपाराम से भी वह मिला तो उन्होंने अत्यन्त उत्साह से उसके मृत बाप को याद करके कहा—'भैया, तुम तो अपने ही बच्चे हो, ज़रा हमारी चक्की का हिसाब-किताब घंटे-आध घंटे देख लिया करो और मज़े में चक्की के पास जो कोठरी है, उसमें पड़े रहो, अपने पढ़ो। आटे की यहाँ तो कमी है ही नहीं।' और अत्यन्त कृतज्ञता से गद्गद वह उनकी कोठरी में आ गया, पहली रात हिसाब लिखने का ढंग समझाते हुए लाला रूपाराम, मोतियाबिन्द वाले चश्मे के मोटे-मोटे काँचों के पीछे से मोरपंखी के चंदोवे-सी दीखती आँखों और मोटे होंठों से मुस्कराते, उसका सम्मान बढ़ाने को 'मुंशी जी' कह बैठे तो वह चौंक पड़ा। लेकिन उसने निश्चय कर लिया कि यहाँ जम जाने के बाद वह विनम्रता से इस शब्द का विरोध करेगा। रामस्वरूप से 'मुंशी जी' नाम सुनकर उसकी भौंहें तन गईं, इसीलिए उसने उपेक्षा से वह उत्तर दिया था।

"कल ज़रूर दीजिएगा।" रामस्वरूप ने फिर अनुरोध किया।

"हाँ भाई, ज़रूर देंगे।" उसने दाँत पीसकर कहा; लेकिन चुप ही रहा। वह अक्सर लक्ष्मी का नाम सुनता था। हालाँकि उसकी कोठरी बिल्कुल सड़क की तरफ़ अलग ही पड़ती थी; लेकिन उसमें पीछे की तरफ़ जो एक जालीदार

छोटा-सा रौशनदान था, वह घर के भीतर नीचे की मंज़िल के चौक में खुलता था। लाला रूपाराम का परिवार ऊपर की मंज़िल पर रहता था और नीचे सामने की तरफ़ पनचक्की थी, पीछे कई तरह की चीज़ों का स्टोर-रूम था। इस 'लक्ष्मी' नाम के प्रति उसे उत्सुकता और रुचि इसलिए भी बहुत थी कि चाहे कोठरी में हो या बाहर, पनचक्की के हॉल में, हर पाँचवें मिनट पर उसका नाम विभिन्न रूपों में सुनाई देता था—'लक्ष्मी बीबी ने यह कहा है', 'रुपए लक्ष्मी बीबी के पास हैं', 'चाबी लक्ष्मी बीबी को दे देना।' और उसके जवाब में जो एक पतली तीख़ी-सी अधिकारपूर्ण आवाज़ सुनाई देती थी, उसे गोविन्द पहचानने लगा था। अनुमान से उसने समझ लिया कि यही लक्ष्मी की आवाज़ है। लेकिन स्वयं वह कैसी है? उसकी एक झलक-भर देख पाने को उसका दिल कभी-कभी बुरी तरह तड़प-सा उठता। लेकिन पहले कुछ दिनों उसे अपना प्रभाव जमाना था, इसलिए वह आँख उठाकर भी भीतर देखने की कोशिश न करता। मन-ही-मन उसने समझ लिया कि यही लक्ष्मी है, काफ़ी महत्त्वपूर्ण है...दिक़्क़त

यह थी कि भीतर कुछ दिखाई भी तो नहीं देता था। सड़क के किनारे तीन-चार दरवाज़े वाले इस चक्की के हॉल के बाद एक आठ-दस फ़ीट लम्बी गली थी और चौक के ऊपर लोहे का जाल पड़ा था, उस पर से ऊपर वाले लोग जब गुज़रते थे तो लोहे की झनझनाहट से पहले तो उसका ध्यान हर बार उधर चला जाता था। बच्चे तो कभी-कभी और भी उछल-उछलकर उस पर कूदने लगते थे। यहाँ से जब तक किसी बहाने पूरी गली पार न की जाए, कुछ भी दीखना असम्भव था। चूँकि गुसलखाना और नल इत्यादि उसी चौक में थे, जिनकी वजह से नीचे प्राय: सीलन और गीलापन रहता था, इसलिए सुबह चौक में जाते हुए अत्यन्त सीधे लड़के की तरह निगाहें नीची किए हुए भी वह ऊपर की स्थिति को भाँपने का प्रयत्न करता था। ऊपर सिर उठाकर आँख-भर देख पाने की उसमें हिम्मत न थी। अपनी कोठरी का एक मात्र दरवाज़ा बन्द करके, तख़्त पर चढ़कर मकड़ी के जाले और धूल से भरे जालीदार रौशनदान से झाँककर उसने वहाँ की स्थिति को भी जानने की कोशिश की थी; लेकिन यह कम्बख़्त जाली कुछ इस ढंग से बनी थी कि उसके 'फ़ोकस' में पूरा सामने वाला छज्जा और एकाध फ़ुट लोहे का जाल भर आया था। वहाँ कई बार उसे लगा, जैसे दो छोटे-छोटे तलुए गुज़रे...बहुत कोशिश करने पर टखने दीखे—हाँ, हैं तो किसी लड़की के पैर, क्योंकि साथ में धोती का किनारा भी झलका था....उसने एक गहरी साँस ली और तख़्त से उतरते हुए बड़े एक्टराना अन्दाज़ में छाती पर हाथ मारा और बुदबुदाया—'अरे लक्ष्मी जालिम, एक झलक तो दिखा देती...'

"मुंशी जी, तुम तो देख रहे हो, लिखते क्यों नहीं?" रामस्वरूप ने जब देखा कि गोविन्द धीरे-धीरे होल्डर का पिछला हिस्सा दाँतों में ठोंकता हुआ हिसाब की कॉपी में अपलक कुछ घूर रहा था तो पता नहीं कैसे यह बात उसकी समझ में आ गई कि वह जो कुछ सोच रहा है, उसका सम्बन्ध सामने रखे हिसाब से नहीं है...

उसने चौंककर लड़के की तरफ़ देखा...और चोरी पकड़ी जाने पर झेंपकर मुस्कराया, तभी अचानक एक बात उसके दिमाग़ में कौंधी—यह लक्ष्मी रामस्वरूप की बहन ही तो है। ज़रूर उसका चेहरा इससे काफ़ी मिलता-जुलता होगा। इस बार उसने ध्यान से रामस्वरूप का चेहरा देखा कि वह सुन्दर है या नहीं। फिर अपनी बेवकूफ़ी पर मुस्कराकर एक अंगड़ाई ली। चारों तरफ़ ढीले हुए कम्बल को फिर से चारों ओर कस लिया और अप्रत्याशित प्यार से बोला, "अच्छा, मुन्ना, कल सुबह दे देंगे।"...उसकी इच्छा हुई कि वह उससे लक्ष्मी

के बारे में कुछ बात करे, लेकिन सामने ही चौकीदार और मिस्तरी सलीम काम कर रहे थे...

असल में आज वह थक भी गया था। अचानक व्यस्त होकर बोला और जल्दी-जल्दी हिसाब करने लगा। दुनिया-भर की सिफ़ारिशों के बाद उसका नाम कॉलेज के नोटिसबोर्ड पर आ गया कि वह ले लिये गए लड़कों में से है। आते समय कुछ किताब और कॉपियाँ भी खरीद लाया था, सो आज वह चाहता था कि जल्दी-से-जल्दी अपनी कोठरी में लेटे और कुछ आगे-पीछे की बातें...दुनिया-भर की बातें सोचता हुआ सो जाए...सोचे, लक्ष्मी कौन है...कैसी है...वह उसके बारे में किससे पूछे?...कोई उसका हमउम्र और विश्वास का आदमी भी तो नहीं है। किसी से पूछे और रूपाराम को पता चल जाए, तो? लेकिन अभी तीसरा ही तो दिन है...मन-ही-मन अपने पास रखी पत्रिकाओं और कहानी की पुस्तकों की गिनती करते हुए वह सोचने लगा कि इस बार उसे कौन-सी देनी है...आगे जाकर जब काफ़ी दिन हो जाएँगे तो वह चुपचाप उसमें एक ऐसा छोटा-सा पत्र रख देगा जो किसी दोस्त के नाम लिखा गया होगा या उसकी भाषा ऐसी होगी कि पकड़ में न आ सके...भूल से चला गया, पकड़े जाने पर वह आसानी से कह सकेगा—उसे तो ध्यान भी नहीं था कि वह पर्चा इसमें रखा है। बीस जवाब हैं। अपनी चालाक बेवकूफ़ी की कल्पना पर वह मुस्कराने लगा।

जिसके विषय में वह इतना सब सोचता है, वह उसी लक्ष्मी के पास से आई हुई पत्रिका है—उसने इसे अपने कोमल हाथों से छुआ होगा, तकिये के नीचे, सिरहाने भी यह रही होगी...लेटकर पढ़ते हुए हो सकता है, सोचते-सोचते छाती पर भी रखकर सो गई हो...और उसका तन-मन गुदगुदा उठा। क्या लक्ष्मी उसके विषय में बिल्कुल ही न सोचती होगी? हिसाब लिखने की व्यस्तता में भी उसने गर्दन मोड़कर एक हाथ से पत्रिका के पन्ने पलटने शुरू कर दिये और एक कोना-मुड़े पन्ने पर अचानक उसका हाथ ठिठक गया—यह किसने मोड़ा है? एक मिनट में हज़ारों बातें उसके दिमाग़ में चक्कर लगा गईं। उसने पत्रिका उठाकर हिसाब की कॉपी पर रख ली। मुड़ा पन्ना पूरा खुला था। छपे पन्ने पर जगह-जगह नीली स्याही से निशान देखकर वह चौंक पड़ा। ये किसने लगाए हैं? उसे खूब अच्छी तरह ध्यान है, ये पहले नहीं थे...

'मैं तुम्हें प्राणों से अधिक प्यार करती हूँ...' उसने एक नीली लाइन के ऊपर पढ़ा...

“अँय! यह क्या चक्कर है...?” वह एकदम जैसे बौखला उठा। उसने फ़ौरन ही सामने बैठे मिस्तरी सलीम और दिलावरसिंह को देखा, वे अपने में ही व्यस्त थे। उसकी निगाह अपने-आप दूसरी लाइन पर फिसल गई।

‘मुझे यहाँ से भगा ले चलो...’

“अरे...!”

तीसरी लाइन—‘मैं फाँसी लगाकर मर जाऊँगी....।’

और गोविन्द इतना घबरा गया कि उसने फट से पत्रिका बन्द कर दी। शंका से इधर-उधर देखा, किसी ने ताड़ तो नहीं लिया? उसके माथे पर पसीना उभर आया और दिल चक्की के मोटर की तरह चलने लगा। पत्रिका के उन पन्नों के बीच में ही उँगली रखे हुए उसने उसे घुटने के नीचे छिपा लिया। कहीं दूर से रंग-बिरंगी कवर की तस्वीर को देखकर वह कम्बख़्त चौकीदार ही न माँग बैठे। उन पंक्तियों को एक बार फिर देखने की दुर्निवार इच्छा उसके मन में हो रही थी; लेकिन जैसे हिम्मत न पड़ती थी। क्या सचमुच ये निशान लक्ष्मी ने ही लगाए हैं? कहीं किसी ने मज़ाक़ तो नहीं किया? लेकिन मज़ाक़ उससे कौन करेगा, क्यों करेगा? ऐसा उसका कोई परिचित भी तो नहीं है यहाँ कि तीन दिन में ही ऐसी हिम्मत कर डाले।

उसने फिर पत्रिका निकालकर पूरी उलट-पुलट डाली। नहीं, निशान वही हैं, बस। वह उन तीनों लाइनों को फिर एकसाथ पढ़ गया और उसे ऐसा लगा, जैसे उसके दिमाग़ में हवाई जहाज़ भन्ना उठा हो। गोविन्द का दिमाग़ चकरा रहा था, दिल धड़क रहा था, और जो हिसाब वह लिख रहा था, वह तो जैसे एकदम भूल गया। उसने क़लम के पिछले हिस्से से कान के ऊपर खुजलाया, खूब आँखें गड़ाकर जमा और खर्च के खानों को देखने की कोशिश की, लेकिन बस नस-नस में सन-सन करती कोई चीज़ दौड़े जा रही थी। उसे लगा, उसका दिल फट जाएगा और आतिशबाज़ी के अनार की तरह दिमाग़ फूट पड़ेगा...अब वह किससे पूछे? ये सब निशान किसने लगाए हैं? क्या सचमुच लक्ष्मी ने?

इस मधुर सत्य पर विश्वास नहीं होता। मैं चाहे उसे न देख पाया होऊँ, उसने तो ज़रूर ही मुझे देख लिया होगा। अरे, ये लड़कियाँ बड़ी तेज़ होती हैं। गोविन्द की इच्छा हुई, अगर उसे इसी क्षण शीशा मिल जाए तो वह लक्ष्मी की आँखों से एक बार अपने को देखे—कैसा लगता है?

लेकिन यह लक्ष्मी कौन है? विधवा, कुमारी, विवाहिता, परित्यक्ता, क्या?

कितनी बड़ी है? कैसी है? उसकी नस-नस में एक प्रबल मरोड़-सी उठने लगी कि वह अभी उठे और दौड़कर भीतर के आँगन की सीढ़ियों से धड़ाधड़ चढ़ता हुआ ऊपर जा पहुँचे—लक्ष्मी जहाँ भी, जिस कमरे में बैठी हो, उसके दोनों कन्धे झकझोरकर पूछे, 'लक्ष्मी, लक्ष्मी, यह सब तुमने लिखा है? तुम नहीं जानतीं लक्ष्मी, मैं कितना अभागा हूँ। मैं क़तई इस सौभाग्य के लायक नहीं हूँ।' और सचमुच इस अप्रत्याशित सौभाग्य से गोविन्द का हृदय इस तरह पसीज़ उठा कि उसकी आँखों में आँसू आ गए। डोरी से लटकते हुए बल्ब को अपलक देखता हुआ वह अपने अतीत और भविष्य की गहराइयों में उतरता चला गया; फिर उसने धीरे से अपनी कोरों में भरे आँसुओं को उँगली पर लेकर इस तरह झटक दिया, जैसे देवता पर चन्दन चढ़ा रहा हो! उसका ढीला पड़ा हाथ अब भी पत्रिका के पन्ने को पकड़े था।

एक बार उसने फिर उन पंक्तियों को देखा—मान लो लक्ष्मी उसके साथ भाग जाए? कहाँ जाएँगे वे लोग? कैसे रहेंगे? उसकी पढ़ाई का क्या होगा? बाद में पकड़ लिए गए तो?

लेकिन आख़िर यह लक्ष्मी है कौन?

लक्ष्मी के बारे में प्रश्नों का एक झुंड उसके दिमाग़ पर टूट पड़ा, जैसे शिकारी कुत्तों का बाड़ा खोल दिया गया हो या एक के बाद एक सिर पर कोई हथौड़े की चोटें कर रहा हो, बड़ी निर्ममता और क्रूरता से। जैसे छत पर से अचानक गिर पड़ने वाले आदमी के सामने सारी दुनिया एक झटके के साथ, एक क्षण में चक्कर लगा जाती है, उसी तरह उसके सामने सैकड़ों-हज़ारों चीज़ें एकसाथ चमककर गायब हो गईं।

ईंटों के ऊँचे चौकोर तख़्तनुमा चबूतरे पर पुरानी छोटी-सी संदूक़ची के आगे बैठा गोविन्द हिसाब लिख रहा था और अभी हिसाब न मिलने के कारण जो कच्चे पुर्ज़े इधर-उधर बिखरे थे, वे सब यों ही बिखरे रहे। उसने खुले लेज़र-रजिस्टर पर दोनों कुहनियाँ टिका दीं और हथेलियों से आँखें बन्द कर लीं...कनपटी के पास की नसें चटख रही थीं। ऐसा तो कभी देखा-सुना नहीं... सिनेमा, उपन्यासों में भी नहीं देखा-पढ़ा। सचमुच इन निशानों का क्या मतलब है? क्या लक्ष्मी ने ही ये लाइनें खींची हैं? हो सकता है, किसी बच्चे ने ही खींच दी हों...इस सम्भावना से थोड़ा चौंककर गोविन्द ने फिर पन्ना खोला—नहीं, बच्चा क्या सिर्फ़ इन्हीं लाइनों के नीचे निशान लगाता? और लकीरें इतनी सधी और सीधी हैं कि किसी बच्चे की हो ही नहीं सकतीं। किसी ने उसे व्यर्थ परेशान

करने को तो निशान नहीं लगा दिये? हो सकता है, वह लक्ष्मी बहुत चुहलबाज़ हो और ज़रा छकाने को उसी ने सब किया हो...!

यद्यपि गोविन्द इस तरह आँखें बन्द किए सोच रहा था; लेकिन उसे मन-ही-मन डर था कि मिस्तरी और दरबान उसे देखकर कुछ समझ न जाएँ। सबसे बड़ा डर उसे लाला रूपाराम का था। अभी रूई-भरी, सकलपारों वाली सिलाई की, मैली-सी पूरी बाँहों की मिरज़ई पहने और उस पर मैली चीकट, युगों पुरानी अंडी लपेटे, धीरे-धीरे हाँफते हुए बेंत टेकते बड़े कष्ट से सीढ़ियाँ उतरकर वे आएँगे...

अचानक बेंत की खट्-खट् से चौंककर उसने जो आँखों के आगे से हाथ हटाए तो देखा, सच ही लाला रूपाराम चले आ रहे हैं। अरे, कम्बख़्त याद करते ही आ पहुँचा—बैठे हुए देख तो नहीं लिया? उसने झट पत्रिका को घुटने के नीचे और भी सरका लिया और सामने फैले पुर्जों पर आँखें टिकाकर व्यस्त हो उठा। मिस्तरी और चौकीदार की खुसुर-पुसुर बन्द हो गई। गली-सी पार करके लाला रूपाराम ने प्रवेश किया।

मोटे-मोटे शीशों के पीछे से उनकी आँखें बड़ी होकर भयंकर दीखती थीं। आँखों और पलकों का रंग मिलकर ऐसा दिखाई देता था, जैसे पीछे मोरपंख के चंदोवे लगे हों! सिर पर रूई-भरा कनटोपा था, उसके कानों को ढकने वाले मोटर के 'मडगार्ड' जैसे कोने अब ऊपर मुड़े थे और पौराणिक राक्षसों के सींगों का दृश्य उपस्थित कर रहे थे। चेहरा उनका झुर्रियों से भरा था और चश्मे का फ्रेम नाक के ऊपर से टूट गया था, उसे उन्होंने डोरा लपेटकर मज़बूत कर लिया था। दाँत उनके नक़ली थे और शायद ढीले भी थे; क्योंकि उन्हें वे हमेशा इस तरह मुँह चला-चलाकर पीछे सरकाए रखते थे, जैसे 'चुइंगम' चबा रहे हों! गोविन्द को उनके इस मुँह चलाने और मुँह से निकलती तरह-तरह की आवाज़ों से बड़ी उबकाई-सी आती थी और जब वे उससे बात करते तो वह प्रयत्न करके अपना ध्यान उस ओर से हटाये रखता। लाला रूपाराम की गर्दन हमेशा इस तरह हिलती रहती, जैसे खिलौने वाले बुड्ढे की गर्दन का स्प्रिंग ढीला हो गया हो! घुटनों तक की मैली-कुचैली धोती और मिलिटरी के कबाड़िया बाज़ार से खरीदकर लाए गए मोज़ों पर बाँधने की पट्टियाँ, जो शायद उन्हें गठिया के दर्द से भी बचाती थीं; बिना फ़ीते के खीसें निपोरते फटे-पुराने बूट—उन्हें देखकर हमेशा गोविन्द को लगता कि इस आदमी का अन्त समय निकट आ गया है।

जब लाला रूपाराम पास आ गए तो उनके सम्मान में चेहरे पर चिकनाई

वाली मुस्कान लाकर उनकी ओर देखते हुए स्वागत किया। ईंटों के चबूतरे पर लगभग दो सौ स्याही के दाग़ और छेद वाली दरी पर, रामस्वरूप के उससे सटकर खड़े होने से, एक मोटी-सी सिकुड़न पड़ गई थी, उसे हाथ से ठीक करके उसने कहा, "लाला जी, यहाँ बैठिए...।"

लाला जी ने हाँफते हुए बिना बोले ही इशारा कर दिया कि नहीं, वे ठीक हैं। और वे टीन की कुर्सी पर ही उसकी ओर मुँह करके बैठ गए और हाँफते रहे। असल में उन्हें साँस की बीमारी थी और वे हमेशा प्यासे कुत्ते की तरह हाँफते रहते थे।

उनके वहाँ आ बैठने से एक बार तो गोविन्द काँप उठा, कहीं कम्बख़्त को पता तो नहीं चल गया? कुछ पूछने-ताछने न आया हो। हालाँकि लाला रूपाराम इस समय खा-पीकर एक बार चक्कर ज़रूर लगाते थे, लेकिन उसे विश्वास हो गया कि हो-न-हो, बुड्ढा ताड़ गया है। उसका दिल धसक चला। रूपाराम अभी हाँफ रहे थे। गोविन्द सिर झुकाए ही हिसाब-किताब जोड़ता रहा। आख़िर स्थिति सँभालने की दृष्टि से उसने कहा, "लाला जी, आज मेरा नाम आ गया कॉलेज में।"

"अच्छा!" लाला जी ने खाँसी के बीच में ही कहा। वह एक हाथ से डंडे को धरती पर टेके थे, दूसरे हाथ में कलाई तक गोमुखी बँधी थी, जिसके भीतर उँगलियाँ चला-चलाकर वह माला घुमा रहे थे। और उनका वह हाथ टोंटा-सा लग रहा था।

वातावरण का बोझ बढ़ता ही चला जा रहा था कि एक घटना हो गई।

उन्होंने साँस इकट्ठी करके कुछ बोलने को मुँह खोला ही था कि भीतर आँगन का टट्टर (लोहे का जाल) भयंकर रूप से झनझना उठा, जैसे कोई बहुत ही भारी चीज़ ऊपर से फेंक दी गई हो! और फिर ज़ोर से बजती हुई खनखनाती कल्छी जैसी चीज़ नीचे आ गिरी; उसके पीछे चिमटा, संडासी...और फिर तो उसे ऐसा लगा, जैसे कोई बाल्टी, कड़ाही, तवा इत्यादि निकालकर टट्टर पर फेंक रहा है और पानी और छोटी-मोटी चीज़ें नीचे गिर रही हैं। उसके साथ कुछ ऐसा कोलाहल और कुहराम भीतर सुनाई दिया, जैसे आग लग गई हो!

गोविन्द झटककर सीधा हो गया—कहीं सचमुच आग-वाग तो नहीं लग गई? उसने प्रश्नसूचक दृष्टि से चौंककर लाला की तरफ़ देखा और वह आश्चर्य से अवाक् रह गया। लाला परेशान ज़रूर दिखाई देता था लेकिन कोई भयंकर घटना हो गई है और उसे दौड़कर जाना चाहिए, ऐसी कोई बात उसके चेहरे पर

नहीं थी। मिस्तरी और चौकीदार, दोनों बड़े दबे व्यंग्य से एक-दूसरे की ओर देखते, मुस्कराते, लाला की ओर निगाहें फेंक रहे थे। किसी को भी कोई खास चिन्ता नहीं थी। भीतर कोलाहल बढ़ रहा था, चीज़ें फिंक रही थीं और टट्टर की खड़खड़ाहट-घनघनाहट गूँजती जा रही थी। आख़िर यह क्या हो रहा है? उत्तेजना से उसकी पसलियाँ तड़कने को हो आईं। वह लाला से यह पूछने ही वाला था कि यह क्या है, तभी बड़े कष्ट से हाथ की लकड़ी पर सारा ज़ोर देकर वह उठ खड़ा हुआ...और घिसटता-सा जहाँ से आया, उसी गली में चला गया। जाते हुए उलटकर धीरे से उसने किवाड़ बन्द कर दिये। मिस्तरी और चौकीदार ने मुक्त होकर बदन ढीला किया, एक-दूसरे की ओर मुस्कराकर देखा, खंखारा और फिर एक बार खुलकर मुस्कराए। लाला का पीछा करती गोविन्द की निगाह अब उन लोगों की ओर मुड़ गई। और जब उससे नहीं रहा गया तो वह खड़ा हो गया। मुर्ग़े के पंखों की तरह कम्बल को बाँहों पर फड़फड़ाकर उसने लपेटा और उस पत्रिका को देखता हुआ चबूतरे से नीचे उतर आया। थोड़ी देर यों ही असमंजस में खड़ा रहा, फिर उस गलियारे के दरवाज़े तक गया कि कुछ दिखाई-सुनाई दे। कोलाहल में चार-पाँच आवाज़ें एकसाथ किवाड़ की दरार से घुटी-घुटी सुनाई दीं और उसमें सबसे तेज़ आवाज़ वही थी जिसे उसने लक्ष्मी की आवाज़ समझ रखा था। हे भगवान, क्या हो गया? कोई कहीं से गिर पड़ा, आग लग गई, साँप-बिच्छू ने काट लिया? लेकिन जिस तरह ये लोग बैठे देख रहे थे, उससे तो ऐसा लगता था, जैसे यह कोई खास बात नहीं है। यह कम्बख़्त किवाड़ क्यों बन्द कर गया? इस वक़्त टट्टर इस तरह धमाधम बज रहा था, जैसे उस पर कोई तांडव कर रहा हो! उस ऊँची, चीखती महीन आवाज़ में वह नारी-कंठ, जिसे वह लक्ष्मी की आवाज़ समझता था, इतनी तेज़ और ज़ोर से बोल रहा था कि लाख कोशिश करने पर भी वह कुछ नहीं समझा सका।

"परेशान क्यों हो रहे हो बाबू जी?" चौकीदार की आवाज़ सुनकर वह एकदम सीधा खड़ा हो गया। मुस्कराता हुआ वह कह रहा था, "आज चंडी चेत रही है।" उसकी इस बात पर मिस्तरी हँसा।

गोविन्द बुरी तरह झुँझला उठा। कोई इतनी बड़ी बात, घटना हो रही है और ये बदमाश इस तरह मज़ा लूट रहे हैं! फिर भी वह अत्यन्त चिन्तित और उत्सुक-सा उधर मुड़ा।

इस बड़े कमरे या छोटे हॉल में हर चीज़ पर आटे का महीन पाउडर छाया हुआ था। एक ओर आटे में नहाई चक्की, काले पत्थर के बने हाथी की तरह

चुपचाप खड़ी थी और उसका पिसे आटे को सँभालने वाला गिलाफ़ हाथी की सूँड़ की तरह लटका था। उसी की सीध में दूसरी दीवार के नीचे मोटर लगी थी, जहाँ से एक चौड़ा पट्टा चक्की को चलाता था। इतने हिस्से में सुरक्षा के लिए एक रेलिंग लगा दिया गया था। सामने की दीवार में चिपके लम्बे-चौड़े लाल चीकोर तख़्ते पर एक खोपड़ी और दो हड्डियों के क्रॉस के नीचे 'खतरा' और 'डेंजर' लिखे थे। उसके चबूतरे की बगल में ही छत से जाती ज़ंजीर में एक बड़ी लोहे की तराज़ू, कथकली की मुद्रा में एक बाँह ऊँची किए लटकी थी, क्योंकि दूसरे पलड़े में मन से लेकर छटाँक तक के बाटों का ढेर लगा था। यद्यपि लाला रूपाराम अक्सर चौकीदार को डाँटते थे कि रात में इसे उतारकर रख दिया कर; लेकिन किसी-किसी दिन आधी रात तक चक्की चलती और दुकान-दफ़्तर वाले तो सुबह पाँच बजे से ही आने लगते—उस समय बर्फ़ जैसी ठंडी तराजू को छूना और टाँगना दिलावरसिंह को अधिक पसन्द नहीं था। वह उसे यह कहकर टाल देता कि लड़ाई में सुबह-ही-सुबह काफ़ी ठंडी बन्दूकें लेकर मार्च और परेड कर लिया, अब क्या ज़िन्दगी-भर ठंडा लोहा ही छूना उसकी क़िस्मत में बदा है? इसीलिए वह उसे टंगी ही रहने देता। हालाँकि ठीक बीच में होने के कारण वह जब भी दरवाज़ा खोलने उठता तो ख़ुद ही उससे टकराता-उलझता और रात के एकान्त में फौज़ी गालियों का स्वागत भाषण करता। पुराना कैलेंडर, एक ओर पिसाई के लिए भरे अन्न या पिसे आटे के बोरे, कनस्तर, पोटलियाँ और ऊपर चढ़कर अन्न डालने का मज़बूत-सा स्टूल। इस समय दोनों टाँगें, जिनमें कीलदार फुलबूट डटे हुए थे, धरती पर फैलाए चौकीदार मज़े में खाट की पाटी पर झुका बैठा अपना पुराना—पहली लड़ाई के सिपाहीपने की याद—ग्रेटकोट चारों ओर लपेटे शान से बीड़ी धौंक रहा था और धीरे-धीरे सामने बैठे मिस्तरी सलीम से बातें भी करता जा रहा था।

उसके और मिस्तरी के बीच में एक बरोसी जल रही थी; जब भी ध्यान आ जाता तो पास रखे कोयले-लकड़ी कुछ डाल देता और कभी-कभी अत्यन्त निस्पृहता से हाथ या पाँव उस दिशा में बढ़ाकर गर्मी सोखता। सलीम सिर झुकाये गर्म पानी की बाल्टी में ट्यूब डुबा-डुबाकर उनके पंक्चर देखने में व्यस्त था। उसके आस-पास दस-बारह काले-लाल ट्यूब, रबर की कतरनें, कैंची, पेंच, प्लास, सोल्यूशन, चमड़े की पेटी और एक ओर टायर लटके दस-बारह साइकिल के पहियों का ढेर था। अपने इस सामान से उसने आधे से ज़्यादा कमरा घेर लिया था।

जब गोविन्द उसके पास आया तो वह सिर झुकाये ही हँसता हुआ ट्यूब के पंक्चर को पकड़कर कान में लगी कॉपीइंग पेंसिल को थूक से गीला करते हुए (हालाँकि ट्यूब पानी से भीगा था और सामने पानी-भरी बाल्टी भी रखी थी) निशान लगाता हुआ जवाब दे रहा था, "यह कहा जमादार साहब ने?" फिर एक भौंह को ज़रा तिरछी करके बोला, "लाला कुछ नामा ढीला करे तो...उसकी लड़की पर जिन का साया है, उसका इलाज तो हम अपने मौलवी बदरुद्दीन साहब से मिनटों में करा दें।"

गोविन्द का माथा ठनका, लाला की किसी लड़की पर क्या कोई देवी आती है? उसे अपने गाँव की एक ब्राह्मणी विधवा, तारा का एकदम ध्यान हो आया। उसे भी जब देवी आती थी तो घर के बर्तन उठा-उठाकर फेंकती थी, उसका सारा बदन ऐंठने लगता था, मुँह से झाग जाने लगते थे, गर्दन मरोड़ खाने लगती थी, आँखें और जीभ बाहर निकलने लगती थीं। कौन लड़की है लाला की? लक्ष्मी तो नहीं? भगवान करे, लक्ष्मी न हो! उसका दिल आशंका से डूबने-सा लगा। उसने सुना, कोलाहल अब लगभग शान्त हो गया था और कहीं दूर से रह-रहकर एक हल्की रोने की आवाज़-भर सुनाई देती थी। शायद किसी को दौरा-वौरा ही आ गया है, सभी तो ये लोग निश्चिंत हैं।

गोविन्द को सुनाकर चौकीदार बोला, "नामा? तुम भी यार मिस्तरी, किसी दिन बेचारे बुड्ढे का हार्टफेल कराओगे। और बेटा, इस 'जिन' का इलाज तुम्हारे मौलवी के पास नहीं है, समझे? वह तो हवा ही दूसरी है। आओ बाबू जी, बैठो।"

चौकीदार ने बैठे-बैठे स्टूल की तरफ़ इशारा किया। असल में वह गोविन्द को 'बाबू जी' जरूर कहता था; लेकिन उसका विशेष आदर नहीं करता था। एक तो गोविन्द क़स्बे से आया था, और उसे शहर में चौकीदारी करते हो चुके थे नक़द बीस साल; दूसरे वह फ़ौज में रहा था और कैरो तक घूम आया था—उम्र, अनुभव, तहज़ीब सभी में वह अपने को गोविन्द से ज़्यादा ही समझता था। लेकिन गोविन्द को इस समय इस सबका ध्यान नहीं था। उसने स्टूल से टिककर ज़रा सहारा लेते हुए चिन्तित स्वर में पूछा, "क्यों भई, यह शोरगुल क्या था? क्या हो रहा था?"

मिस्तरी ने सिर उठाकर उसे देखा और चौकीदार की मुस्कराती नज़रों से उसकी आँखें मिलीं। उसने अपनी खिचड़ी मूँछों पर हथेली फेरते हुए कहा, "कुछ नहीं बाबू जी, ऊपर कोई चीज़ किसी बच्चे ने गिरा दी होगी...।"

मिस्तरी ने कहा, "जमादार साहब, झूठ क्यों बोलते हो? साफ़-साफ़ क्यों नहीं बता देते? अब इनसे क्या छिपा रहेगा?"

"तू खुद क्यों नहीं बता देता?" चौकीदार ने कहा और जेब से बीड़ी का बंडल निकाल लिया, काग़ज़ नोचकर आटे की लोई बनाने की तरह उसे ढीला किया, फिर एक बीड़ी निकालकर मिस्तरी की ओर फेंकी। दूसरी को दोनों तरफ़ से फूँका और जलाने के लिए किसी दहकते कोयले की तलाश में बरोसी में निगाहें घुमाते ज़रा व्यस्तता से बात जारी रखी, "तुझे क्या मालूम नहीं है?"

इन दोनों की चुहल से गोविन्द की झुँझलाहट बढ़ रही थी। उसे लगा, ज़रूर ही दाल में काला है, जिसे ये लोग टाल रहे हैं। मिस्तरी जीभ निकाले पंक्चर के स्थान को रेगमाल से घिस रहा था। वह जब भी कोई काम एकाग्रचित्त से करता तो अपनी जीभ को निकालकर ऊपर के होंठ की तरफ़ मोड़ लेता था। उसकी चाँद के बीच में उभरते गंज को देखकर गोविन्द ने सोचा कि गंजापन तो रईसी की निशानी है; लेकिन यह कम्बख़्त तो आधी रात में यहाँ पंक्चर जोड़ रहा है। उसने उसी तरह सिर झुकाए ही कहा, "अब मैं बाबू जी को क़िस्सा बताऊँ या इन ट्यूबों से सिर फोड़ूँ? साले सड़कर हलवा तो हो गए हैं, पर बदलेगा नहीं। मन तो होता है, सबको उठाकर इस अँगीठी में रख दूँ, होगा सुबह सो देखा जाएगा..."

"ये इतने ट्यूब हैं काहे के?" ज़रा आत्मीयता जताने को गोविन्द ने पूछा, "हालत तो सचमुच इतनी बड़ी ख़राब हो रही है।"

"आपको नहीं मालूम?" इस बार काम छोड़कर मिस्तरी ने ग़ौर से गोविन्द को देखा, "यह आपके लाला के जो दो दर्जन रिक्शा चलते हैं, उनका कूड़ा है। यह तो होता नहीं कि इतने रिक्शे हैं, रोज टूट-फूट, मरम्मत होती ही रहती है; हमेशा के लिए लगा ले एक मिस्तरी; दिन भर की छुट्टी हुई। सो तो नहीं; ट्यूब-टायर मेरे सिर हैं और बाक़ी टूट-फूट मिस्तरी अली अहमद ठीक करते हैं।" फिर उनसे यूँ ही पूछा, "आप बाबू जी, नए आए हैं?"

"हाँ, दो-तीन दिन ही तो हुए हैं। मैं यहाँ पढ़ने आया हूँ।" गोविन्द ने कहा। उसके पेट में खलबलाहट मच रही थी, लेकिन वह नये सिरे से पूछने का सूत्र खोज रहा था।

"तभी तो," मिस्तरी बोला, "तभी तो आप यह सब पूछ रहे हैं। रात को इसका हिसाब रखते हैं न? हाँ, थोड़े दिनों में अपने फ़रज़न्द को भी आपसे पढ़वाएगा।" अपने 'फ़रज़न्द' शब्द में सो व्यंग्य उसने दिया था, उससे खुद ही

प्रसन्न होकर मुस्कराते हुए उसने चौकीदार की दी हुई बीड़ी सुलगाई।

"अबे, उन्हें यह सब क्या बताता है? वे तो उसके गाँव से ही आए हैं। उन्हें सब मालूम है।" चौकीदार बोला।

"नहीं, सच, मुझे कुछ नहीं मालूम।" गोविन्द ने ज़रा आश्वासन के स्वर में

कहा, "इन लाला के तो पिता ही यहाँ चले आए थे न, सो हम लोगों को कुछ भी नहीं मालूम। बताइए न, क्या बात है?" गोविन्द ने आदरपूर्वक ज़रा खुशामद के लहज़े में पूछा।

शायद उसकी जिज्ञासु व्याकुलता से प्रभावित होकर ही मिस्तरी बोला, "अजी कुछ नहीं, लाला की बड़ी लड़की जो है न, उसे मिरगी का दौरा आता है। कोई कहता है, उसे हिस्टीरिया है, पर हमारा तो क़यास है कि बाबू जी, दौरा-वौरा कुछ नहीं, उस पर किसी आसेब का साया है...उस बेचारी को तो कुछ होश नहीं रहता।"

"विधवा है?" जल्दी से बात काटकर गोविन्द धक्-धक् करते दिल से पूछ बैठा—हाय, लक्ष्मी ही न हो!

इस बार पुन: दोनों की निगाहों का आपस में टकराकर मुस्कराना उससे छिपा न रहा। बीड़ी के लम्बे कश के धुएँ को लीलकर इस बार चौकीदार ज़बरदस्ती गम्भीर बनकर बोला, "अजी, इसने इसकी शादी ही कहाँ की है?"

"नाम क्या है?" गोविन्द से नहीं रहा गया।

"लक्ष्मी।"

"लक्ष्मी...!" उसके मुँह से निकल गया और जैसे एकदम उसकी सारी शक्ति किसी ने सोख ली हो, जिज्ञासा और उत्तेजना से तना शरीर ढीला पड़ गया।

चौकीदार इस बार अत्यन्त ही रहस्यमय ढंग से हँसा, जैसे कह रहा हो—अच्छा, तुम भी जानते हो?

गोविन्द के मन में स्वाभाविक प्रश्न उठा, उसकी उम्र क्या है?

लेकिन चौकीदार ने पूछा, "तो सचमुच बाबू जी, आप इनके घर के बारे में कुछ भी नहीं जानते?"

"नहीं भाई, मैंने बताया तो, मैं इनके बारे में कुछ भी क़तई नहीं जानता।" एक तरह आत्म-समर्पण के भाव से गोविन्द बोला।

"लेकिन लक्ष्मी का क़िस्सा तो सारे शहर में मशहूर है," चौकीदार बोला, "आप शायद नए आए हैं, यही वजह है।" फिर मिस्तरी की ओर देखकर बोला, "क्यों मिस्तरी साहब, तो बाबू जी को क़िस्सा बता ही दूँ...।"

"अरे लो, यह भी कोई पूछने की बात है! इसमें छिपाना क्या? यहाँ रहेंगे तो कभी-न-कभी जान ही जाएँगे।"

"अच्छा, तो फिर सुन ही लो यार, तुम भी क्या कहोगे..." चौकीदार ने आनन्द में आकर कहना शुरू किया, "आप शायद जानते हैं, यह हमारा लाला शहर का मशहूर कंजूस और मशहूर रईस है...।"

"लामुहाला जो कंजूस होगा वो रईस तो होगा ही..." मिस्तरी बोला।

"नहीं मिस्तरी साहब, पूरा क़िस्सा सुनना हो तो बीच में मत टोको।" चौकीदार इस हस्तक्षेप पर नाराज़ हो गया।

"अच्छा-अच्छा, सुनाओ।" मिस्तरी बुड्ढों की तरह मुस्कराया।

"इसकी यह चक्की है न, सहालगों में इस पर हज़ारों मन पिसता है, वैसे भी दो-ढाई सौ मन तो कम-से-कम पिसता ही है रोज़। अफ़सरों और क्लर्कों को कुछ खिला-पिलाकर लड़ाई के ज़माने में इसे मिलिटरी से कुछ ठेके मिल ही जाते थे। आप जानो, मिलिटरी का ठेका तो जिसके पास आया सो बना। आप उन दिनों देखते 'लक्ष्मी फ़्लोर मिल' के हल्ले। बोरे यों चुने रखे रहते थे, जैसे मोर्चे के लिए बालू भर-भरकर रख दिये हों! इसमें इसने खूब रुपया पीटा, मिलिटरी के गेहूँ बेच दिये औने-पौने भाव, और रद्दी सस्तेवाले खरीदकर कोटा पूरा किया; उसमें खड़िया मिला दी। पिसाई के उल्टे-सीधे पैसे तो इसने मारे ही, ब्लैक, चार-सौ बीसी, चोरी—क्या-क्या इसने नहीं किया! इसके अलावा एक बड़ी साबुन की फैक्टरी और एक काफ़ी बड़ा जूतों का कारखाना भी इसका है। दस-बारह से ज़्यादा इसके मकान हैं, जिनका किराया आता है। रुपए सूद पर देता है। शायद गाँव में भी काफ़ी ज़मीन इसने ले रखी है। एक काम है साले का! इतना तो हमें पता है, बाक़ी इसकी असली आमदनी तो कोई भी नहीं जानता, कुछ-न-कुछ करता ही रहता है। भगवान ही जाने! रात-दिन किसी-न-किसी तिकड़म में लगा ही रहता है। करोड़ों का आसामी है। और सबसे ताज्जुब की बात तो यह है कि सब सिर्फ़ इसी पच्चीस-छब्बीस साल में जमा की हुई रक़म है।" चौकीदार दिलावरसिंह मिलिटरी में रह आने के कारण खूब बातूनी था और मोर्चे के अपने अफ़सरों के क़िस्सों को, अपनी बहादुरी के कारनामों को खूब नमक-मिर्च लगाकर इतनी बार सुना चुका था कि उसे कहानी सुनाने का मुहावरा हो गया था। हर बात के उतार-चढ़ाव के साथ उसकी आँखें और चेहरे की भंगिमाएँ बदलती रहती थीं।

उसकी बातें ग़ौर और रुचि के सुनते हुए भी गोविन्द के मन में एक बात

टकराई, लक्ष्मी को दौरे आते हैं, कहीं ऐसा तो नहीं कि उसने जो यह निशान लगाकर भेजे हैं, यह भी दौरों की दशा में ही लगाए हों और उनका कोई विशेष गहरा अर्थ न हो! इस बात से सचमुच उसे बड़ी निराशा हुई, फिर भी उसने ऊपर से आश्चर्य प्रकट करके पूछा, "सिर्फ़ पच्चीस-छब्बीस साल?"

नई बीड़ी जलाते हुए चौकीदार ने ज़ोर से सिर हिलाया। गोविन्द ने सोचा—'और लक्ष्मी की उम्र क्या होगी?'

"और कंजूसी की तो हद आपने देख ही ली होगी! बुड्ढा हो गया है, साँस का रोग हो रहा है, सारा बदन काँपता है; लेकिन एक पैसे का भी फ़ायदा देखेगा तो दस मील धूप में हाँफता हुआ पैदल जाएगा, क्या मजाल जो सवारी कर ले! गर्मी आई तो पूरा शरीर नंगा; कमर में धोती—आधी पहने, आधी बदन में लपेटे। जाड़ा हुआ तो यही डैस, बस, इसी में पिछले दस साल से तो मैं देख रहा हूँ। कभी किसी मकान की मरम्मत न कराना, सफ़ेदी-सफ़ाई न कराना और हमेशा यही ध्यान रखना कि कौन कितनी बिजली खर्च कर रहा है, कहाँ बेकार नल या पंखा चल रहा है। लड़का है सो उसे मुफ़्त के चुंगी के स्कूल में डाल दिया है, लड़की घर पर बैठा रखी है। एक-एक पैसे के लिए घंटों रिक्शावालों, ट्रकवालों से लड़ना, बहसें करना और चक्की वालों की नाक में दम रखना, उन्हें दिन-रात यह सिखाना कि किस चालाकी से आटा बचाया जा सकता है। बीसियों रुपए का आटा रोज़ होटलवालों को बिकता है, सो अलग। जिस दिन से चक्की खुली है, घर के लिए तो आटा बाज़ार से आया ही नहीं। आप विश्वास मानिए, कम-से-कम बारह-पन्द्रह हज़ार की आमदनी होगी इसकी, लेकिन सूरत देखिए, मक्खियाँ भिनभिनाती रहती हैं। किसी आने-जाने वाले के लिए एक कुर्सी तक नहीं—पान-सुपाड़ी की तो बात ही दूर है। कौन कह देगा कि यह पैसे वाला है? यह उम्र होने आई, सुबह से शाम तक बस, पैसे के पीछे हाय-हाय! दुनिया के किसी और काम से इसे मतलब ही नहीं है। सभा हो, सोसाइटी हो, हड़ताल हो, छुट्टी हो, कुछ भी हो—लेकिन लाला रूपाराम अपनी ही धुन में मस्त! नौकरों को कम-से-कम देना पड़े, इसलिए खुद ही उनके काम को देखता है। मुझसे तो कुछ इसलिए नहीं कहता कि मुझ पर थोड़ा विश्वास है; दूसरे मेरी ज़रूरत सबसे बड़ी है। लेकिन बाक़ी हर नौकर रोता है इसके नाम को। और मज़ा यह कि सब जानते हैं कि झक्की है। कोई इसकी बात को ध्यान से सुनता नहीं। बाद में सब इसका नुक़सान करते हैं, आस-पास के सभी हँसते और गालियाँ देते हैं..."

"बच्चे कितने हैं...?" चौकीदार को इन बेकार की बातों में बहकता देखकर गोविन्द ने सवाल किया।

"उसी बात पर आता हूँ," चौकीदार इत्मीनान से बोला, "सच बाबू जी, मैं यह देख-देखकर हैरान हूँ कि इस उम्र तक तो इसने यह दौलत जुटाई है, अब इसका यह कम्बख़्त करेगा क्या? लोग जमा करते हैं कि बैठकर भोगें; लेकिन यह राक्षस तो जमा करने में ही लगा रहता है। इसे जमा करने की ही ऐसी हाय-हाय रही है कि दौलत किसलिए जमा की जाती है, इस बात को यह बेचारा बिल्कुल भूल गया है।" फिर बड़े चिन्तित और दार्शनिक मूड में दिलावरसिंह ने आग वाली राख को देखते हुए कहा, "इस उम्र तक तो इसे जोड़ने की ऐसी हवस है, अब इसका यह भोग कब करेगा? सचमुच बाबू जी, जब कभी मैं सोचता हूँ तो बेचारे पर बड़ी दया आती है। देखो, आज की तारीख तक यह बेचारा भाग-दौड़कर, लू-धूप की चिन्ता छोड़कर जमा कर रहा है। एक पाई उसमें से खा नहीं सकता, जैसे किसी दूसरे का हो—अब मान लीजिए, कल यह मर जाता है, तो यह सब किसके लिए जमा किया गया? बेचारे के साथ कैसे लाचारी है, मरकर-जीकर, नौकर की तरह जमा किए जा रहा है, न खुद खा सकता है, न देख सकता है कि कोई दूसरा छू भी ले—जैसे धन के ऊपर बैठा साँप, खुद उसे खा नहीं सकता, खाने तो खैर देगा ही क्या? उसकी रखवाली करना और जोड़ना..." और लाला रूपाराम के प्रति दया से अभिभूत होकर चौकीदार ने एक गहरी साँस ली। फिर दूसरे ही क्षण दाँत किटकिटाता हुआ बोला, "और कभी-कभी मन होता है, छुरा लेकर साले की छाती पर जा चढ़ूँ, और मुरब्बे के आम की तरह गोदूँ। अपने पेट में जो इसने इतना धन भर रखा है, उसकी एक-एक पाई उगलवा लूँ। चाहे खुद न खाए लेकिन, जिसे अपने बच्चों को भी खिला-पिला नहीं सकता, उस धन का क्या होगा?"

"इसके बच्चे कितने हैं?" इस बार फिर गोविन्द अधीर हो आया। असल में वह चाहता था कि दार्शनिक उद्गारों को छोड़कर वह जल्दी-से-जल्दी मूल विषय पर आ जाए—लक्ष्मी के विषय में बताए।

वर्णन में बह जाने की अपनी कमज़ोरी पर चौक़ीदार मुस्कराया और बोला, "इसके बच्चे हैं चार; बीवी मर गई, बाक़ी किसी नातेदार, किसी रिश्तेदार को झाँकने नहीं देता, ऊपर तो कोई नौकर भी नहीं है। बस, एक मरी-मरायी सी बुढ़िया पाल ली है, लोग बड़े भाई की बीवी बताते हैं। बस, वही सारी देख-

भाल करती है। और तो किसी को मैंने साथ देखा नहीं। खुद के तीन लड़के और एक लड़की...।"

"बड़े दो लड़के तो साथ नहीं रहते..." इस बार मिस्तरी बोला।

"हाँ, वो लोग अलग ही रहते हैं। दिन में एकाध चक्कर लगा जाते हैं। एक जूतों का कारखाना देखता है, दूसरा साबुन की फैक्टरी सँभालता है। इस साले को उन पर भी विश्वास नहीं है। पूरे काग़ज़-पत्तर, हिसाब-किसाब अपने पास ही रखता है, नियम से शाम को वहाँ जाता है वसूली करने। लेकिन लड़के भी बड़े तेज हैं, ज़रा शौक़ीन तबियत पाई है। इसके मरते ही देख लेना मिस्तरी, वो इसकी सारी कंजूसी निकाल डालेंगे।" फिर याद करके बोला, "और क्या कहा तुमने? साथ रहने की बात, सो भैया, जब तक अकेले थे, तब तक तो कोई बात ही नहीं थी; लेकिन अब तो उनकी बीवियाँ आ गई हैं न, एकाध बच्चा भी आ गया है घर में, सो उसे दिन भर गोद में लटकाए फिरता है। इसके घर में एक चंडी जो है न, उसके साथ सबका निभाव नहीं हो सकता।"

एकदम गोविन्द के मन में आया—लक्ष्मी। और वह ऊपर से नीचे तक सिहर उठा। "कौन? लक्ष्मी!" उसके मुँह से निकल गया।

"जी हाँ, उसी की बदौलत तो यह सारा खेल है, वही तो इस भंडारे की चाबी है। वह न होती तो यह सब ताम-झाम आता कहाँ से? उसने तो इसके दिन ही पलट दिये, नहीं तो था क्या इसके पास?" इस बार यह बात चौकीदार ने ऐसे लटके से कही, जैसे सचमुच किसी रहस्य की चाबी दे दी हो!

"कैसे भाई, कैसे?" गोविन्द पूछ बैठा। उसका दिमाग चकरा गया। यह क्या विरोधाभास है? एक पल को उसके दिमाग में आया—कहीं यह रुपया कमाने के लिए तो लक्ष्मी का उपयोग नहीं करता? राक्षस! चांडाल!

उसकी व्याकुलता पर चौकीदार फिर मुस्कराया, और बोला, "बाप तो इसका ऐसा रईस था भी नहीं, फिर वह कच्ची गृहस्थी छोड़कर मर गया था। ज्यादा-से-ज्यादा हज़ार-हज़ार रुपया दोनों भाइयों के पल्ले पड़ा होगा। शादियाँ दोनों की हो ही चुकी थीं। कुछ कारोबार खोलने के विचार से यह सट्टे में अपने रुपए दूने-चौगुने करने जो पहुँचा तो सारे गँवा आया। बड़े भइया रोचूराम ने एक पनचक्की खोल डाली। पहले तो उसकी भी हालत डाँवाँडोल रही थी; लेकिन सुनते हैं कि जब से उसकी लड़की गौरी पैदा हुई, उसकी हालत सँभलती ही चली गई। वह उसी के यहाँ काम करता था, मियाँ-बीवी वहीं पड़े रहते। ऐसा कुछ उस लड़की का पाँव आया कि लाला रोचूराम सचमुच के लाला हो गए।

इन लोगों के बड़े-बूढ़ों का कहना था कि लड़की उनके खानदान में भगवान होती है। अब तो अपना लाला कभी इस ओझा के पास जा, कभी उस पीर के पास जा, कभी इसकी 'मानता', कभी उसका 'संकल्प'—दिन-रात बस यही कि हे भगवान, मेरी लड़की हो। और पता नहीं कैसे, भगवान ने सुन ली और लड़की ही आई। आप विश्वास नहीं करेंगे, फिर तो सचमुच ही रूपाराम के नक़्शे बदलने लगे। पता नहीं गड़ा हुआ मिला या छप्पर फाड़कर मिला—लाला रूपाराम के सितारे फिर गए...। इसे विश्वास होने लगा कि यह सब बेटी की कृपा है और वास्तव में यह कोई देवी है। उसने उसका नाम लक्ष्मी रखा और साहब, कहना पड़ेगा कि लक्ष्मी सचमुच लक्ष्मी ही बनकर आई। थोड़े दिनों में ही 'लक्ष्मी फ़्लोर मिल' अलग बन गई। अब तो इसका यह हाल है कि यह मिट्टी भी छू दे तो सोना बन जाए और कंकड़ को उठा ले तो हीरा दीखे। फिर आ गई लड़ाई और इसके पंजे-छक्के हो गए। इसे ठेके मिलने लगे। समझिए, एक के बाद एक मकान खरीदे जाने लगे—सामान लाने-ले जाने वाले ट्रक आए। इधर रोचूराम भी फल रहा था, और दोनों भाई गर्व से कहते थे—'हमारे यहाँ लड़कियाँ लक्ष्मी बनकर ही आती हैं।' लेकिन फिर एक ऐसा वाक़या हो गया कि तस्वीर की शक़्ल बदल गई..." चौकीदार दिलावरसिंह जानता था कि यह उसकी कहानी का क्लाइमैक्स है। इसलिए श्रोताओं की उत्सुकता को झटका देने के लिए उसने उँगलियों में दबी, व्यर्थ जलती बीड़ी को दो-तीन कश लगाकर ख़त्म किया और बोला :

"गौरी शादी लायक़ हो गई थी। शायद किसी पड़ोसी लड़के को लेकर कुछ ऐसी-वैसी बातें भी लाला रोचूराम ने सुनीं। लोगों ने उँगलियाँ उठाना शुरू कर दिया तो उन्होंने गौरी की शादी कर दी। बस, उसकी शादी होना था कि जैसे एकदम सारा खेल उजड़ गया। उसके जाते ही लाला एक बहुत बड़ा मुक़दमा हार गया और भगवान की लीला देखिए, उन्हीं दिनों उसकी पनचक्की में आग लग गई। कुछ लोगों का कहना तो यह है किसी घरेलू दुश्मन का काम था। जो भी हो, बड़े हाथी की तरह जो एकबारगी गिरे तो उठना दुश्वार हो गया। लोग रुपए दाब गए और उनका दिवाला निकल गया। दिवाला क्या जी, एक तरह से बिल्कुल मटियामेट हो गया। सब कुछ चौपट हो गया और छल्ला-छल्ला तक बिक गया। एक दिन लाला जी की लाश तालाब में फूली हुई मिली। अब तो हमारे लाला रूपाराम को साँप सूँघ गया, उनके कान खड़े हो गए और लक्ष्मी पर पहरा बैठा दिया गया। उसे स्कूल से उठा लिया गया। और वह दिन सो

आज का दिन, बेचारी नीचे नहीं उतरी। घर के भीतर न किसी को आने देता है,न जाने देता है। मास्टर रखकर पढ़ाने की बात पहले उठी थी; लेकिन जब सुना कि मास्टर लोग लड़कियों को बहकाकर भगा ले जाते हैं तो वह विचार एकदम छोड़ दिया गया। लक्ष्मी खूब रोई-पीटी; लेकिन इस राक्षस ने उसे भेजा ही नहीं। सुनते हैं, लड़की देखने-दिखाने लायक..."

बात काटकर मिस्तरी बोला, "अरे देखने-दिखाने लायक़ क्या, हमने खुद देखा है। जिधर से निकल जाती उधर बिजली-सी कौंध जाती। सौ में एक...।"

उसकी बात का विरोध न करके, अर्थात् स्वीकार करके चौकीदार बोला, "स्कूल में भी सुनते हैं बड़ी तारीफ़ थी; लेकिन सबकी साले ने रेड़ कर दी। उसे यह विश्वास हो गया कि लड़की सचमुच लक्ष्मी है और जब यह दूसरे की हो जाएगी तो इसका भी एकदम सत्यानाश हो जाएगा। इसी डर से न तो किसी को आने-जाने देता है और न उसकी शादी करता है। उसकी हर बात पर पुलिस के सिपाही की तरह नज़र रखता है। उसकी हर बात मानता है। बुरी तरह उसकी इज़्ज़त करता है; उसकी हर ज़िद पूरी करता है, लेकिन निकलने नहीं देता। लक्ष्मी सोलह की हुई, सत्रह की हुई, अठारह, उन्नीस...साल-पर-साल बीत गए। पहले तो वह सबसे लड़ती थी। बड़ी चिड़चिड़ी और जिद्दी हो गई थी। कभी-कभी सबको गाली देती और मार भी बैठती थी, फिर तो मालूम नहीं क्या हुआ कि घंटों रात-रात भर पड़ी ज़ोर-ज़ोर से रोती रहती, फिर धीरे-धीरे उसे दौरा पड़ने लगा..."

"अब क्या उम्र है?" गोविन्द ने बीच में पूछा।

"उसकी ठीक उम्र तो किसी को भी पता नहीं; लेकिन अन्दाज़ से पच्चीस-छब्बीस से कम क्या होगी?" घृणा से होंठ टेढ़े करके चौकीदार ने अपनी बात जारी रखी, "दौरा न पड़े तो बेचारी जवान लड़की क्या करे? उधर पिछले पाँच-छः साल से तो यह हाल है कि दौरे में घंटे-दो घंटे वह बिल्कुल पागल हो जाती है। उछलती-कूदती है, बुरी-बुरी गालियाँ देती है, बेमतलब रोती-हँसती है, चीज़ें उठा-उठाकर इधर-उधर फेंकती है। जो चीज़ सामने होती है, उसे तोड़-फोड़ देती है। जो हाथ में आता है, उससे मार-पीट शुरू कर देती है, और सारे कपड़े उतारकर फेंक देती है। बिल्कुल नंगी हो जाती है और जाँघें पीट-पीटकर बाप से कहती है, 'ले, तूने मुझे अपने लिए रखा है, मुझे खा, मुझे चबा, मुझे भोग...!' यह पिटता है, गालियाँ खाता है; और सब-कुछ करता है, लेकिन पहरे में ज़रा ढील नहीं होने देता। चुपचाप सिर पर हाथ रखकर बैठा-बैठा सुनता रहता

है। क्या ज़िन्दगी है बेचारे की! बाप है सो उसे भोग नहीं सकता और छोड़ तो सकता ही नहीं। मेरी तो उम्र नहीं रही, वर्ना कभी मन होता है ले जाऊँ भगाकर, जो होगा सो देखा जाएगा...।" और एक तीखी व्यथा से मुस्कराता चौकीदार देर तक आग को देखता रहा, फिर धीरे से होंठ चबाकर बोला, "इसकी बोटी-बोटी गर्म लोहे से दाग़ी जाए और फिर टिकटी बाँधकर गोली से उड़ा दिया जाए।"

गोविन्द का भी दिल भारी हो आया था। उसने देखा, बुड्ढे चौकीदार की गीली आँखों में सामने की बरोसी की धुँधली आग की परछाईं झलमला रही है।

आधी रात को अपनी कोठरी में लेटे लक्ष्मी के बारे में सोचते हुए मोमबत्ती की रोशनी में उसकी सारी बातों का एक-एक चित्र गोविन्द की आँखों के आगे साकार हो आया और फिर उसने अन्धकार की प्राचीरों से घिरी, गर्म-गर्म आँसू बहाती मोमबत्ती की धुँधली रोशनी में रेखांकित पंक्तियाँ पढ़ीं :

'मैं तुम्हें प्राणों से अधिक प्यार करती हूँ।'

'मुझे यहाँ से भगा ले चलो...।'

'मैं फाँसी लगाकर मर जाऊँगी...।'

गोविन्द के मन में अपने-आप एक सवाल उठा : 'क्या मैं ही पहला आदमी हूँ जो इस पुकार को सुनकर ऐसा व्याकुल हो उठा हूँ या औरों ने भी इस आवाज़ को सुना है और सुनकर अनसुना कर दिया है? और क्या सचमुच जवान लड़की की आवाज़ को सुनकर अनसुना किया जा सकता है?'

रोशनी कहाँ है?

वाकई बिस्सो बाबू आज परेशान था। इतने विश्वास का परिणाम यह हुआ! भूखे मरते उस सोभा को खिलाया-पिलाया, रखा, और अब यों धोखा देकर चला गया। हाथ में दूध का गिलास और ताली लिये जब वह आया तो दुकान के तख़्ते तो लगे हुए थे, लेकिन छड़ बाहर नहीं थी—उसका माथा ठनका। वह बाहर छड़ और ताला ख़ुद अपने हाथ से लगाकर गया था। रात को काफ़ी देर तक सोभा की राह देखी और फिर निराश होकर एक रात मज़ा चखाने के विचार से ताला लगाकर घर आ सोया था। उसका दिल धक् से रह गया—पता नहीं, आज क्या दुर्घटना उसकी प्रतीक्षा कर रही है! उत्सुकता के मारे फटे जाते हृदय को दाबे, उसने जल्दी से दुकान के दो तख़्तों को निकालकर बाहर एक ओर रख दिया। अभी तक मन में कहीं यह आशा थी कि हो सकता है, सोभा के हाथ कहीं से ताली पड़ गई हो और वह भीतर जा सोया हो—झाँककर देखा, कोई नहीं था। जब वह भीतर घुसा तो उसकी आँखों में अँधेरा इस तरह नाच रहा था, जैसे कुतुबमीनार से उसे किसी ने धकेल दिया हो। रेस्तराँ की अलमारी की हर चीज़ इधर-उधर गड़बड़ पड़ी थी और चाय के पुड़े, दियासलाई के बंडल—सभी कुछ गायब थे। चूहों के डर से जिन अमृतबानों को वह फूटे शीशे वाले शो-केस में बन्द कर गया था, उनमें न तो डबल रोटी थी, न केक-पेस्ट्री, न बन। गिलास उसने एक ओर रख दिया, जैसे हाँफ़ते हुए हताश भाव से इधर-उधर देखकर वह बड़बड़ा उठा, "सफ़ाया कर गया सारी दुकान का!"

जैसे-तैसे बेंच पर बैठकर उसने एक बार सूनी आँखों से अपने उस दुकाननुमा रेस्तराँ में लगाई अँगीठी को देखा, काउंटर को देखा, खुली अलमारी के धुएँ और गन्दगी से काले दोनों पटों को देखा, खाली खानों को देखा। धूल से अटे शो-केस पर तीनों खाली अमृतबान, गांधी जी के बन्दरों की तरह रखे थे—और वह कुछ सोच नहीं पाया। सोडावाटर की गैस के ज़ोर से बोतल के

मुँह में आ फँसने वाली गोली की तरह एक बड़ा-सा गोला न जाने कहाँ से उठकर उसकी छाती में आ फँसा। हर आदमी उसके विश्वासों को नोचकर फेंकने के लिए ही पैदा हुआ है? कोई नहीं चाहता कि उसकी कोमल भावनाओं को एक क्षण भी सुरक्षित स्थान मिले। आखिर ये सब लोग चाहते क्या हैं? क्या चाहते हैं ये लोग?

रास्ते-भर वह अन्ना को गालियाँ देता आया था, कोसता आया था। ज़रा भी समझना नहीं चाहती, इतनी देर रोक लिया, पता नहीं कितने आदमी लौट गए होंगे। लेकिन इस क्रोध के भीतर एक दृश्य बिजली की कौंध की तरह रह-रहकर चमक उठता था, और उस दृश्य की हर चमक पर उसे ऐसा लगता, जैसे कोई बड़ी निर्दयता से उसकी छाती में छुरा घोंप देता हो। वह क्रोध के कृत्रिम-आवरण के नीचे उसे दबाने की कोशिश करता। एक तो यह दुकान ही ऐसे कोने में है कि नया आदमी देख ही न पाए, फिर बँधे-बँधाए उसके ग्राहक। आखिर वह ज़रा-सी बात क्यों नहीं सोच पाती? क्यों आज वह ज़िद कर बैठी? ज़रा भी तो सब्र नहीं होता था। खास-खास आदमी सब इस समय तक लौट गए होंगे और इस समय वह ज्वार, एक उफान बनकर उसकी छाती में घुटने लगा, घोंटने लगा।

वह बैठा रहा। उस उफान और उबाल के बावजूद उसके मन में कहीं कोई चीज़ थी जो स्थिर और अलिप्त थी—एक सहज विवेक, जो कह रहा था, जो हो गया सो हो गया—अब उठो, देर हो रही है। अंगीठी जलाओ, झाड़ू-बुहारी करो, यों हताश बैठने से तो जो हो गया, लौटा नहीं आता। जैसे इस ज्ञान को झुठलाने को ही वह और भी ज़ोर से ज़िद किए बैठा रहा। नहीं, मैं नहीं उठूँगा—यों ही बैठा रहूँगा; यों ही रात तक! अब यह मज़ाक़ बहुत अधिक नहीं चलेगा...

"अमाँ, बिस्सो बाबू, ये क्या नमाज़-सी पढ़ रहे हो, उधर अलमारी की तरफ़ मुँह करके? आज सोते ही रह गए? बहुत प्यार किया क्या भाभी ने! ये तीसरी बार आया है निगम हुज़ूर की दरगाह में!" निगम ने बीड़ी का आखिरी कश खींचा, झटके से उसे वहीं नाली में फेंका और दुकान में घुसते हुए बोला, "सब लौट गए एक-एक बार, और यार, तुम हो बड़े लापरवाह आदमी। दुकान यों खुली छोड़ गए, अभी आकर मैंने देखा। भाई मेरे, ज़माने अब वो नहीं रह गए। एक तो निकलकर अब आए और अभी भी ऊँघ रहे हो। रात भर जागे थे क्या? अब उठो, भले आदमी की तरह अँगीठी-वँगीठी जलाओ।"

एकदम बिस्सो के हृदय में बड़ी प्रबल इच्छा हुई कि अपनी सारी शक्ति से इस कमीने की पीठ पर एक दुहत्थड़ दे—धकेलकर बाहर निकाल दे उसे और खूब उछल-उछलकर नाचे। बड़े आए हमारी भलाई देखनेवाले! बैठे-बिठाये यहाँ पच्चीस-तीस का नुकसान हो गया। अब ये रुपए कहाँ से आएँगे? अभी थोड़ी देर में चाय वाला गाड़ी लेकर आएगा, दियासलाई वाला आएगा। सबसे ऊपर ज़रा-से ढाई आने के दूध के लिए वह जो व्यवहार अन्ना से कर आया है, वह जैसे अनजाने रूप से हर क्षण उसकी साँस घोंट रहा है। चाहे जो कुछ हो, उसे अमल के लिए दूध पहुँचाना ही है। आज वह काम नहीं करेगा।

"आदमी तुम निहायत ही सुस्त हो भाई, ऐसे कहीं कोई काम चलता है! आज ऐसी ख़ास बात क्या है, रात को जो नम्बर लगा आए थे फ़ीचर में, वो आया नहीं, क्यों?" निगम ने उसके कन्धे पर हाथ मारकर कहा, "यार मेरे, ऐसी-ऐसी बातों पर सोचोगे तो हो गया!"

बिना निगम की इन बातों की प्रतिक्रिया दिखाए भीतर-ही-भीतर खोलता हुआ बिस्सो बाबू धीरे से उठा। मरी चिड़िया के पंखों-से खुले अलमारी के दोनों किवाड़ बन्द कर दिये। एक-एक तख़्ता उठाकर भीतर एक ओर लगा दिया। कल तक इसमें ऊपर तक दियासलाइयाँ, मोमबत्तियाँ, सिगरेट के डिब्बे, चाय के पैकेट रखे थे, आज वह खाली थी। शो-केस को सामने वाली दीवार पर अलमारी के ऊपर टाँगा। एक के ऊपर एक रख मूढ़ें और कुर्सियाँ मेज़ के तीनों तरफ़ लगा दीं—दीवार की तरफ़ लगी बेंच को साफ़ कर दिया। निगम चुपचाप बाहर आकर सिगरेट पीने लगा। जब आले में उसे सिगरेट का पैकेट दिख गया तो हाथ बढ़ाकर उसे उठाया और बाहर छजली पर इस तरह आ गया जैसे दुकान ठीक करने से उड़ने वाले धूल-धक्कड़ से परेशान होकर बचने को आ गया हो—लेकि : उस पैकेट में एक ही सिगरेट थी। अत्यन्त गहन-चिन्तन की मुद्रा में दोनों हाथों को पाजामेनुमा पतलून की जेबों में ठूँसे, सिर झुकाये वह छजली पर घूमता रहा।

रद्दी काग़ज़ की सहायता से बिस्सो बाबू ने अँगीठी सुलगा ली थी। उसमें से खूब धुआँ निकलने लगा था। अँगीठी सुलगती रही और वह मेज़-कुर्सी की धूल झाड़ता रहा। फिर वह टीन के टुकड़े से फटाफट अँगीठी धौंकने लगा। जब धूल और धुआँ दोनों कम हो गए तो निगम पुन: नमूदार हुआ।

"अमाँ बिस्सो बाबू, आज तुम्हारा सोभा नहीं दिखाई दे रहा! न हो तो निगम ही लपककर ले आए दूध—कहाँ है गिलास?" निगम बैठ गया।

"सोभा साला भाग गया।" पानी भर लाने के लिए नीचे झुककर बाल्टी उठाते हुए बिस्सो बाबू ने कहा।

"भाग गया? कुछ ले तो नहीं गया?" निगम ने चौंककर पूछा।

"जब भागना ही है तो कोई चीज़ छोड़े ही क्यों?" खिसियानी-सी हँसी बिस्सो के स्वर में झनक उठी, "निगम सा'ब, उसने कोई चीज़ नहीं छोड़ी। अभी तो आकर मैंने देखा है।"

"ऐं!" निगम ज़रा उत्तेजित हुआ, "और तुम यों ही बैठे हो चुपचाप!"

"तो क्या सारे बाज़ार में गाता फिरूँ?" एकदम बिस्सो के दिमाग़ में आया, कहीं यही महाशय तो सुबह सफ़ाया नहीं कर ले गए, वर्ना उन्हें क्या मालूम कि दुकान खुली है? वह बाल्टी लेकर पानी भरने जाते हुए एकदम रुक गया, मुड़कर देखा।

"पुलिस में रिपोर्ट करो, अपने-आप बँधा-बँधा फिरेगा।"

"हुँह, ले गया होगा मुश्किल से बीस-पच्चीस की चीज़ें और पुलिस वाले पचास रुपए झटक लेंगे।" और वह बिना उत्तर की राह देखे नल से पानी भर लाने चला गया। नहीं, निगम नहीं कर सकता। जब से 109 में पकड़ा गया है तब से रात में निकलता ही नहीं है। दिनदहाड़े ले जाने की हिम्मत नहीं है।

नियमानुसार निगम ने चीनी के डिब्बे से दो फंकियाँ लगाईं और मुँह पोंछते हुए अपनी जगह इस तरह आ बैठा, जैसे कुछ हुआ ही नहीं। बाल्टी लाकर बिस्सो बाबू ने केतली चढ़ा दी और दूध का नीचे रखा हुआ गिलास उठाकर खुद दूध लेने चला।

"अरे, तुम क्यों जा रहे हो, लाओ, इधर लाओ!" निगम ने उसी तरह बिना ज़रा भी उठने की इच्छा दिखाये हुए या हिले-डुले सिगरेट फूँकते हुए कहा। फिर एकदम विषय बदलकर बोला, "सोभा भाग गया, अरे बिस्सो बाबू, निगम जो कह दे, उसे पत्थर की लकीर समझना। निगम तो पहले कह सकता था कि वह रहने वाला आदमी था ही नहीं। लाओ, लाओ न!"

"नहीं निगम साहब, तुम आधा पीकर इसमें पानी भर लाओगे, और इसी दूध की वजह से सुबह-ही-सुबह आज बीवी से लड़ाई हो गई।" बिस्सो के स्वर में कड़वाहट थी। कुछ सोचता-सा वह उतरकर चला गया।

"तुम भी यार, उस बेचारी से हर समय लड़ते रहते हो।" उसकी पीठ को सुनाकर निगम ने कहा और मुँह से धुआँ निकालते हुए फिर एक बार चीनी

के डिब्बे की ओर देखा। बिस्सो बाबू की बात का उसके ऊपर कोई असर नहीं पड़ा था।

तभी काठ की सीढ़ी पर पाँव रखा जसवन्त ने।

"हलो-हलो, जसवन्त बाबू, निगम साहब तुम्हारी कितनी देर से राह देख रहे हैं, आओ।" सामने से आते जसवन्त की बग़ल से सिगरेट का टोंटा फेंकते हुए दोनों हाथ फैलाकर निगम ने उसका स्वागत किया।

"हाँ यार, ज़रा देर हो गई।"

"तुमने तो कह दिया, देर हो गई और निगम साहब तुम्हारे इन्तज़ार में सूख-सूखकर हाथी रह गए।" निगम पूर्ववत् बैठ गया, फिर ज़रा धीरे से बोला, "कोई केक-वेक रखा हो तो देखियो, एकाध निगाह से चूक गया हो, उस सोभा से।"

"आज तो कुछ भी नहीं है।" इधर-उधर झाँककर जसवन्त ने हाथ का पंजा नकारात्मक ढंग से हिलाया, "सब अमृतबान भी खाली हैं, दुकान कुछ खाली-खाली सी लगती है।" फिर हाथ की दो फटी-फटाई-सी किताबें ज़ोर से मेज़ पर पटककर धम् से लोहे के मूढ़े पर बैठ गया।

"आज तो यार, बिस्सो बाबू की हज़ामत सोभा कर गया, ऐसी झाड़ू लगाई है कि कुछ नहीं छोड़ा।" निगम बोला, फिर दूध लेकर आते बिस्सो को सुनाकर कहा, "कुछ हो यार, यह बिस्सो है सीधा आदमी।"

"जी हाँ, बिस्सो बाबू सीधा तो है ही, तीस-तीस रुपए की चाय जो उधार कर चुका है न! साफ़ सुन लो निगम साहब, और जसवन्त बाबू, तुम भी, एक बूँद चाय की नहीं दूँगा, आज।" बिस्सो अपनी टूटी मेज़ के काउंटर पर आ खड़ा हुआ। पास ही चढ़ी केतली में पुड़िया से निकालकर चाय डालने लगा।

"अम्माँ बिस्सो बाबू, आर्टिस्ट लोगों से जब तुम यों दिल फटने की बातें करते हो तो ईमान से हलफ़ उठाकर कहता हूँ कि ख़ुदकुशी कर लेने को जी चाहता है। अरे, एक प्रोग्राम लगने दो कहीं, निगम तो सब चुका देगा। सब एकसाथ। अब तुम्हारा एक साला शहर भी तो ऐसा है, साले में एक रेडियो स्टेशन भी तो नहीं है। फिर भी यह याद रखो, निगम किसी का अहसान नहीं रखता।" निगम अत्यन्त ही बेबाकी से बोला। उसने जसवन्त को आँख मारी।

"नहीं बिस्सो बाबू, तुम दो चाय दो, मैं दूँगा तुम्हें सारे पैसे।" जसवन्त ने कहा।

"नक़द?" बिस्सो बाबू ने घूरा।

"जी, बिल्कुल नक़द, लो पेशगी।" और उसने जेब से चवन्नी निकालकर

बड़े अन्दाज़ से उसकी ओर फेंक दी। फिर उस ओर से ऐसे आँख फेर ली, जैसे बैरे को टिप दे दी हो।

"अच्छा!" इतनी देर बाद बिस्सो मुस्कराया, "आज तो गहरे में हो, कहाँ हाथ मारा? किसी की साइकिल उड़ा दी या किसी का हिस्सा मिला?"

"सब तुम्हारी ही तरह हैं न। अरे लाख बेकार हों, कुछ-न-कुछ करते ही हैं। ट्यूशन के मिले हैं। जाते हैं एक जगह सितार सिखाने—हफ़्ते में दो बार।" रौब से जसवन्त ने कहा और कमीज़ से अपना चश्मा पोंछने लगा।

"तब तो दोस्त, अपने हिसाब में भी कुछ दिला दो। पैंतीस हैं, पाँच ही सही। क़सम से, बड़ी ज़रूरत में हूँ। एक वो रखा था सोभा को सीधा-सादा समझकर, सो साला सब चौपट कर गया।" बिस्सो के स्वर में प्रार्थना आ गई। चाय तैयार करके दो कप उनके सामने रखते हुए कहा। एक गिलास अपने लिए उसने नहीं बनाई। मन में बड़ी कड़वाहट थी, इच्छा ही नहीं हुई।

"इस वक़्त नहीं; दे दूँगा बिस्सो बाबू, जल्दी ही।"

"तुम्हारी जल्दी को तीन महीने तो हो गए।" वह मुरझा गया।

जसवन्त और निगम एक-दूसरे की आँखों में देखते हुए चाय पीने लगे। दोनों प्लेट में ढाल-ढालकर पीते रहे। बिस्सो चुपचाप खड़ा सोचता रहा, उसने फिर कुछ नहीं कहा, चवन्नी कान में लगा ली। कहीं दूर देख़ता रहा। लोगों के लिए जीवन आशीर्वाद बनकर आता है, उसके लिए तो जैसे विषैले धुएँ के बादल की तरह घिर उठा है। कितने दिन हो गए उसे, जब से यह बीते हुए कल और आज के बीच की मशीन बनकर रह गया है। उसे फ़ुर्सत ही नहीं मिल सकी कि सिर उठाकर आने वाले कल को देख सके। आज वह व्यर्थ ही अन्ना से बुरी तरह पेश आया। पता नहीं क्यों, उसे इतनी जल्दी क्रोध आ जाता है! ज़रा वह अपने को दबा नहीं सकता। ज़िन्दगी में आज के अपराध को वह कभी नहीं भुला सकेगा...कभी नहीं। पता नहीं कहाँ लगी होगी! धकेल दिया... क्रूर...नीच...! अमल को जाने कहाँ लगी होगी! वह मुझसे ग़लत क्या कह रही थी आखिर? वह भी बेचारी कब तक चुप रहे? इस अँधेरे का तो शायद छोर नहीं, कोई सिरा—कोई अन्त नहीं। वह आने वाले कल के उजाले के लिए कसमसाती है, तड़पती है और जब कोई आशा नहीं देखती तो चीख़ उठती है। और वह इस इच्छा को दबा देता है, कुचल देता है। पता नहीं यह रोशनी कहाँ है? कौन हिरण्यकशिपु उसे धरती की तरह ले गया है—हिरण्यकशिपु...और बैठे-ठाले यह सोभा आ मरा...

"अरे भाई, ये सारी बातें फिर कभी सोच लेना। कब से हम तुम्हें सिगरेट दे रहे हैं बिस्सो बाबू!" जसवन्त ने कहा तो वह चौंका, उसके हाथ से सिगरेट ले ली। देखकर बोला, "ओहो, कैप्सटन है! यार, आज तो मामला कुछ ऊँचा है, तुम चाहे बताओ मत।" काग़ज़ के एक टुकड़े को अँगीठी में लगाकर उसने सिगरेट जलाई। कश खींचकर बोला, "आज तो यार, अपनी क़िस्मत खुल गई, मास्टर जसवन्त ने सिगरेट पिलाई है।" हाथ हिलाकर उसने जलता काग़ज़ बुझाकर फेंक दिया।

"अच्छा, बिस्सो बाबू, अब चलें, थोड़ी देर में आएँगे।" जसवन्त और निगम सिगरेट फूँकते चले गए। बिस्सो अपनी कॉपी उठाकर देखने लगा जो 'उधार-उधार' से भर गई थी।

तभी रेस्तराँ में झाँकता हुआ किशोरी सड़क से जाता दिखाई दिया।

"अरे किशोरी भाई, सुनो तो, तुम्हें देखे तो बरसों हो गए।" चौंककर बिस्सो ने पुकारा।

किशोरी ने भीतर प्रवेश किया, वह जैसे किसी को खोज रहा था। घुसते ही बोला, "बिस्सो बाबू, जसवन्त कहाँ है?"

"जसवन्त? जसवन्त से तुम्हारा क्या? अभी तो गया है। तुम हमारा एक काम करो यार, ये लो चवन्नी और ये गिलास, चवन्नी का दूध ज़रा हमारे घर दे आओ।"

"दूध तो मैं दे आऊँगा, तुम यह बताओ, जसवन्त तो नहीं लाया कुछ यहाँ?" उसने घबराकर पूछा।

"कुछ? कुछ क्या? वह तो किताबें लेकर आया था, सो चला गया।" उसने चवन्नी को गिलास में डालकर उसकी ओर बढ़ाते हुए कहा।

"यह अच्छा रहा। वह मेरा यार मुझे एक अंडी की चादर दिलाने वाला था, निगम और वो कल मुझसे रुपए लाए हैं।"

"हैं!" बिस्सो बाबू ने उसे देखा और ज़ोर से हँस पड़ा, "तो दोस्त, तुम फँसे, तभी तो मैं सोच रहा था कि ये रुपए आए कहाँ से! चाय के पैसे उसने ज़िन्दगी में कभी दिये नहीं, कैप्सटन सिगरेट...!" उसने उँगलियों के बीच में दबी सिगरेट दिखाई और धुआँ निगलकर बोला, "जाओ, हाथ धो लो उन रुपयों से।"

किशोरी की आँखें फटी रह गईं और वह रुआँसा हो आया, "मुझे कुल तीस रुपए महीने भर में मिलते हैं। उस निगम ने कहा था कि बहुत बढ़िया चादर है।

बस, ज़रा इस्तेमाल की हुई है। जसवन्त के पास है, दस रुपए में दिला दूँगा। चादर उसने दिखाई भी थी।"

"वह चादर भी उड़ा लाया होगा कहीं से।" बिस्सो बोला, "अच्छा, ज़रा ठहर, अभी जसवन्त आता होगा, तब पूछूँगा तेरे सामने ही।"

कृतज्ञता के बोझ से दबा हुआ किशोरी गिलास लेकर चला आया। चवन्नी देते हुए एक बार बिस्सो का हाथ काँपा, क्या पता दूध भी यह घर देकर आएगा या नहीं! उसे एक क्षण को लगा, जैसे इस युग में, समाज में वह एक विचित्र तरह का आदमी है, जो अपने-आपको हर जगह अनफ़िट पाता है, जो आउट ऑफ़ डेट है—इन सबके बीच में एक अपरिचित। हर आदमी सिर्फ़ अपनी ही बात सोचता है, एक इंच दूसरे की नहीं सोचना चाहता। वही क्यों दूसरों की बातें सोचता है? क्यों उसके भीतर यह कमज़ोरी है कि वह आदर्श और नैतिकता जैसी चीज़ों को छाती से चिपकाए हुए है? आखिर यह बुराई और भलाई, आदर्श और नैतिकता, सब साक्षेप चीज़ें ही तो हैं—सब चीज़ें अपने ही लिए तो हैं।

और वह अनमना-सा अपना काम करता रहा। शर्मा जी आए, रेखा और नीलाम्बर आए, कपूर और गोस्वामी आए। सुबह के हर ग्राहक ने जब कुछ खाने की चीज़ें माँगीं तो उसने अत्यन्त ही मरे स्वर से मना कर दिया कि ये सब चीज़ें खत्म हो गई हैं और दे जाने वाला अभी आया ही नहीं है। वह उल्टी-सीधी बातें सोचता रहा, घर की बात, किशोरी की बात, अपने आस-पास की बात। कभी-कभी आने वालों की कोई बात उसके ध्यान को भंग कर देती, फिर वह अपने में डूब जाता, नहीं तो मशीन की तरह काम किए जाता।

जसवन्त चुपचाप आकर बैठ गया।

"देखो जसवन्त, तुम्हारी यह हरक़त निहायत ही खराब है। तुम्हें कोई और नहीं मिला? तुमने उस बेचारे किशोरी को दस रुपए से मार दिया। मैं यार, तुमसे इसीलिए डरता हूँ। आज का दिन खाली नहीं जाने दिया न!"

"मैंने! कौन कहता है?" जसवन्त तेज़ी से बोला, "मैंने उससे कुछ भी नहीं लिया, मुझे पता भी नहीं। कुछ कहने के पहले पता लगा लिया करो, बिस्सो बाबू!"

"किशोरी खुद कह रहा था। तुमने कोई चादर देने का वायदा किया था—निगम ने और तुमने।"

"हाँ, चादर देने का वायदा किया था निगम ने, उसे ही मालूम होगा। रुपए

उसी ने लिए होंगे—वह साला बदमाश! मुझे उससे क्या!" जसवन्त उठकर खड़ा हो गया।

"तुमने नहीं लिये?" बिस्सो ने ज़रा तेज़ पड़कर पूछा।

"नहीं।" दृढ़ता से वह बोला, "तुम साबित करो।" फिर लापरवाही से कहा, "लिये होंगे, तो उस निगम से लिये होंगे, चादर तो मेरे पास रखी है, रुपए कहाँ से ले लेता?"

"निगम कहाँ है?" बिस्सो ने दारोग़ा की तरह पड़ताल की। वह उसके सामने आ बैठा।

"मुझे नहीं मालूम, मेरे सामने तो चौराहे से पान खाकर चला गया था।" जसवन्त बेंच और मेज़ के बीच से तिरछा होकर निकलने लगा।

"ख़ैर, पता तो लग ही जाएगा जसवन्त बाबू, लेकिन कहे देता हूँ—ऐसी कोई बात हुई तो दुकान में फटकने नहीं दूँगा।"

जसवन्त ने कोई उत्तर नहीं दिया, उसकी भँवें तन गईं। चुपचाप उतर गया। केवल एक बार उपेक्षा से मुँह मिलाकर। बिस्सो जानता था कि वह कहीं नहीं जाएगा, अभी घूम-फिरकर अधिक-से-अधिक आध घंटे में आ जाएगा। यही उसकी आदत थी।

निगम को उसने दरवाज़े पर देखते ही कहा, "निगम साहब, रुपए दिलवाओ। यार, ग़रीब-अमीर तो सोचा करो। किशोरी को तीस रुपए कुल तनख़्वाह मिलती है, उसमें से दस तुमने झटक लिए।"

अपनी बेंच को लक्ष्य करके चला जाता निगम एकदम चौंककर पलटा, "रुपए?"

"बनो मत निगम साहब!" बिस्सो ने सिर हिलाया।

"कैसे किशोरी के रुपए? निगम को क्या मालूम?" निगम बड़े ठाठ से बैठ गया।

"उड़ो मत, उड़ो मत निगम साहब, मुझे सब मालूम है।" निगम के हाथ से बीड़ी लेकर खुद पीते हुए उसने कहा।

"बिस्सो बाबू, तुमने कुछ नशा तो नहीं कर लिया? सुबह से कुछ अजब बहकी-बहकी बातें कर रहे हो। आज यह चक्कर क्या है? तुम ख़ुद सोचो, खरीददार किशोरी, चीज़ जसवन्त की, फिर उस दाल-भात में मूसलचन्द निगम कहाँ से आ मरा?"

"ये सब बातें तो यार, उससे कहना, जो तुम्हें जानता नहीं। तुमने सौदा

पटवाया तो तुम्हारा हिस्सा न हो, यह मैं किसी हालत में नहीं मान सकता। जसवन्त खुद कह रहा था।" बिस्सो बाबू ने एक तरह से प्रार्थना की, "दे दो यार, क्यों तंग कर रहे हो बेचारे को?"

"जसवन्त खुद कह रहा था?" निगम का ढीला-ढाला शरीर एकदम तनकर बैठ गया, "साला जसवन्त, बदमाश! अब साफ़ बता दूँ तुम्हें, खुद हरामज़ादा सब रुपए लिए बैठा है, दूसरों पर इलज़ाम लगाता है सूअर! निगम खुद उससे रुपए लेने को भटक रहा है। निगम से पूछो उसकी पोल, दसियों साइकिलें इधर-से-उधर कर चुका है, वर्ना ये नक़्शे सब चलते कहाँ से हैं?"

"तो तुम्हें नहीं मालूम?" बड़े आश्चर्य से बिस्सो ने पूछा। वह चकित था, "मुझसे तो भाई, जसवन्त ने ही कहा है।"

"यों कहने से कुछ नहीं होता, निगम के सामने पुछवाओ, मुँह पर। बाद में तो राजा के बारे में भी लोग उड़ाते हैं। कोई ज़बान तो रोकता नहीं है किसी की।" निगम कड़का।

"मुँह पर पुछवा दूँ, अगर बात सच हुई तो क्या जुर्माना दोगे?" बिस्सो ने भी तेज़ी से कहा।

"जुर्माना?" निगम ज़रा ढीला पड़ गया, "जो तुम्हारे मन आए सो करना। हाँ, उसके चाय-सिगरेट का गुनहगार तो निगम ज़रूर है, उसे हिस्सा समझ लो या कुछ और।"

"तो फिर इतना तेज़ क्यों पड़ते हो, अभी सब पता चला जाता है। जसवन्त आ ही रहा होगा। तुम्हें तो पता होगा ही, कहाँ गया है?"

"निगम से मतलब? चौराहे के बाद पता नहीं किधर निकल गया। निगम लगा फिरता है उस लफंगे के साथ? जिधर मुँह उठा, चल दिया। अपना धंधा-पानी करने गया होगा। बैंक या राशनिंग दफ़्तर में।" नियम बोला, फिर दाँतों से नाखून कुतरते हुए बड़बड़ाया, "इस तरह से बदनाम करेगा तो निगम साले से बात नहीं करेगा आगे से।"

"तुम क़सम से कहते हो?" बिस्सो ने फिर पूछा।

"निगम के हाथ में यह अग्नि है।" उसने बीड़ी दिखाई और उसका गुल झाड़ दिया। दोनों टाँगों को उठाकर उसने मेज़ पर फैला दिया, और पीछे पीठ टिकाकर अधखुली आँखों से बीड़ी फूँकने लगा, जैसे इन सब तुच्छ बातों से उसे कोई मतलब नहीं है।

"यार, तुम लोगों ने उस ग़रीब को मार डाला।" बिस्सो ने परेशानी से कहा,

"अरे, ऐसे लोगों पर तो दया कर दिया करो।"

निगम फिर तड़पकर उठा झटके से, "यार बिस्सो, यही तो तुममें सबसे बुरी आदत है। किसी का विश्वास नहीं करते। निगम ज़बान से ही तो कह सकता है, सिर काटकर तो रख नहीं सकता। इससे ज़्यादा निगम क्या अपनी जान निकालकर रख दे—बैठा है, आने दो जसवन्त को भी, अभी मुकाबला हुआ जाता है।" वह फिर अपनी पहली वाली स्थिति में हो गया, और स्वकथन के रूप में बोला, "लुच्चे, साले, बदनामी करते फिरते हैं। किसी भले आदमी को रहने नहीं देंगे दुनिय। में।"

बिस्सो चुपचाप बैठा रहा। फिर अपनी अलग बीड़ी अँगीठी से जलाकर दरवाज़े पर खड़ा होकर सड़क को देखने लगा।

भूरेलाल कन्धे और कैंची फटकारते हुए किसी के बाल बना रहे थे। कैंची और ज़बान साथ, समान गति से चल रही थीं। कभी-कभी कैंची को पिछड़ना पड़ता था और हाथ रोककर वे अपनी बात सुनाने लगते थे। वहीं खड़े-खड़े

उसने कहा, "अच्छा निगम साहब, एक काम करो, दुकान बन्द करने वाले उन तख़्तों के पीछे चले जाओ। जसवन्त आ रहा है। मैं तुम्हारे सामने कहलाए देता हूँ।"

"निगम क्या किसी से डरता है?" और निगम सचमुच एक ओर रखे दुकान बन्द करने वाले तख़्तों के पीछे जा बैठा।

"अबे, वहाँ तो बीड़ी मत पी, धुएँ से समझ जाएगा।" बिस्सो ने धीमे से घुड़का।

निगम ने बीड़ी घिसकर बुझा दी।

जसवन्त को देखकर बिस्सो ने कहा, "कहो जयवन्त बाबू, कहाँ की विज़िट दे आए?"

जसवन्त सिर झुकाये सुस्त और उदास चला आ रहा था, "विज़िट को कहाँ विलायत जाना था, वही रोड-इंस्पेक्टरी कर आए, सड़कों को नापना।" निराश स्वर में जसवन्त ने कहा और उसकी बगल से निकलकर भीतर आ बैठा। बिस्सो दरवाज़े पर ही खड़ा था। भीतर की तरफ़ मुड़ आया। जसवन्त ने एकदम से सिर झटके से उठाकर कहा, "बिस्सो, एक कप चाय नहीं पिलाओगे?"

"भाई, कुछ तो रहम करो मुझ पर। आखिर मैं भी तो कहीं से खाऊँगा ही। तुम्हें मिलेगी पहली तनखा, तो मुझे पकड़ा नहीं दोगे।" फिर एकदम विषय बदलकर बोला, "किशोरी बेचारे को तुमने पीस डाला न!"

"मैंने?" जसवन्त तन गया, "सहने की अब हद हो गई है, बिस्सो बाबू! आख़िर तुम मेरे पीछे क्यों पड़े हो? तुम्हारी ही एक दुकान ज़रा बैठने की जगह है सो कहो वहाँ भी न आया करूँ। रुपए निगम डकार गया, खींचातानी मुफ़्त में मेरी हो रही है।"

"यार, अज़ब उलझन है। निगम कहता है, रुपए तुम ले गए, तुम कहते हो निगम। रुपए आख़िर क्या फ़रिश्ते ले गए?" बिस्सो सिर खुज़लाने लगा।

"फ़रिश्ते नहीं, बिस्सो बाबू, रुपए ले गया है वह, जिसने किशोरी के लिये हैं।" जसवन्त बोला, "निगम, निगम, निगम। मैं उसके मुँह पर कहूँगा। बदमाश, साले, रैस्कल, डफ़..."

"निगम साहब का आदाबअज़र् लीजिए, जसवन्त बाबू!" बड़े लखनवी ढंग से छाती के पास पंजा हिलाकर सलाम करते हुए चतुरता से मुस्कराता निगम तभी तख़्तों के पीछे से बाहर निकल आया, जैसे डिब्बा खोलते ही स्प्रिंग के सहारे दाढ़ी वाले बुड्ढे का खिलौना निकल आता है।

जसवन्त एकदम फ़क रह गया। उसका मुँह खुला और आँखें जैसे फटी रह गईं। सारी तेज़ी खत्म हो गई। फिर एकदम सँभलकर बोला, "तो जनाब यों छिपे हैं! ये मेरे पीछे क्या पुछल्ला लगा दिया यार, साफ़ क्यों नहीं कह देते कि पाँच रुपए गटक गए हो?"

"अभी तो बिल्कुल मुकर गए थे, अब पाँच पर आ गए!" निगम अपने पेटेंट स्थान बेंच पर आ जमा। विजेता की मुस्कान से उसका चेहरा खिला था।

बिस्सो आश्चर्य से दोनों के चेहरों की ओर देख रहा था। वह कल्पना कर रहा था कि दोनों में अब कुश्तमकुश्ता होगी। अब इस नाटक को देखकर बुरी तरह खिलखिलाकर हँस पड़ा, "अभी तो दोनों एक-दूसरे की बुरी तरह गालियाँ दे रहे थे, क़समें खा रहे थे और अब मिलते ही मान गए कि उस बेचारे से छीनकर आधा-आधा खा गए हो।" फिर हँसना बन्द करके बोला, "मैं तुम्हारी दोनों की नस-नस जानता हूँ। लाओ, निकालो सारे पैसे बायें हाथ से। और जसवन्त बाबू, वो चदरा किसका था जिसका सौदा हुआ था?"

दोनों ने हारे हुए जुआरियों की तरह कुछ नोट और पैसे निकालकर मेज़ पर रख दिये। बिस्सो गिनने लगा।

"अब छोड़ो भाई, यह क़िस्सा ख़त्म कर दो।" झेंपते हुए खुशामद के स्वर में जसवन्त ने कहा और दोनों ने दो तरफ़ मुँह फेर लिया। एक बार आँखें मिलीं, लेकिन हँस दोनों में से कोई नहीं सका। बिस्सो गिनता रहा।

"लेकिन ये तो साढ़े नौ ही हैं?" बिस्सो ने गिना, सिर उठाकर पूछा।

"तुम्हारे यहाँ चाय पी ली, सिगरेट और पान खा लिए। अभी सुबह ही तो लिये हैं।" जसवन्त के स्वर में क्षमा-याचना ध्वनित हो रही थी।

"अच्छा, खैर, लेकिन दोस्त, घरवालों को निशाना मत बनाया करो।" और उसने पैसे स्वेटर के नीचे जेब में डाल लिये। अँगीठी के पास आ गया।

तीनों चुप थे। निगम बेंच पर दीवार से पीठ टिकाकर बैठा काली छत ताक रहा था। लोहे के मूढ़े पर बैठा जसवन्त दोनों कुहनियाँ मेज़ पर टिकाये, हथेलियों पर ठोड़ी रखे, पपड़ाये होंठों पर उँगली सहलाता एकटक मेज़ को देख रहा था। केतली चढ़ाकर बिस्सो बाबू चुपचाप कान कुरेद रहा था। तीनों इस तरह चुप थे जैसे वर्षों से कोई किसी से नहीं बोला हो, जैसे वे युगों से इसी तरह बैठे सोचते रहे हों। पहले बिस्सो थोड़ी देर तो उन दोनों की चालाकियों पर मन-ही-मन हँसता रहा; लेकिन जैसे-जैसे क्षण-पर-क्षण बीतते जाते, वह कभी-कभी आँख उठाकर देख लेता, और उसके हृदय में इन दोनों के प्रति न जाने क्यों एक अनजान करुणा, कोमलता और ममता उमड़ती चली आ रही थी कि नासमझ बच्चों की तरह दोनों की छाती से लगाकर समझा दे; उनके आँसुओं को पोंछ दे। वे बेचारे भी आख़िर करें क्या? कब तक बेकारी और नैतिकता के संघर्ष को सहते रहें? यदि वास्तव में किशोरी से उसका इतना घनिष्ठ सम्बन्ध न होता तो वह फिर सारे पैसे उन्हें वापस लौटा देता...

एक गहरी साँस लेकर अचानक जसवन्त उठा, "अच्छा, बिरसी बाबू, चलें अब।"

"बैठो, तुम्हारे लिए चाय बन रही है।" कुछ स्नेह की आत्मीयता से उसने कहा।

"पैसे नहीं हैं।" जसवन्त का स्वर बड़ा निरीह था। निगम ने वहीं बैठे हुए गर्दन घुमाकर उधर देखा। उसकी आँखों में कातर-द्रवता उतर आई थी।

"देखी जाएगी।" उसने तीन कप का पानी छान दिया, लेकिन अचानक उसे कुछ याद आ गया और एक कप वापस केतली में उलट दिया। दो कप चाय बनाकर दोनों के सामने रख दी। निगम सीधा हो गया। दोनों प्लेटों में डाल-डाल के पीने लगे। बिस्सो बाबू खड़ा बीड़ी पीता रहा।

क्या चूहे-बिल्ली का-सा खेल है, ज़रा चूके तो गए। कोड़ा जमालशाही खेल में पकड़ लिए गए तो हार गए, नहीं तो दाँव चल ही रहा है—आखिरी दम तक। हँसी भी आती है और झुँझलाहट भी। तभी एक कल्पना बिस्सो बाबू के

मन में स्वत: साकार हो उठी—सरकस में शेर-चीतों के साथ खेलने वाले की स्थिति में वह रह रहा है। कितना ख़तरनाक खेल होता है वह! उन खौफ़नाक जानवरों का ज़रा भी ऐसा-वैसा रुख देखा कि 'शांय' से हंटर फुफकारा—घात लग गई तो 'लैग-गाड्‌र्स' पर दाँत मार दिये, वर्ना पालतू कुत्तों की तरह घूमते रहे। ये सब क्या हैं, कौन हैं, जिनके बीच में वह रहता है? वह ज़रा-सा चूक जाए तो बोटी-बोटी नोच ले जाएँ, नहीं तो अपनी कोई हरकत पकड़े जाने का ग़म नहीं, शरम नहीं—फिर लगेगा दाँव! एक तो कर गया चोट! और बिस्सो बाबू इनमें से किसे नहीं जानता? निगम को नहीं जानता, जसवन्त को नहीं जानता, कक्कड़ को नहीं जानता? हर समय होने वाला द्वन्द्व उसके मन में फिर जाग उठा कि इन सबको एक ही बार मना कर दे, उसकी दुकान बदनाम होती है। उसे याद आया, उसके दोस्त मिस्तरी ने कहा था—'ऐसे लोगों को तुमने नहीं रोका बिस्सो, तो देखा लेना, कोई भला आदमी फटकेगा नहीं।' इनमें से हर आदमी कब वारंटी हो जाएगा, कोई नहीं जानता। किसी ने भी उसका नाम झूठे को ही ले लिया तो पुलिसवाले नाक में दम कर मारेंगे। उन्हें तो बस बहाना चाहिए। लेकिन फिर उसकी दुकान चले कैसे? ग्राहक कौन हो? यही दो-चार लोग हैं, कुछ-न-कुछ तो चुका ही देते हैं।

"अच्छा, बिस्सो बाबू, माफ़ करना आज की ग़लती को।" निगम ने दाँत निपोरकर कहा और दोनों सिर झुकाये पिटे-से बाहर निकल गए।

बिस्सो बाबू हिसाब लिखने लगा।

"बिस्सो बाबू, मेरे पैसों का क्या हुआ?" एकदम आते ही किशोरी ने पूछा।

"पैसे रखे हैं, अब?" बिस्सो ने कुटिलता से उसकी ओर देखकर कहा, "दोनों खा-पी गए बेटा, अब ठंडक में सोओ जाकर।"

किशोरी का उतरा हुआ चेहरा और मुरझा गया। सिर झुका लिया, "बिस्सो बाबू, मैं मर जाऊँगा। मैंने चादरे के लिए पैसे इसलिए दे दिये थे कि रात को ओढ़-बिछा लूँगा, दिन में बदन पर लपेट लूँगा, सारे कपड़ों का काम देगा।" आगे उसका स्वर घुट गया।

"ले, पहले तो दे मरा, अब रोता क्यों है? खबरदार जो अब बिना पूछे किसी को कुछ दिया!" बिस्सो बाबू स्वेटर के नीचे हाथ डालकर जेब से पैसे निकालने लगा। दोनों की बातों का ध्यान कर उसके चेहरे पर मुस्कान आ गई।

"सब, पूरे?" उमंगकर एकदम किशोरी ने पूछा, उसकी आँखें जैसे चमक उठीं, "बिस्सो बाबू, तुमने मुझे बचा लिया।"

बिस्सो का जेब से पैसे निकालता हुआ हाथ वहीं रुक गया। उसने एक क्षण किशोरी की उसके प्रति कृतज्ञता और विश्वास से चमकती हुई आँखों में देखा, उत्सुक मुख-मुद्रा को देखा और उसके मुँह से निकल गया, "हाँ, सब। लेकिन बताए देता हूँ, आज से फिर किसी के चक्कर में नहीं पड़ता।" बिस्सो उस घटना का खूब रस लेकर नाटकीय वर्णन सुनाने जा रहा था, लेकिन अब चुप हो गया। अपने पैसों में से मिलाकर उसने पूरे दस रुपए किशोरी के हाथों में रख दिये—आज दोपहर की कमाई सहित। उसकी जेब में अब दो पैसे शेष थे, लेकिन चेहरे पर बड़प्पन था। उसने कहा, "बड़ी देर लगा दी, ज़रा पहले आता तो बड़ा मज़ेदार तमाशा दिखाता।"

बड़ी उत्सुकता और प्रसन्नता से किशोरी ने पैसे गिनकर जेब में रख लिये, फिर जैसे उससे सहानुभूति दिखाते हुए बोला, "बिस्सो बाबू, भाभी से तुम लड़ आए हो, क्यों? पहले दूध लेती ही नहीं थी, बड़ी मुश्किल से लिया, रो पड़ी। वहीं तो लग गई इतनी देर।"

दो घाघों से रुपए निकलवा लेने की सारी प्रसन्नता और किशोरी को बचाकर सहायता करने का सारा बड़प्पन जैसे झटके से उड़ गया। बिस्सो बाबू एकदम सुस्त हो गया—अन्ना के प्रति आज का व्यवहार! ज़रूर घर में वह भूखी बैठी होगी, और यहाँ जान-बूझकर उसने भी तो चाय की एक बूँद गले से नीचे नहीं जाने दी है। यह बेचारी कह क्या रही थी? यही तो कह रही थी कि इस ढाई आने से अमल के लिए दूध आएगा। उसने समझाना चाहा था कि अगर इन पैसों का अमल के लिए दूध आ गया तो आज दुकान का काम कैसे चलेगा? सुबह ही जो दो-चार ग्राहक आते हैं, देर हो गई तो लौट जाएँगे। इसलिए अच्छा हो कि वह उसे जाने दे, और पैसे आते ही अभी वह दो मिनट में दूध भेजता है। पर अन्ना को जैसे ज़िद आ गई थी कि नहीं, दुकान चाहे चले, चाहे न चले; इसका तो अमल को दूध ही आएगा। काफ़ी देर वाद-विवाद हुआ और आख़िर दुकान को देर हो जाने की झुँझलाहट में वह उसे ज़ोर से धकेलकर दुकान की ओर चला आया था। और अब दिनभर की कमाई किशोरी को पकड़ा दी।

कातर करुणा का एक फव्वारा-सा जैसे उसके भीतर फूट पड़ने को मचल पड़ा। एक धुन्ध और धुआँ। सोभा जो कुछ ले गया है, उसका नुकसान फिर उसकी आँखों के आगे कभी न पूरी की जा सकने वाली कमी की तरह लगा। उसे लगा—इन मुसीबतों और उलझनों से वह पार नहीं पा सकेगा—नहीं पा सकेगा, और एक दिन यों ही अनजान-सा साँस तोड़ देगा।

बिना किशोरी की बात का जवाब दिये वह शो-केस इत्यादि बाहर से उठा-उठाकर भीतर रखने लगा। बिना बोले ही किशोरी ने भी सहायता कराई। सब सामान उल्टा-सीधा रखकर दो लोटे पानी अँगीठी में डाला। जल्दी से दुकान के तख़्ते लगाए और किशोरी को वहीं छोड़कर चल दिया—निर्लक्ष्य... दिग्भ्रान्त-सा, निरुद्देश्य...

प्रतीक्षा

बहुत बार एक ही अवस्था से गुज़र चुकने पर लोग उसके अभ्यस्त हो जाते हैं। लेकिन गीता के साथ ऐसा नहीं है, और प्रतीक्षा करना आज भी उसके लिए ज़िन्दगी की सबसे विकट यातना है। प्रतीक्षा को लेकर वह दो भागों में बँट गई है—एक भाग निश्चिन्त और निरुद्विग्न भाव से प्रतीक्षा करता है और दूसरा नस-नस को तड़का देने वाले तनाव में हर आहट पर चौंक-चौंक उठता है। इस बीच उससे कुछ नहीं होता और वह कभी घर की सफाई करने लगती है और कभी किताबें-काग़ज़ इस तरह फैलाकर बैठ जाती है कि उन सबको समेटते-समेटते ही वह समय बीत जाए। जब सारे तरीके नाकाम हो जाते हैं तो वह बिस्तर पर जाकर चित लेट जाती है और तकिया मुँह पर रखकर बेहोश-सी पड़ी रहती है, कान नीचे लगे रहते हैं कि अब दरवाज़े पर खड़-खड़ होगी।

इतना समझाकर कह दिया था नन्दा से कि, "देखो, मैं तुम्हारे लिए बैठी रहूँगी, बाहर से कुछ खाकर मत आना और मुझे ज़्यादा देर तक भूखों मत मारना। सुना, हर्ष देर न..."

वह ऊपर दरवाज़े पर खड़ी थी और वे सीढ़ी के बीच मोड़ पर थे। हर्ष ने नन्दा की खुली कमर पर हाथ रखकर अगली सीढ़ी उतरते हुए ऊपर देखा, "अरे दीदी, तुम फिकर मत करो! मैं इसे ज़्यादा देर ही नहीं लगाने दूँगा।... कोई बात है भला कि तुम भूखी बैठी रहो और यह वहाँ शो-केसों में साड़ियाँ देखती रहे? अच्छा, टा-टा!" उसने सिगरेट वाला हाथ सिर के ऊपर हिलाया।

हर्ष की इस शैतानी पर नन्दा मुस्कराई, दो उँगलियाँ होंठों से लगाईं और एक फ्लाइंग किस गीता की ओर उछालकर सीढ़ियाँ उतर गई।

"दुष्ट!" गीता के मुँह से निकला। यह हर्ष बातें बनाने में तो इतना तेज़ है कि बस! वह देर तक उस जगह को ही मुग्ध भाव से देखती रही और मुस्कराती रही। सीढ़ी पर से सैंडिलों और जूतों की मिली-जुली आवाज़ नीचे फ़र्श पर

पहुँच गई, दरवाज़े का लेच खुला और खटके से बन्द हो गया। ख़ुशबू का बादल वहाँ मँडराता रहा।

पिछले तीन-चार दिनों से रोज़ यही हो रहा है—दरवाज़ा खटके से बन्द होता है तो दोनों की बातों और पाँवों की आवाज़ को फीते की तरह काटकर नेपथ्य में फेंक देता है। पतली-सी गली में पद-चाप दूर होती जाती है, तब एकदम सड़क का शोर-गुल, ट्रामों की चिचियाहट और टन-टन और बसों की घों-घों तथा कंडक्टरों की घंटियाँ सुनाई देने लगती हैं; और अचानक चौंककर गीता पाती है कि वह मुँह पोंछना छोड़कर तौलिया हाथ में लिए ही दरवाज़े पर खड़ी है। और तभी से उसकी प्रतीक्षा शुरू हो जाती है।

अब तो ऐसा लगता है, जैसे वर्षों से यही क्रम हो। कितनी जल्दी यह हर्ष उसके सामने खुल गया है, वरना उसे याद है, पहली बार उसकी हिम्मत गीता के सामने सिगरेट पीने की नहीं पड़ी थी। और अब? अब तो वह गीता के सामने ही नन्दा को पकड़कर चूम लेता है। उसकी दोनों चोटियाँ पकड़कर अपनी ओर मोड़ता है और आलिंगन में बाँध लेता है; और ताज़ा-ताज़ा ग़ुसलख़ाने से नहाकर निकली, अलगनी पर कपड़े फैलाती नन्दा यों गीता की ओर पलकें उठाकर मुस्कराती है, जैसे किसी रहस्य की ओर संकेत कर रही हो, या शायद चुनौती दे रही हो।...अब तो नन्दा जितनी देर जागती है, बस गुनगुनाती रहती है, ख़ुद नहीं गाती तो उसके कमरे से रेडियो सीलोन के गाने आते हैं, और उनके साथ वह अक्सर स्वर मिलाती रहती है—जाने कितने गाने याद हैं इस कम्बख़्त को, शायद कलकत्ता की सारी हिन्दी अंग्रेज़ी फ़िल्में देख डाली हैं इन दिनों!

जब से यह हर्ष आया है, नन्दा तो जैसे बौरा उठी है। वह इस धरती पर नहीं, समय और काल से ऊपर कहीं हवा में चलती है। अब उसे ध्यान कहाँ कि कोई गीता भी है। जब वह चला जाएगा तो फिर वही—'गीता दी, गीता दी' करती आगे-पीछे घूमेगी। कितनी ज़ल्दी रंग बदलती है यह लड़की! एक मिनट नहीं लगता! कब जाएगा वह हर्ष? जाने कितने दिनों की छुट्टियाँ लेकर अया है। अभी तो दो-चार दिन जाने का कोई सिलसिला नज़र नहीं आता। हर्ष को होटल से यहाँ लाकर तो उसने अपनी ही तकलीफ़ बढ़ा ली। ये लोग सामने रहते हैं तो ऊपर से बहुत ख़ुश रहती है, इनकी हरकतों, मज़ाक़ों पर हँसती है और ख़ुद भी कभी-कभी छेड़ देती है, लेकिन भीतर कहीं एक अवसाद गाढ़ा होता चला जाता है। ईर्ष्या नहीं होती, जैसी मिस रेमंड के समय हुई थी। मिस रेमंड के समय तो उसके भीतर कोई शेरनी की तरह ख़ूँखार हो उठा था। हर्ष

और नन्दा के साथ देखकर उसे अच्छा भी लगता है और कहीं असमर्थता का हीनता-बोध भी कोंचता रहता है...

कितने बज गए? गीता ने इस तरह मेज़ पर रखी घड़ी को चौंककर देखा, जैसे इतनी देर समय की बात को भूल गई थी, हालाँकि कलाई से खोलकर घड़ी उसने इसीलिए सामने रख दी थी कि समय का ज्ञान होता रहे। पौने दस। मेज़ पर रखे खाने को देखकर उसने सोचा, सारा खाना ठंडा हो गया। कितनी देर तक चलता है सिनेमा कि अभी तक इन लोगों का पता ही नहीं है? कहीं लेक-वेक पर भटक रहे होंगे कमर में हाथ डाले। इन लोगों के जाते ही गीता खाना बनाने में जुट गई थी और अभी आधे घंटे पहले ही उसने सारा सामान मेज़ पर लगाया था। खोका की माँ को भी इसीलिए अभी तक रोके थी कि वे आ जाएँ तो बर्तन साफ़ कर जाए, वरना फिर कल आठ बजे तक भिनकते रहेंगे। आख़िर कब तक रुकतीं वह? खोका की माँ ने भी पूछा था, "यह बाबू कब जाएगा? बहुत सिगरेट पीता है, जिधर देखो, उधर राख ही बिखरी रहती है। कौन है, यह इसका?" बिना दिलचस्पी दिखाए उसने बात समाप्त कर दी, "होता कौन, आदमी है उसका। मनाने आया है। ऊपर रसोई के बर्तन और मसाले की सिल तो कम-से-कम धो जाओ...बर्तन सुबह हो जाएँगे।"

डाइनिंग-टेबल पर ही किताब खोलकर गीता अपने को उलझाए रखने की कोशिश करती रही। ऊपर लटके बल्ब की रोशनी में चीनी के बर्तन और सफ़ेद प्लास्टिक का कवर आँखों को चौंधिया दे रहे थे। अभी पोंछा गया फ़र्श चमचमा रहा था; और अन्दर के कमरे में शृंगार-मेज़ के सामने लगा आधा बिस्तरा खुले दरवाज़े से दिखाई देता था और आधा शृंगार-मेज़ के शीशे में। इसी शीशे की गवाही में, इसी बिस्तरे पर उसे सारी रात जागना था। उसे ख़ुद अपने पर बेहद आश्चर्य होता है कि कैसे उसने इस सारी स्थिति को असहाय भाव से स्वीकार कर लिया है; और दोनों के इस सारे उच्छृंखल व्यवहार को सह ही नहीं लेती, बल्कि इस सारी अपमानजनक स्थिति को गले उतारे बैठी है? भयानक बात तो यह है कि उसे कोई शिकायत भी नहीं है। बाद में भले ही क्रोध आता रहे, लेकिन सामने रहते हैं तो ऐसा लगता है, जैसे दोनों छोटे-छोटे बच्चे हों और उनकी देखभाल, खाने-पीने की चिन्ता उसे ही करनी हो।

उसे पता है, जब दोनों आएँगे तो किस तरह एक-दूसरे को देरी के लिए जिम्मेदार ठहराते हुए प्रवेश करेंगे, टैक्सी न मिलने या बसों की भीड़ का बहाना बनाएँगे—और कुछ नहीं तो यही कह देंगे कि बहुत बारिश हो रही थी! यह

कलकत्ता इतना बड़ा शहर है कि इसके एक हिस्से में बारिश होती है और दूसरे में उसकी ख़बर भी नहीं होती। फिर किधर मेज़ पर हर्ष बैठेगा। जब वे मिचराकर खाना खाएँगे तो गीता मज़ाक़ करेगी, "आज फिर खा आए हो न?" और दोनों अपराधियों की तरह एक-दूसरे को देखकर मुस्करा उठेंगे। अपना खाना भूलकर गीता मुग्ध भाव से उन्हें देखती रहेगी। इन दोनों को एक साथ देखकर, या कल्पना करके उसका मन अजब वात्सल्य से भीग उठता है। दोनों उसके लिए प्रसन्न भाव का एक ही प्रतीक बन जाते हैं। और उस क्षण, मन का स्थायी पाप-बोध अपने-आप कहीं खो जाता है। तब उसके मन में कहीं भी तो नहीं आता कि वह वही नन्दा है, जिसके लिए उसने अपने सारे रिश्तेदारों से दुश्मनी मोल ली है, इधर-उधर बदनामी उठाई है और जिसे लेकर हमेशा उसे लगता है कि वह एक निरीह लड़की की ज़िन्दगी की क़ीमत पर सुख के कुछ झूठे क्षण बटोरने की कोशिश कर रही है।

मिसेज़ कुंती मेहरा ने पहली बार जब उसका ज़िक्र किया था, "दीदी, एक बेचारी अकेली लड़की है। यहाँ कहीं किसी के यहाँ पड़ी है। बड़ी तकलीफ़ है वहाँ। एक फ़र्म में टाइपिस्ट है। आप तो आजकल अकेली ही हैं न, एक कमरे में रह आएगी। आपको भी साथ हो जाएगा।...नहीं-नहीं, क़तई डिस्टर्ब नहीं करेगी। वह तो ख़ुद इतनी सीधी और दु:खी है कि किसी से ज़्यादा बोलती ही नहीं!" इस सिफ़ारिश के बाद जब गीता ने नन्दा को देखा था, तो सचमुच वह बड़ी असहाय और सीधी लगी थी। नाक-नक़्श अच्छे थे, और रंग साफ़ था। लेकिन इसके सारे व्यवहार में एक ऐसा रूखापन और करख़्तगी थी जो चरित्र का गुण कम और छोटी जगह रहने और आत्मकेन्द्रित होने का परिणाम ज़्यादा था। साड़ी का पल्ला कमर से नीचे नहीं जाता था! और कस-कसकर बाल बाँधती थी और समझती थी कि यह स्मार्टनेस है।...कैसी कठिनाई और तरकीबों से गीता ने उसकी रुचियों में परिवर्तन किया था! ख़ुद चाहे सफ़ेद और सादे कपड़े ही पहने; लेकिन चाहती थी कि नन्दा जब उसके साथ चले तो लोगों की निगाहें एक बार तो हटें ही नहीं। गीता के स्वभाव में सबसे पहली बार अन्तर्विरोध तभी आया—अपने अनचाहे मन में एक चोर आ बैठा और उसकी सादकी की सनक पहली बार नन्दा के कारण टूटी और आज वही नन्दा है, स्लीवलेस काला ब्लाउज़, मोरपंखी बंगलौरी साड़ी, चप्पलों को छूता हुआ बाँह पर फैला पल्ला, साड़ी के ऊपर झूलती मोटे-मोटे सफ़ेद दानोंवाले मोतियों की माला और रोमन अंक आठ के आकार का ढीला जूड़ा...क्या फ़िगर और

क्या ग्रेस! फिर आजकल तो हर्ष से सटकर चलते हुए, सपनों में उमंगती नन्दा के पाँव हवा के पाँवड़ों पर मचलते रहते हैं। हल्की लिपिस्टिकवाले होंठों से छुलाकर जब उसने उँगलियाँ गीता की ओर बढ़ाई थीं तो गीता के मन में कुछ ऐंठने लगा था, और एक क्षण तो तब उसे हर्ष की उपस्थिति असह्य लगी थी।

खड़ड़-खड़ड़-खड़ड़...नीचे दरवाज़े पर खड़खड़ाहट हुई तो झटके से गीता सीधी हो गई—आ गए शायद! अरे, सामने रखी किताब का, जाने कितनी देर से, वही पन्ना खुला है। किताब बन्द की ओर मेज़ पकड़े कुर्सी से उठी, प्रतीक्षा करने लगी कि अब दरवाज़े का लेच खुलेगा, या अगर चाबी नन्दा ऊपर ही भूल गई होगी तो घंटी बजाएगी। मन में आया कि नीचे जाकर ख़ुद ही दरवाज़ा खोल दे। उठी, सीढ़ी के पास आते-आते फिर खड़खड़ाहट हुई। अरे, यह तो नीचे वाली गाय है। हाँ, उसी ने सींग हिलाए होंगे। जाने किसकी गाय है, सारे दिन बस यहीं हटी रहती है और दरवाज़े के सामने ही गीला-गन्दा किया करती है। हर बार आते-जाते इसे भगाया जाता है, लेकिन फिर वहीं। एक तो यों ही बरसात के कारण संकरी गली में फिसलन रहती है, फिर यह और। नन्दा को इससे जाने क्यों बहुत डर लगता है। जब भी वह गीता के साथ आती है, वह हमेशा गीता को ही गाय के सामने करके आड़ में चलती है, साड़ी बचाती, पाँव जमाती, "दीदी, किसी से कहकर इसे हटवाओ न यहाँ से! जब पास से जाओ तभी सींग हिलाती है..." नन्दा शिकायत करती है।

उसके बढ़ते पाँव वहीं ठिठक गए। और हाँ, अगर वे लोग ही होते तो बोस बाबू का कुत्ता तो भूँकता। कोई आए या जाए, एक बार तो इस पिद्दीराम को ज़रूर ही भूँकना चाहिए। नहीं, वे लोग नहीं हैं। रात में तो टैक्सी के मीटर की घंटी भी सड़क से सुनाई दे जाती है। अब गीता की समझ में ही न आया कि नीचे दरवाज़े पर चली जाए और किवाड़ खोलकर चौखटे में खड़ी-खड़ी वहीं इन्तज़ार करे या फिर किताब पढ़ने की कोशिश करे। लेकिन वह अनिश्चित क़दमों से नन्दा के कमरे की ओर चली आई। दरवाज़ा आधा भिड़ा था और खुला हिस्सा हैंडलूम के चार खानोंवाले भारी पर्दे से ढका था। कहीं ऐसा तो नहीं है कि दोनों आज आएँ ही नहीं और उसे पहले की तरह परेशानी उठानी पड़े दुनिया-भर की। अपनी इस आशंका पर अचानक ही गीता को ऐसा विश्वास हो गया कि वह परदा हटाकर कमरे में आ गई। स्विच दबाया तो कमरा रोशनी से भर उठा—नहीं, सभी कुछ ज्यों का त्यों है, उसी तरह बिखरा और उसी तरह

अव्यवस्थित। उसे अपने पर हँसी भी आई अगर वे लोग कुछ ले भी जाते तो उसके सामने से ही तो ले जाते। मगर नन्दा पहली ही बार क्या ले गई थी? यों ही चली गई। हाँ, उसने उन्हें सीढ़ी पर जब विदा किया था, तभी कुछ लग सकता था। इस नन्दा को वह डेढ़-दो साल में भी सुव्यवस्थित ढंग से रहना नहीं सिखा पाई है। उसने इधर-उधर देखा, तौलिया के स्टैंड पर वही साड़ी, ब्लाउज़ और पेटीकोटों का ढेर है, नीचे उलटी-सीधी चप्पलों की लाइन है, हर्ष के सूटकेस पर गीला तौलिया और दो पर्स पड़े हैं, एक नई साड़ी आधी खुली रेडियो पर झूल रही है। चूड़ियों, टॉप्स और प्लास्टिक की मालाओं से भरी अटैची, बिस्तर पर मुँह बाए पड़ी है। आजकल नन्दा गीता के कमरे की ड्रेसिंग-टेबल इस्तेमाल नहीं करती। दीवार से लटके लम्बे शीशे के नीचे अपनी दो सन्दूकें रख ली हैं और एक पर सारा शृंगार का सामान बिखरा है, लाल चोंच निकाले लिपस्टिक पड़ी है और कंघे में बालों का गुच्छा फँसा है...अगर हर्ष से शादी हो गई तो कैसे यह घर को सँभाल सकेगी? नौकरानी को अपने कमरे में झाँकने नहीं देती। वह तो पाँचवें-छठे दिन गीता ख़ुद ही ज़िद करके सँभाल जाती है उसका कमरा।

सचमुच क्या हर्ष से शादी हो जाएगी नन्दा की? दीवारों की ओर असहाय भाव से देखती गीता उस स्थिति की कल्पना करने लगी, जब तीन कमरों के इस इतने बड़े फ़्लैट में नन्दा नहीं होगी। आज तो जहाँ-तहाँ कलेंडरों की खूंटियों पर हैंगरों में लटके हर्ष के बुश्शर्ट और कमीज़ झूल रहे हैं। जंगले की चटखनी पर एक हैंगर फँसाया हुआ है, उस पर हर्ष के मोज़े और नन्दा की ब्रेसरी हैं। नन्दा कैसी रच-रचकर घंटें ग़ुसलख़ाने में हर्ष के कपड़े धोती है और फिर बेदाग़ इस्तरी करती है! कभी हर्ष के लिए चाय ला रही है, कभी नाश्ता, कभी उसका शेविंग-सामान धोने ख़ुद उठाए आ रही है, कभी बटन लगाने सूई लिये जा रही है। इसका बस चले, तो हर्ष के लिए नहाने का पानी भी यहीं ले आया करे। सबकी आँखों से बचाकर वह 'अपने हर्ष' को अपने तक ही रखना चाहती है। वह तो गीता इतनी सब छूट देने का वचन देकर न लाई होती तो नन्दा आसानी से होटल छोड़कर थोड़े ही आती! इसी का नतीजा है कि नन्दा शेर है। सारे-सारे दिन उसकी सूरत देखने के लिए गीता तरसती रहती है। आजकल आठ से पहले तो आँख ही नहीं खुलती और दिन यहाँ हो जाता है पाँच बजे। फिर जैसे-तैसे नहा-धोकर ऑफ़िस भाग जाती है। दोपहर का खाना तो हर्ष के साथ तय ही है—दोनों वहीं कहीं बाहर खा लेते हैं, साँझ को फिर या तो वहीं से कहीं का कोई प्रोग्राम बन जाता है या अगर यहाँ आ गए तो थोड़ी देर चाय पर गीता की

मुलाक़ात हो जाती है। वस्तुत: नन्दा इस समय आती कपड़े इत्यादि बदलने के लिए ही है। इसके बाद दोनों फिर निकल जाते हैं; और गीता के पास छूट जाता है, पाउडर और सेंट की ख़ुशबू का बादल, एक छोटा-सा वाक्य—"अच्छा दीदी, टा-टा!" सीढ़ियों पर उतरना, लेच का खटका, गली की पदचाप और फिर लोगों का शोर, मोटरों के हॉर्न और एक बेचैन प्रतीक्षा...

हर्ष ने तो एकाध बार कहा भी है, लेकिन नन्दा ने कभी भी नहीं कहा कि चलो, दीदी, आज तुम भी हमारे साथ चली चलो सिनेमा या घूमने। हाँ, होटलवाली घटना से पहले ज़रूर ले गई थी वह खाना खिलाने स्काईरूम में, सो भी हर्ष से मिलाना था; इसलिए। उसके लिए भी ख़ुद गीता ने ही कहा था, "इतने गीत गाती है हर्ष के, अपने हर्ष से मिलाएगी नहीं, नन्दन?" अब जब से हर्ष होटल से यहाँ आ गया है, तब से तो जैसे उसके अस्तित्व को ही भूल गई है। गीता अपने को टटोलने की कोशिश करती है कि इसमें क्या ग़लती उसी की है? दोनों चाहे जैसे रहें, लेकिन रहें यहीं—यह सोचकर उसने जो छूट दे दी थी, वह क्या कुछ ग़लत हो गया? फिर अपने को समझाती है कि अगर इतनी छूट नहीं देती तो निश्चय ही नन्दा फिर होटल में चली जाती। इन दिनों होश में है वह अपने। पागल हो रही है, पागल! जाने कैसे दफ़्तर में काम करती होगी! ख़ैर, अब दो-चार दिनों की ही तो बात है। आख़िर हर्ष जाएगा तो सही अपने काम पर, यहीं तो बैठा नहीं रहेगा। समझ लूँगी मुनिया को!

इस सारी झुँझलाहट-बेचैनी के ख़ून के घूँट के बावजूद, हर्ष और नन्दा का उन्मुक्त व्यवहार और तन्मय विसर्जन देखकर कहीं बहुत गहरे उसे एक तृप्ति जैसी क्यों होती है, यह गीता की समझ में न पहले दिन आया था, न आज आता है...

जिस रात गीता दोनों को टैक्सी पर होटल से ले आई, उसकी अगली सुबह की ही तो बात है। चाय का पानी खौल-खौलकर भाँप बनता रहा और सुबह आठ बजे तक दोनों में कोई नहीं उठा। वह बेचैन-सी इधर-से-उधर घूमती एक-एक काम करती रही, मनाती रही कि खोका की माँ न आ जाए। सारी रात उसे नींद नहीं आई थी, नन्दा के बिना आती ही नहीं है। नन्दा के कमरे का दरवाज़ा बन्द नहीं था, यों ही आधे दरवाज़े पर पर्दा पड़ा था। हारकर दो-एक बार किवाड़ पर बाहर से खट-खट भी किया, "अरे नन्दा, उठो भाई, हम चाय पीने को बैठे हैं।" भीतर से बस, हल्की कुनमुनाहट और छीना-झपटी की एक आवाज़-सी ही आई। फिर तीसरी बार नन्दा ने भीतर से ही कहा, "दीदी, यहीं

दे दो न, प्लीज़!" हमेशा बिस्तर पर लेटे-लेटे ही जैसे वह कहती है इस वाक्य को, ठीक उसी तरह लेटी होगी—गीता ने अनुमान लगाया। रोज़ की तरह ही गीता ने जवाब दिया, "हम तो तेरी सेवा लिखाकर लाए हैं न, लाते हैं वहीं।" यों भी आज तो वह उसका हर कहना मानने को मजबूर थी न! दोनों हाथों में प्याले उठाए उसने एक पाँव से भिड़े किवाड़ खोले और पीठ पर पर्दा लेकर भीतर आ गई तो झटके से हर्ष उठ बैठा और मसहरी के पल्ले ऊपर फेंककर हड़बड़ाता हुआ खड़ा होने लगा। वह नहीं चाहता था कि गीता यों उसे देखे। चारपाई से पाँव लटकाकर जल्दी-जल्दी वह चप्पलें तलाश कर ही रहा था कि लेटे-लेटे ही अंगड़ाई लेकर बदन तोड़ती नन्दा ने एकदम करवट बदलकर हर्ष की कमर में बाँहें डालीं और उसे फिर बैठा लिया। गीता ने सुना, उसकी बाँह छुड़ाकर फिर उठने की कोशिश करते हुए हर्ष ने फुसफुसाकर कहा भी था, "अरे, अरे, नन्दी, गीता दी आ रही हैं!" तब बन्द आँखों, अपनी पकड़ और भी कसकर उसे बैठाए रखे ही अलसाए स्वर में नन्दा इतराकर बोली, "तो क्यां ओं गयां? उनें पतां नहीं हैं क्यां? अंमारी दींदी बहुत ग्रेंट हैं। इंन बांतों पंर ध्यांन नहीं देतीं!" डरी-डरी निगाह गीता के चेहरे पर टिकाए ही हर्ष झेंपा-सा बैठा रहा। जान-बूझकर व्यस्त बनी गीता प्यालों को घूरती ही आगे आ गई थी। स्थिति को दरगुज़र करके उसने भरसक स्वाभाविक लहजे में कहा था, "लो, चाय तो ले लो।" उसने बिना सिर उठाए ही देखने की कोशिश की थी, हर्ष ने कमीज़ और नन्दा की साड़ी का तहमद पहना था, और नन्दा सिर्फ़ ब्लाउज़ और पेटीकोट में थी। उसने अब सरककर अपना सिर हर्ष की जाँघ पर रख दिया था और सिरहाने के तकिए से लेकर पाटी तक उसके घने, मुलायम, सुनहरे बाल बिखर आए थे। तब गीता को अपने-आपको सँभाले रखना मुश्किल हो गया था। यह नन्दा की रोज़ की आदत है। जब वे दोनों सोती हैं तब भी नीचे दूधवाला दरवाज़ा खटखटाता रहता है और उठती हुई गीता की कमर बाँहों में कसकर नन्दा उसकी गोद में सिर रखकर लेटी, ज़िद्दी बच्चे की तरह उसे उठने नहीं देती। इसी तरह तकिए और पाटी पर उसके सुनहरे मुलायम, घने और महीन-महीन बाल बिखरे रहते हैं। उन पर दुलार से हाथ फेरती वह ख़ुशामद से कहती रहती है, "अब उठने दे, नन्दन, देख, दूधवाला गालियाँ दे रहा होगा। चला जाएगा तो तुझे चाय कहाँ से पिलाऊँगी?" लेकिन इस तरह लेटी नन्दा के केशों पर हाथ फेरने में बड़ी तृप्ति मिलती है, और यह भी पता है कि नन्दा को ख़ुद बड़ा अच्छा लगता है। अब यों नन्दा के केशों को बिखरा देखकर उसके

हाथों में वही अभ्यस्त कुलबुलाहट होने लगी...शायद हर्ष को नहीं मालूम कि नन्दा को सुबह अपने केशों का दुलार कितना प्रीतिकर है।

ख़ुद उसे बहुत झेंप लग रही थी। जल्दी से हर्ष के बढ़े हाथों में दोनों प्याले देकर लौटने लगी, तभी नन्दा ने पुकारा, "अरे दीदी, सुनो तो सही!" गीता ठिठक गई तो हर्ष की गोद में बिना सिर उठाए ही खुमारी-भरी आँखें खोलने की कोशिश करते हुए कहा, "दीदी, तुम्हें सचमुच बुरा लग रहा है क्या? तुम्हें मेरी कसम, दीदी, इधर देखो न! नहीं देखोगी तो हम समझेंगे, तुम्हें अच्छा नहीं लग रहा!" गीता ने बरबस उसकी ओर गर्दन मोड़कर देखा तो उसके गालों पर अनजाने ही हँसी उमड़ आई, "तेरी किस-किस बात का बुरा मानूँगी?" शायद उसके स्वर में शिकायत भी थी।

"तो आप भी अपनी चाय यहीं ले आइए न, दीदी!" हर्ष अब तक सुस्त हो गया था। इस बार वह बोला।

"हाँ-हाँ, गीता दी!" नन्दा ने भी ख़ुशामद की, "अपने नन्दन का कहना नहीं मानोगी?"

"बड़ी कहना मनवाने वाली आई!" गीता ने नाराज़ी का भाव दिखाकर जवाब दिया, "अभी खोका की माँ आती होगी, सो?"

लेकिन जब वह बाहर अकेली बैठी-बैठी किचन में चाय पी रही थी, तब भी यही सवाल उसके मन में था कि वह इस 'अनाचार' का विरोध क्यों नहीं कर पा रही है। उलटे उसे एक तृप्त सार्थकता की अनुभूति क्यों होती है कि वह किसी तन्मय-सुख की साक्षी है? अपनी उपस्थिति में भी उनके बेझिझक और अंतरंग व्यवहार को देखकर उदारता का यह सन्तोष क्यों होता है कि वह किसी की चरम प्रसन्नता में बाधक नहीं है। तब से वह रोज़ अपने-आपसे पूछती रहती है, कि उसके अहं और अधिकार ने कैसे उसे आज्ञा दे दी है कि अपने ही घर में अपने को इतना नगण्य बना कर रहे! क्यों नन्दा उसका इतनी बड़ी कमज़ोरी बन गई है, कि चाहे जैसे वह रहे, लेकिन रहे उसकी आँखों के सामने ही। हर्ष क्या है, दो-चार दिन और है...हमेशा एक आशंका से उसका दिल धड़कता रहता है कि कहीं कोई पूछ न बैठे—गीता, तुम तो आचार के मामले में ऐसी सख़्त हो, तुम्हें तो सड़क चलती लड़कियों का हँसना-मुस्कराना तक पसन्द नहीं है। टीचरों, लड़कियों के फ़ैशन को रोकने के लिए तुमने तो जाने कितने नियम बना दिये हैं। और तुम्हीं यह सब...कोई देखे तो क्या कहे?...यह सवाल उससे किसी ने नहीं किया, एक दिन नन्दा के अंडरवियर का पिछला

हुक लगाते समय ख़ुद उसने ही कहा था, "नन्दा, तेरे लिए, देख, मुझे कितना झुकना पड़ा है। इसीलिए मैंने घर पर किसी को भी बुलाना बन्द कर दिया है।"

उलटकर नन्दा उसके गले में झूल गई, "दीदी, यू आर सो लार्जहार्टेड!" गीता की आँखों में आँसू भर आए, "हाँ, यों ही शब्दों में बहकाती रही, गाँठ से तो कुछ जाता नहीं है!" वह रूठ गई...हर्ष और नन्दा को साथ देखकर उसे एक गुदगुदाता सन्तोष होता है। वह हर्ष या नन्दा, दोनों में से या तो किसी एक के साथ तादात्म्य कर लेती है या ऊँचाई पर खड़ी होकर इन 'बच्चों' के खेल पर ख़ुश होती है। लेकिन बाद में अक्सर उस पर एक टूटापन छाया रहता है। नन्दा का यों गुनगुनाते हुए नृत्य की तालों पर घर-भर में घूमना, उसकी रग-रग में छलकती मुग्ध तृप्ति की वारुणी, उसका यों सपनों में डूबे हुए हमेशा खोए-खोए ढंग से मुस्कराया...सब कुछ अपने लिए बड़ा अपमानजनक और असमर्थता का ज्वलन्त प्रमाण-पत्र लगता है! मन पर एक भीगे कम्बल जैसा बोझ लिपटता चला जाता है और अकेले फ़ालतू होने की चिरंतन भावना फिर आत्मा पर छाने लगती है! वह ठोस अँधेरे जैसा डिप्रेशन, जो नन्दा के आने से पहले उसका रात-दिन का साथी था और उसे आत्महत्या के लिए उकसाया करता था और जिसे अपने भीतर महसूस करके उसकी समझ में ही नहीं आता था कि अपने इस शरीर और जीवन का क्या करे? क्यों करे? तब केवल रोना आता था और घुटन बढ़ती चली जाती थी। इन दिनों भी उसे वही सब अनुभूति फिर होने लगी है और लगता है, जैसे अतीत और भविष्य की दो काली-काली दीवारें हैं जो एक-दूसरी के पास आती-जाती हैं और उसे बीच में लेकर भींचने लगती हैं और इन ठोस दीवारों के पास उसे कुछ नहीं दीखता!

कैसी भयानक स्थिति है कि उसकी नन्दा को हर्ष ने छीन लिया है और उसे न ग़ुस्सा है, न ईर्ष्या! बस, चुपचाप पराजय की स्वीकृति है। इस पर शायद नन्दा को भी दया आती है। उसे भी कहीं यही डर था कि दीदी कहीं वैसा ही कुछ तूफ़ान न खड़ा कर दें, जैसा मिस रेमंड के समय किया था। उस दिन तो पता नहीं गीता पर कैसा भूत सवार हो गया था और वह अपने होश-हवास खो बैठी थी! वैसी ही चुनौती वह हर्ष के समय क्यों नहीं अपने भीतर महसूस करती?

नन्दा उन दिनों रेमंड से बहुत घनिष्ठ हो गई थी और अक्सर ही साड़ी पहनकर अपने को मुड़-मुड़कर देखती हुई गीता से पूछा करती थी कि, "दीदी, अगर मैं स्कर्ट पहनने लगूँ तो कैसी लगूँ?" कभी पूछती, "अच्छा, दीदी, ये लम्बे बाल झंझट नहीं होते? कटवा लूँ तो कैसी आसानी हो जाए? लिया और

ब्रश करके झट चल दिये।" गीता रोज़ सुबह उससे तय करती कि—नन्दा, जल्दी आ जाना। आज मिस्टर-मिसेज़ विश्वास के साथ खाना खाने जाना है... या—आज चलो, फ़ाइन आर्ट्स एग्ज़ीबीशन में हो आएँ।...या—आज अमुक कॉलेज का उत्सव है...आज तो मन नहीं लग रहा यों ही लेक घूमेंगे या सिनेमा देखने चलेंगे...नन्दा रोज़ भली लड़की की तरह वायदा कर लेती, "नहीं, दीदी, आज मैं एकदम ठीक टाइम पर आ जाऊँगी। प्रॉमिस, दीदी, रोज़ थोड़े ही...!" लेकिन रोज़ ही गीता साफ़-साफ़ कपड़े पहने, अपने मन के कपड़े नन्दा के लिए निकाले इधर-से-उधर घूमती, हर आहट पर खिड़की से झाँक-झाँककर देखती और ग़ुस्से में चीज़ें इधर-से-उधर बिखराती रहती। कभी नौ बजे, कभी दस बजे अपराधी की तरह दबी-सी घंटी बजती या लेच खटर-खटर करता—"दीदी, सच, आज क्या बताऊँ, मिस रेमंड ने ऐसा मजबूर कर दिया कि...बस पीछे ही पड़ गई और पहले न्यू मार्केट में अपने कार्डीगन देखती रही, फिर उन्हें मैलोडी रूम जाना था...फिर ज़रा-सी देर हम लोगों ने क्वालिटी में कॉफ़ी...या—यह रेमंड तो ऐसी पीछे पड़ जाती है कि...'डिसने-कार्टून्स' का आख़िरी दिन था... मेरा तो हँसते-हँसते बुरा हाल हो गया...तुम होतीं तो तुम भी..." लेकिन गीता की अपने-आपको घूरती आँखें देखकर उसकी ज़बान लड़खड़ा जाती और वह चुप हो जाती। करवट बदलकर चुप-चुप रोने लगती तो नन्दा ख़ुशादम करती, "तुम्हें मेरी कसम, दीदी, इस बार माफ़ कर दो!" फिर दो-एक दिन तक अबोला चलता। एकाध दिन नन्दा समय से आती और फिर वही क्रम! गीता ने अपनी बदनामी की चिन्ता किए बिना उन दिनों मैनेजिंग कमेटी से अपने यहाँ की उसकी नौकरी की बात करनी शुरू कर दी। क्या करे, बी.ए. फेल थी, नहीं तो अपने-आप ही लगा लेती। तब अपनी आँखों के आगे ही रहती। नन्दा, अब रोज़ रेमंड के साथ उसके घर जाने लगी थी और उसने डांस सीखना प्रारम्भ कर दिया था। वहीं प्रैक्टिस होती। आते-आते रोज़ नौ-साढ़े नौ बज जाते। रास्ता भी तो लम्बा था। पहले तीन नम्बर बस पकड़कर हाजरा मोड़ जाओ। गीता मिसेज़ कुंती मेहरा से शिकायत करती, "और तो कुछ नहीं है, मुझे यही डर है कि इन किरंटनियों के चक्कर में पड़कर ग़लत रास्ते पर चलने लगेगी। जानती हो, बड़े-बड़े होटलों और डांस की दुनिया उसने अभी तक सिनेमाओं में ही देखी है, बड़ा आकर्षण है, उसी तरफ़ लपकती है। लड़की ख़ूबसूरत है, बीस लोग चारा डालेंगे। आज यह रेमंड है, कल कोई और होगा। इन स्टेनों, ऑपरेटरों का कोई भरोसा है? मुझे तो डर है, कहीं पीने-पिलाने न लगी हो।

अभी 'स्टेट्समैन' में आया था, रिपन स्ट्रीट में कोई अंग्रेज़ बुढ़िया योंही सीधी-सादी लड़कियों को पहले तो ये सारी रंगीनियाँ दिखाकर पीने का चस्का लगा देती, फिर नए-नए ग्राहक फाँसकर धन्धा चलाती...अकेली लड़की है, मुझे तो अपनी बेटी-जैसी लगती है, इसीलिए..." लेकिन यह सब कहने की हिम्मत उसकी नन्दा से नहीं होती।

हाँ, उस दिन रविवार को दोनों में ख़ूब कहा-सुनी हो गई थी। गीता ने साफ़ कह दिया था, "नन्दा, हम लोग शरीफ़ मुहल्ले में रहते हैं। यह देर-देर से लौटना, यह दुनिया-भर में भटकना, यहाँ चलना मुश्किल है। मुझे शान्ति से जीवन बिताने की इच्छा है। तुम्हें भी यहाँ अच्छा नहीं लगता होगा। अच्छा हो, तुम मिस रेमंड के यहाँ ही चली जाओ..."

नन्दा ने उद्धत ढंग से ठोड़ी ऊँची करके जवाब दिया, "गीता दीदी, मैं किसी का अहसान नहीं लेती!...रहती हूँ तो खाने-रहने का पैसा देती हूँ। मैं किससे मिलूँ-जुलूँ, यह तय करने का हक़ मेरे पास ही रहने दो!...अच्छा हो, हम लोग अपने-अपने अधिकारों की सीमाएँ समझ लें!"

अवाक्! कॉपियों पर नम्बर देती गीता का हाथ जहाँ-का-तहाँ रुक गया। उसके कान तमतमा आए! वह आँखें फाड़े नन्दा को देखती रह गई। नन्दा उसी तरह पफ से पाउडर गर्दन और पीठ पर लगाती रही। गीता ने उद्वेग लीलकर कहा, "नन्दा, तुम आजकल लिंड्से स्ट्रीट, न्यूमार्केट और पार्क स्ट्रीट की दुनिया की चकाचौंध में हो न, सो, पैसे से हिसाब-किताब करने की बातें कर रही हो। तुम्हें पता है, मैंने तुम्हें इसलिए नहीं रखा था कि इस फ़्लैट का किराया मेरे लिए भारी पड़ता था और तुमसे हिस्सा बाँटना चाहती थी। रखा इसलिए था कि तुम मिसेज़ मेहरा के साथ मिमियाती आई थीं—दूसरों के यहाँ कब तक पड़ी रहूँ, एक तो वहाँ जगह नहीं है, फिर मुझे लेकर दोनों मियाँ-बीवी में झगड़ा होता है! मैंने भी सोचा था कि सीधी लड़की है, एक कमरे में रह आएगी! घर पर कोई नहीं है सो बाहर आकर नौकरी करनी पड़ रही है। कोई घरेलू-सी जगह चाहती है। आज तुम्हारे पर निकल..."

"बहुत-बहुत शुक्रिया, दीदी! जब तक जीऊँगी तब तक तुम्हारा अहसान मानूँगी! मुसीबत में थी, तुम्हारे पास आ गई थी।" नन्दा का गला भर्रा आया था।

छोड़कर जाने को कहने पर रुलाई गीता को भी आने लगी थी। उँगली पर पल्ला लेकर आँखें पोंछती घुटे स्वर में बोली, "मैं तो तेरी ही भलाई के लिए कह रही हूँ, नन्दा।"

इस बार शीशे में देखती नन्दा व्यंग्य से मुस्कराई—दीदी उसका कहाँ और कितना भला चाहती है, उसे पता है। हुँ, ऐसे ही बन्धनों में रहना था तो बिलासपुर से यहाँ आने की ज़रूरत ही क्या थी? भला चाहने के नाम पर ही तो चाची भी...

अगले दिन-भर गीता का मन नहीं लगा। दोनों में नाराज़गी और अबोला, झगड़े बहुत बार हुए हैं, लेकिन रहने की बात को लेकर किसी ने दोनों में से कुछ नहीं कहा कभी। ज़रा-सी देर बाद वह पछताती रही कि उसे इतनी सख़्त बातें नहीं कहनी चाहिए थीं। छोटी और घुटी जगह से आई है, सो इस नई और खुली ज़िन्दगी का आकर्षण रोक नहीं पाती। थोड़ा बहक-भटककर यहीं लौटेगी, जाएगी कहाँ? लेकिन अब तो गीता की समझ में ही नहीं आता कि नन्दा अगर इस घर से चली जाए तो वह अकेली रहेगी कैसे? क्यों उसे लौटने की जल्दी होगी, किसके बिखरे कपड़े समेटा करेगी और भुनभुनाते हुए किसके पैसे-क्लिप सँभालकर रखा करेगी? किसे अनुरोध से बच्चों की तरह मुँह में कौर दे-देकर खिलाएगी और...और सबसे बड़ी बात कि उसके बिना गीता को रात में नींद कैसे आएगी? बिस्तर पर अकेले सोने की कल्पना से ही उसे डर लगता है, अकेले होने की आशंका ही उसका दिल धसका देती है।

उसे लगता रहा कि वह सिर्फ़ अपनी तरफ़ से लोगों से प्यार करती आई है, दूसरों ने कभी बदले में बराबर का प्यार नहीं दिया। जाने किससे सुना था कि प्यार हमेशा होता ही इकतरफ़ा है। घनिष्ठ और दीर्घजीवी मैत्री या प्यार में दोनों पक्ष कभी एक-दूसरे को समान भाव से प्यार नहीं करते, बल्कि एक व्यक्ति ही करता है। यों, जब मन होता है तो नन्दा दिखावा बहुत करती है, लेकिन प्यार कभी भी वह नहीं कर पाई। और इसके लिए गीता अपनी सगी भाभी से लड़ पड़ी। कितनी उम्मीद थी भाभी को कि गीता उनके पिंटू को गोद ले लेगी...

ख़ैर, आज वह नन्दा से जाकर माफ़ी माँग लेगी। ग़लती उसकी है, इतनी सख़्त बातें उसे नहीं कहनी चाहिए थीं। मन होता था कि सीधी उठकर चली जाए, हालाँकि पता था, नन्दा तो साँझ को ही लौटेगी। उसका ऑफ़िस में फ़ोन करने को हाथ उठा, लेकिन फिर याद आ गया कि कल मैनेजिंग कमेटी की मीटिंग है। उसमें कुछ ऐसे महत्त्वपूर्ण निर्णय लिए जाने थे कि सारे दिन सामने कुर्सी पर मिसेज़ दे बैठी-बैठी रिपोर्ट तैयार कराने में मदद करती रहीं और वह ख़ुद ऑडीटर को कभी यह और कभी वह काग़ज़ ला-लाकर देती रही। क्लर्क और मिसेज़ दे के सामने वह नन्दा से बातें नहीं करना चाहती थी, योंही उसे और नन्दा को लेकन दुनिया-भर की अफ़वाहें हैं। फिर मिसेज़ दे तो वैसे ही...

ऑडीटर तो, ख़ैर, बाहर का आदमी है।...जितनी जल्दी चाहती थी, उतनी ही देर हो गई। स्कूल की बस से ही घर आई। दस बज रहे थे। उतरकर पागलों की तरह गली में भागी। ऊपर खिड़कियों में अँधेरा था। नन्दा होती है तो डर के मारे सारी बत्तियाँ जलाए रखती है। उत्तेजना से काँपते हाथों से ताली लगाकर लेच खोला। स्विच दबाया तो सामने ही ज़मीन पर चिट पड़ी थी—'मैं आपकी आज्ञानुसार जा रही हूँ, दीदी। कोई पत्र आए तो नीचे के पते पर रिडायरेक्ट कर देना।' अपने हिसाब के पैसे तनख़ाह मिलते ही पहुँचा दूँगी।'

नीचे मिस रेमंड का, इकबालपुर रोड का पता था।

गीता उल्टे पाँव लौट आई। संकरी जगह में अभी ड्राइवर बस मोड़ रहा था। गीता ने पुकारकर कहा, "सुनो, बिहारीसिंह, रुको! तुम्हें पता है यह इकबालपुर रोड किधर है?" एक क्षण सोचकर जब तक बिहारीसिंह ने बताया कि कहीं मोमिनपुर के आसपास है, तब तक दरवाज़ा खोलकर गीता बस में आ गई, "चलो, रास्ते में किसी से पूछ लेते हैं।"

सामने बिहारीसिंह और गीता को देखा तो नन्दा धक-से रह गई। उसे कुछ भी नहीं सूझा। गीता ने बिना किसी भी ओर देखे, सख़्त आवाज़ में पूछा, "तेरा सामान कहाँ है?" फिर एक ओर खड़े सूटकेस और सोफ़े पर रखे बैग इत्यादि की ओर इशारा करके कहा, "बिहारीसिंह, ये सब बस में रख दो!..." अब तक बाथरूम से कोई और महिला भी बाहर निकल आई थी और इन तीनों को आश्चर्य से देख रही थी। गीता ने अभ्यस्त, अधिकार-भरे स्वर में कड़ककर कहा, "नन्दा, चलो बस में बैठो! उठो!" आवाज़ में जाने क्या दुर्निवार था कि नन्दा मंत्रबद्ध की तरह आगे-आगे चली आई। उसे आगे बस में चढ़ाकर गीता बैठी। दूसरी ओर बिहारीसिंह, बीच में नन्दा।

सामान रखकर बिहारीसिंह चला गया तो भीतर की चटखनी चढ़ाई और सीधी नन्दा के कमरे में आ गई। दोनों हथेलियों में कनपटियाँ लिए बैठी नन्दा ने जब तक आहट से सिर उठाया तब तक चप्पल हाथ में लिए गीता उस पर झपट पड़ी थी। इसके बाद गीता पागलों की तरह बकती रही और मारती रही, "तू मेरे पैसों का हिसाब करेगी। मैंने कभी कुछ लिया है तुझसे, हरामज़ादी? तेरे लिए मैंने सारी दुनिया से बदनामी ली...सारे जान-पहचान वालों से लड़ी और तुझे यों चली जाने दूँ? मैं तेरी बोटी-बोटी नहीं नोंच लूँगी! मैं मर जाऊँगी तो जहाँ तेरा मन हो वहाँ चली जाना..." पहले तो नन्दा ने विरोध किया; लेकिन उस उन्मत्त क्रोध के सामने उसके पाँव उखड़ गए। पिटती रही और रो-रोकर प्रार्थना करती

रही, "मैं मर जाऊँगी! दीदी! दीदी! तुम्हारे हाथ जोड़ती हूँ।...अब कभी ऐसा नहीं करूँगी!...मुझे माफ़ कर दो, दीदी!"...नन्दा कुहनियों से चोट बचाती रही और रोती रही—बिल्कुल छोटी बच्ची की तरह पिटती और रोती रही। जब थक कर गीता ने चप्पल एक तरफ़ फेंक दी और धम-से कटे पेड़ की तरह हाँफती हुई ज़मीन पर पड़ गई तो ख़ुद हिचकियाँ ले-लेकर रो रही थी, उसकी बाँहों में नन्दा का ढीला शरीर था और वह पागलों की तरह उसका गला, कनपटियाँ, होंठ और बाँहें चूमे जा रही थी, "नन्दन! नन्दन!...नन्दन!...मेरी नन्दन!...मुझे माफ़ कर दे, रानी!...मैं तेरे बिना नहीं रह सकती, नन्दन! तू जो कहेगी वही करूँगी! तू जैसे चाहे रह, तू जहाँ चाहे रह, मगर मुझे यों छोड़कर मत जा! तेरे बिना मेरा कौन है ज़िन्दगी में, नन्दन, बता? मैं ज़हर खा लूँगी!..." सारी रात उससे लिपटी गीता माफ़ी माँगती और रोती रही।

उस रात की अपनी विह्वलता और चिरौरियाँ याद करते हुए गीता की आँखों से इस समय भी आँसू ढुलककर गालों पर बह आए। जाने कब वह नन्दा के कमरे से आकर फिर खाने की मेज़ पर बैठ गई थी और बन्द किताब की जिल्द के अक्षरों पर लिखने की तरह उँगली फिरा रही थी। आध घंटा और राह देखेगी, नहीं आएँगे तो अन्दर से चटखनी लगाकर सो जाएगी। जाएँ भाड़ में दोनों।

उसे डर था कि कहीं उस घटना के बाद दोनों के बीच कोई दीवार न खिंच जाए। लेकिन सुखद आश्चर्य का यह अनुभव उसके लिए नया ही था कि दोनों इसके बाद और भी प्रगाढ़ और अभिन्न हो गई थीं। गीता ने नन्दा को पन्द्रह दिनों की छुट्टियाँ दिलाईं और दोनों हफ़्तों-भर को पुरी चली गईं।

हर रोज़ सूर्योदय देखना अगले दिन पर टल जाता, क्योंकि लाख कोशिशों के बावजूद सुबह जल्दी आँखें ही नहीं खुलती थीं। हाँ, सारे दिन भटकतीं। दो-तीन दिन जगन्नाथ मन्दिर की धुन रही। वहाँ की मूर्तियाँ देख-देखकर दोनों गूढ़ संकेत से एक-दूसरी की ओर मुस्करातीं। या फिर पानी के बिल्कुल पास-पास, समुद्र के किनारे-किनारे रेत में, दोनों हाथ-में-हाथ पकड़े दूर तक भटकती रहतीं, चप्पलें हाथों में ले लेतीं और पिंडलियों पर लहरों की गुदगुदाहट का रोमांच मुक्त खिलखिलाहटों में किलकार उठता, "अरे दीदी, मुझे पकड़ो!" देर तक रेती में लेटी रहतीं। उस घटना का ज़िक्र दोनों में से जान-बूझकर किसी ने नहीं किया, दोनों उसे भूल गई थीं।

उस दिन नौ बजे की सुनसान चाँदनी थी और दोनों अपने होटल के सामने

ही लहरों से ज़रा हटकर कुहनियों के बल औंधी लेटी, मुट्ठियों में रेत भर-भरकर पानी की धार की तरह छोड़ रही थीं! लहरों की झागदार तहें, बालू पर सफ़ेद झाग लीपती लौट जातीं और सागर में कभी यहाँ और कभी वहाँ एक छहराहट के साथ, पानी के पहाड़ टकराकर बिखर जाते। बार-बार गीता का चश्मा गीली-गीली फुहारों से धुँधलाकर चिपचिपा हो उठता था। सागर की गरज एक अजस्र उन्माद तन-मन को जगा रही थी।

बड़ी देर की चुप्पी के बाद गीता ने लाड़ से पूछा, "तेरी चाची तुझे बहुत मारती थी न, नन्दन?"

"हाँ, तुम्हें कैसे मालूम?" नन्दा ने अनमने भाव से गहरी साँस ली।

"यों ही," फिर गीता चित लेट गई। आसमान को ताकते हुए बहुत स्वाभाविक ढंग से बोली, "उस दिन तेरे मुँह से कई बार निकला था—चाची तेरे हाथ जोड़ूँ अब नहीं करूँगी।"

नन्दा के गालों पर आँसू ढुलक आए। बड़ी देर होंठ फड़कते रहे, फिर उद्वेग लीलकर बोली, "मैंने बहुत दुःख देखा है, गीता दीदी। सौतेली माँ के व्यवहार से बचाने के लिए बाबू जी ने चाचा जी के यहाँ भेज दिया था। सो, वहाँ..." उसने फिर एक गहरी साँस ली।

रोती नन्दा को खींचकर गीता ने उसका सिर छाती पर रख लिया और देर तक उसकी कनपटी सहलाती रही। ख़ुद उसकी आँखों से भी आँसू गिरते रहे।

"छाती पर जो दाग़ है न, जिसे मैं फोड़ा बताती हूँ, वह चाची का ही दिया हुआ है। मैंने सोचा था कि हर्ष के साथ कहीं चली जाऊँगी, या यों ही कहीं भी जहाँ मन होगा निकल जाऊँगी। मैंने शायद यह बात चचेरी बहन से कह दी, उसने अपनी माँ से जा पिरोया और उसके बाद तो, दीदी बस यही समझो कि हफ़्ता-भर पड़ी-पड़ी कराहती रही। गरम कलछी से निशान बना दिया—"ला, तेरी जवानी निकालूँ!"

गीता का सहलाता हाथ उसे धीरज बँधाता रहा और वह रुक-रुककर कहती रही, "तुम्हें नहीं लगता, दीदी, कि कुछ लोग शुरू से ही क़िस्मत में दुःख लिखाकर लाते हैं?...उनके लिए अतीत और भविष्य में एक सुनसान अंधियारे के सिवा कुछ नहीं होता और उन्हें ज़िन्दगी में कुछ भी नहीं मिलता।"

तब गीता को लगा कि यह उसकी छाती पर सिर रखे नन्दा नहीं, स्वयं उसके भीतर से कोई बोल रहा है। नन्दा बताए जा रही थी, "कॉलेज में ये मुझसे दो क्लास आगे थे। एक ड्रामे में हम दोनों में साथ-साथ परिचय हो गया। फिर

मित्रता गहरी होती चली गई। हर्ष ने मुझे पहले ही बता दिया था कि उनकी शादी हो चुकी है और एम.कॉम. के बाद, बाक़ी रस्में हो जाएँगी। लेकिन जाने कैसा पागलपन था—मैंने कहा, मैं तुम्हें शादी के लिए प्यार नहीं करती!...अब तो उनके एक बच्चा भी है, लेकिन मुझे लगता ही नहीं है, दीदी, कि हर्ष मेरा नहीं है।"

गीता ने मन-ही-मन कहा—इसीलिए तो तू मिस रेमंड के साथ चली गई थी न! हर्ष के साथ उसके प्यार को बहुत बार सुन चुकी थी और जानती थी कि नन्दा के पास किसी एच. खन्ना के पत्र आते हैं। जब भी नन्दा के प्रति एक आप्लावनकारी प्यार अनुभव करती, साँप की जीभ जैसी एक आशंका लपलपाया करती—कहीं एक हर्ष है जो उसकी नन्दा को उससे छीन ले जाएगा। हर्ष के प्रति नन्दा की प्यार-भरी बातें सुनकर वह गहराई में बहुत उदास हो आती थी, लेकिन आज सागर के इस सीले वातावरण में उसे नन्दा के प्यार में सचमुच कुछ उदात्त और गम्भीर लग रहा था।

नन्दा कह रही थी, "आज वह दिल्ली के किसी बैंक में हैं।...लेकिन लंदन में भी रहें तो भी मुझे नहीं लगता कि मैं उनसे कहीं दूर रह रही हूँ।...मैं तुमसे सच कह रही हूँ, दीदी, वहाँ हर्ष और यहाँ तुम न होतीं, तो शायद...शायद मैं मिट्टी का तेल छिड़ककर..." तब गीता ने उसके मुँह पर हाथ रखकर उसे रोक दिया। भीतर यह भी लगता रहा कि ये सब बातें चाहे दिखावटी नहीं, लेकिन इनमें क्षणिक भावुकता तो है ही। फिर भी वह भीग उठी, "ऐसा क्यों बोलती है, नन्दन? तूने मुझे बचा लिया है। वरना पता नहीं...पता नहीं..." घूँट सटककर वह फिर कहने लगी, "जान-पहचान और परिवार में जिनके भी कोई छोटा-बड़ा बच्चा है, सभी सोचते थे कि मैं उसे गोद ले लूँगी और अपना सारा प्रोविडेंट फंड और इंश्योरेंस उसके नाम कर जाऊँगी।...मैं इस स्वार्थी पैंतरेबाज़ी से तंग आ चुकी थी, नन्दन!...अब तो तेरे बिना कुछ भी अच्छा नहीं लगता।...मेरा अपना है ही कौन? एक भाई था, आज पागलख़ाने में पड़ा है।...बहुत बड़े अफ़सर बाप की बेटी थी, सो ट्यूटर को पापा ने बोरे में बन्द करके नौकरों से पिटवाया था, और मैं कमरे में बन्द सिर्फ़ किवाड़ पीटती रही थी। उसकी घुटी-घुटी आवाज़ आज कभी-कभी सुनाई देती है कि—गीता, मैं तुम्हें लेने आऊँगा...मेरी राह देखना...और उसी के प्रतिरोधस्वरूप कभी बाप का कहना नहीं माना। बस, पढ़ती रही, पढ़ती रही और राह देखती रही...और तो अब लगता है कि राह देखना मेरा स्वभाव बन गया है।...मुझे लगता ही नहीं है कि वह नहीं है और उसकी राह देखना बेकार है।...नहीं, प्यार-व्यार की भावुकता की बातें नहीं हैं।

सच बात तो यह है कि राह देख-देखकर जब ऊब गई तो पाया कि ज़िन्दगी मुझे छोड़कर बहुत आगे बढ़ गई है, और मेरा सारा उत्साह ही चुक गया है!... पैंतीस की हो गई तो लगने लगा कि शायद फिर से राह देखने लगी हूँ, लेकिन किसकी राह देखने लगी हूँ, यह पता नहीं है।...आजकल कभी-कभी लगता है कि शायद तेरी ही।" चश्मा उतारकर रेत पर रखा और आँखों पर बाँह रखकर फूट-फूटकर रोने लगी। हिचकियों में ही बोली, "अब तो उम्र हो गई है, नन्दन। मेरी तो बेटी, प्रिया, बन्धु, स्वामी जो कुछ भी है सो तू ही है।...किसी दिन मर जाऊँ तो सब कुछ लेकर बस जाना कहीं अपने हर्ष के साथ।" आत्म-करुणा के आँसू उसकी आँखों से बहते रहे, "सभी कुछ तेरा है।"

"दीदी, ऐसा मत कहो, दीदी!" नन्दा और ऊपर सरक आई और बार-बार गीता के होंठ, पलकें और कान की लबों को अपने होंठों से छूती रही। चाँदनी में आँसुओं से चमकते गालों और बन्द पलकों को देखकर एक पल को उसे लगा कि शायद मर जाने पर गीता ऐसी ही लगेगी। विचार को बलात् पीछे धकेल वह कहती रही, "मैं कहीं नहीं जाऊँगी, दीदी..."

सागर में ज्वार आने लगा था और लहरें अब रेत पर और आगे-आगे सरकती आ रही थीं। एक बड़ी-सी लहर का पानी जब अपनी सीमा से लुढ़कता-लुढ़कता इनके नीचे तक की रेत को भिगोता आगे निकल गया, तो कपड़े झाड़ती दोनों उठ खड़ी हुईं।

उस रात नन्दा के निर्वस्त्र, समर्पित शरीर को अपनी उत्तेजित साँसों और उन्मत्त बाँहों में जकड़े, उसके दाहिने वक्ष के रुपए के बराबर दाग़ पर होंठ रखे, गीता पागलों की तरह बस यही कहती रही, "नन्दन, मुझे छोड़कर मत जाना!...मैं तेरे बिना मर जाऊँगी, नन्दन!"

बाद में मन का पाप-बोध भले ही ग्लानि और आत्म-भर्त्सना बनकर चूहों की तरह आत्मा को कुतरता रहे, लेकिन उस क्षण न गीता को होश रहता और न नन्दा को। नन्दा तो ऐसी पागल हो जाती कि नोचने-काटने लगती है।

रात को जब भी नन्दा की नींद खुली, उसने पाया—गीता, तकिए पर फैले उसके केशों, कन्धों और पीठ पर हाथ फेर रही है, या शायद इसी से उसकी आँखें खुल जाती थीं। देर तक वह यों ही पड़ी, निश्चेष्ट छत ताकती रहती और बाहर सागर गरजता रहता। फिर धीरे-धीरे नींद आ जाती। सुबह अँधेरा छँटने से पहले फिर उसकी आँखें खुलीं। उसने अलसाकर गीता से लिपटते हुए पूछा, "तुम्हें नींद नहीं आई न आज रात-भर, दीदी?"

"पता नहीं क्या हो गया है...बस, मन करता है तुझे यों ही लिटाए रहूँ और तुझे देखती तेरे केशों, गालों को छूती रहूँ...लगता है कि कोई तुझे मुझसे छीन लेगा!"

नन्दा ने कुछ नहीं कहा। हल्की ऊब जागी। फिर कुछ सोचती-सी बोली, "तुम्हें एक बात पता है, दीदी?"

"क्या, नन्दन?" जैसे हर बार 'नन्दन' नाम के उच्चारण से वह अपना प्यार उस पर उँडेल देना चाहती थी।

"मुझे एक बार मिसेज़ मेहरा ने बताया था," नन्दा कहने लगी, "तुम्हारे कॉलेज में आजकल एक चर्चा बहुत ज़ोर पकड़ रही है कि...कि मैं तुम्हारी बेटी हूँ।"

"सो तो है ही!" दुलार-भरे स्वर में गीता ने कहा।

"उँह, यों नहीं! यों कि, तुम किसी को प्यार करती थीं, मैं उसी की निशानी हूँ। पहले तुम मुझे कहीं होस्टल में रखकर पढ़ाती रहीं, और अब बुला लिया है। बहुत जल्दी कहीं-न-कहीं अपने कॉलेज में लेने की फ़िराक में हो..." नन्दा उसकी हर प्रतिक्रिया को भाँपती बोलती रही।

"मुझे पता है," गीता ने गहरी साँस ली, "इसीलिए तो तुझे अभी तक कॉलेज में नहीं बुलाया न, वरना तुझे एक दिन भी उस फ़र्म में टाइपिस्ट का काम करने देती? वह कोई भले आदमियों की जगह है?"

नन्दा फिर अपनी बात पर लौट आई, "यह बात सच है, दीदी?"

दर्द से हँसी गीता, "सच होती तो तुझे पता नहीं होता? तुझसे कुछ छिपाया है?" गीता भावुक हो उठी, "हाँ, सच होती तो मेरी लड़की होती तेरे ही बराबर... या तीन-चार साल छोटी होती...हम लोग आख़िरी बार मिले थे उन्तालीस में। उसी साल लड़ाई शुरू हो गई थी।...समझ ले, लड़की बीस-बाईस साल की हो ही गई होती।..." और सहसा ही जब गीता ने दूसरी ओर करवट बदल ली तो उसे लगा, जैसे गीता सुबक रही है। वह उसकी पीठ पर लदकर कन्धे से उसे अपनी ओर मोड़ती बोली, "गीता दी!...दीदी! देखो, दीदी! मेरी क़सम है तुम्हें!"

"मुझे अच्छा नहीं लगता, नन्दा।...मुझे वो सब बातें याद आती हैं तो बहुत बुरा लगता है!..." गीता रोती रही।

"मैं तो हूँ, दीदी, तुम्हारी बेटी, तुम्हारी छोटी बहन, तुम्हारी...नन्दन!" नंदा बड़ी बहन और माँ की तरह गीता को समझाती रही, और उसे ऐसा लगता रहा कि कहीं ख़ुद उसका भविष्य भी तो ऐसा ही होने नहीं जा रहा है? मुँह से वह

बोलती रही, "दीदी, मैं तुम्हें छोड़कर कभी...कभी नहीं जाऊँगी!" वह दोनों बाँहों में गीता का, खिचड़ी बालों वाला सिर बाँधे थपथपाती रही, जैसे छोटी बच्ची को गिर जाने पर प्यार कर रही हो। और उस सात्त्विक अनुभूति की गहराई में कहीं कोई हिसाब लगाता रहा—दस हज़ार का बीमा है, कम-से-कम दस-बारह हज़ार प्रोविडेंट फंड होगा, पन्द्रह-बीस बैंक में भी होगा ही। ख़र्चा ही क्या है दीदी का? नौकर है ही नहीं, खाना-पीना भी कोई ख़ास नहीं है। सफ़ेद कपड़े पहनती है। फिर अब वह थोड़ा-बहुत ख़ुद भी बचाएगी और एक दिन जाकर रोब से हर्ष से कहेगी—लो, ये पचास हज़ार और फ़ैक्टरी, फॉर्म जो भी खोलना हो, खोलो। चलो, हम लोग ज़िन्दगी को नए सिरे से शुरू करें। या चलो, थोड़े-से शेयर ख़रीद लो, और किसी छोटी-सी जगह चलकर एक मकान ले लेते हैं... और उस सुख की कल्पना से नन्दा की आँखें भर आईं।

गीता समझाने लगी, "तू क्यों रोती है, पगली, मेरे दुःख से?"

सुबह उठी तो गीता को सब कुछ ऐसा लगा, जैसे सपने में हुआ था। दोनों बालकनी में आ खड़ी हुईं। दोनों केवल ब्रेसरी पहने थीं और ऊपर से साड़ियों को कसकर अपने कन्धों पर चारों ओर लपेटे थीं। आज धुन्ध थी, इसलिए सागर से ज़रा ऊपर सूरज, रोशनी का गोल चकत्ता-भर दीखता था। सागर उसी तरह गरज-मचल रहा था, और कल जहाँ तक लहरें चली आई थीं, वहाँ तक रेत धुल गई थी, और किनारे पर सूखे झागों की सफ़ेद किनारी अभी तक बनी थी। धुली रेल पर कौवों के पंजे कपड़े की सीवन की तरह इधर-से-उधर चले गए थे। एक ओर लकड़ी की डोंगी उलटी पड़ी थी।

बालकनी पर कुहनियाँ टेके ही गीता ने कन्धे से साड़ी का ज़रा-सा पल्ला हटाकर, हँसकर कहा, "देख, कितने ज़ोर से काट लिया है! निशान बन गया है। उस वक़्त होश नहीं रहता?"

नन्दा झेंप गई। फिर भी हँसकर दुष्टतापूर्वक होंठों में ज़रा-सी जीभ निकालकर मुँह बिराया और दूर दो मछुओं को एक डंडे पर जाल लादे ले जाते देखती रही। होटल के दरवाज़े पर खड़े एक रिक्शावाले से लम्बी टोपी और लंगोटी लगाए एकदम नंगा मछुआ बात कर रहा था। दूर वैसी ही टोपियाँ लगाए दो काले-काले मछुए एक परिवार को हाथ पकड़-पकड़कर लहरों में अन्दर ले जाकर नहला रहे थे। एक साहब किनारे पर बैठे-बैठे दोनों हाथों से अपने सिर पर पानी डाल रहे थे। जब लहर आती तो वे डरकर पीछे भाग जाते थे। उसने सोचा, कभी हर्ष के साथ आएगी तो बिना मछुओं के हाथ पकड़े, हर्ष से

ज़िद करेगी कि वह उसे अन्दर जाकर नहलाए। तब मचलकर कहा, "चलो, दीदी, हम लोग भी नहाएँ।"

लौटकर आई तो फिर वही दिनचर्या शुरू हो गई। हाँ, नन्दा अब कभी देर से नहीं आती और दोनों नित नई जगह घूमने का प्रोग्राम बनातीं या घर पर ही कॉलेज और दफ़्तर की गप्पें लड़ातीं। वह फिर आते समय नन्दा के लिए रजनीगंधा और बेले के जूड़े लाने लगी।

एक दिन नन्दा ने बताया, "गीता दीदी, हर्ष आ रहे हैं परसों, यहाँ अपने दफ़्तर के किसी काम से।"

"यहाँ?"

"नहीं, होटल में ही ठहरेंगे। लिखा है कि साँझ को किसी भी दिन कोई प्रोग्राम मत रखना।" पहली बार नन्दा को लग रहा था कि उसके और हर्ष के मिलने के समय पार्श्व-संगीत की तरह चाची का भय नहीं होगा। वे लोग उन्मुक्त भाव से मिल सकेंगे। वह ख़ुशामद और लाड़ से बोली, "मुझे देर हो जाया करेगी। दीदी, तुम बुरा मत मानना। क्या है, दो-चार दिनों की ही तो बात है..."

गीता ने प्यार से उसकी चिबुक उठाकर कहा, "पागल, मैं तेरी भावनाओं को नहीं जानती? लेकिन हमें मिलाएगी तो सही न?" और उदासी का एक बादल भीतर गहराने लगा।

"अरे, ज़रूर-ज़रूर!" नन्दा का अंग-अंग खिला पड़ रहा था और प्रतीक्षा से नस-नस तड़की जा रही थी। परसों तक कैसे राह देखेगी? मन होता है, अभी से जाकर स्टेशन पर बैठ जाए!

"लेकिन देख, नन्दन, रात को ज़्यादा देर मत किया करना।...हम लोग अकेली दो औरतें इस जगह रहती हैं। यों ही लोगों को हम लोगों की बड़ी चिन्ता है। वे इसकी ख़बर रखते हैं कि कौन आता है, कौन जाता है। फिर अब मुझसे राह नहीं देखी जाती, भाई!"

"तो तुम समझती हो कि मैं सारी रात बाहर रहूँगी? मुझे ख़ुद ही तुम्हारी चिन्ता रहेगी!" गीता की श्रृंगार-मेज़ पर नन्दा प्लास्टिक के ब्रश से बाल सुलझा रही थी...होंठों में टिका क्लिप बात करने से हिलकर नीचे टपक पड़ा।

पहली बार हर्ष को गीता ने देखा था क्वालिटी में। उसने ही खाने पर बुलाया था।

"आप वहीं ठहरते न! नन्दा, कम-से-कम हर्ष को घर पर एक बार खाना खाने तो बुलाओ।" जैसी औपचारिक बातों के बीच रेस्तराँ के उस अँधेरे-उजाले

में गीता हर्ष को तौल रही थी। बाईं तरफ़ माँग निकालकर, एक्टरों की तरह बाहर की ओर निकले बाल, आधे फ्रेमवाला चश्मा, क्रीम कलर सिल्क की कमीज़ और काली बो। काफ़ी साफ़ रंग, नाक के पास एक छोटा-सा मस्सा और कमीज़ के बटनहोल से झाँकता काले चश्मे का फ्रेम। गीता को लगा, जैसे हर्ष अपने को संवरा दिखाने के लिए बहुत अधिक सचेष्ट है। वह सोचने लगी कि अगर वह गीता की उम्र में ऐसे आदमी से मिलती तो उसे पसन्द करती या नहीं? अब तीस के आसपास होगा, उस समय तो पचीस रहा होाग। यह सोचकर उसे अच्छा नहीं लग रहा था कि मिस रेमंड के मुकाबले हर्ष भारी प्रतिद्वन्द्वी है। और जब-जब वह नन्दा को मुग्ध-मयूरी की तरह हर्ष के मुँह का शब्द-शब्द, हर हरकत, हर मुद्रा को आत्मसात् करते देखती तो मन का बोझ और भी भारी लगने लगता।

हर्ष बता रहा था, "इसका तो हर पत्र दीदी-ही-दीदी से भरा होता है। जब आपकी प्रशंसा करने बैठती है तो पन्नों की गिनती भूल जाती है। हमारी दीदी यों ख़याल रखती हैं, हमारी दीदी हमें यों प्यार करती हैं...हम उनके साथ यों पुरी घूमने गए थे...मैं तो जाने कब से सोच रहा था कि एक बार दीदी से मिल तो लें।"

"यह? इसकी किसी बात का विश्वास मत कर लेना, हर्ष। यह बड़ी तोता-चश्म है, ऐसी निगाहें पलटती है कि बस!...लेकिन हाँ, सारे दिन बस तुम्हारा ही गाना गाती रहती है!" पहले तो मन में आया कि मिस रेमंड वाली बात की शिकायत हर्ष से कर दे; लेकिन अपनी प्रशंसा से वह गद्गद हो आई। उसे सचमुच ऐसा लग रहा था, जैसे वह बहुत बड़ी है और नन्दा उसकी बेटी है और वह हर्ष के रूप में नन्दा के भावी पति से इंटरव्यू ले रही है कि वह उसे सुखी रख सकेगा या नहीं? उसने पास बैठी नन्दा को बाँहों में भींचकर कहा, "तुम्हारे पीछे तो पागल है। परसों से छत्तीस बार रोज़ मुझे सीड़ियाँ और जूड़े दिखा रही है। आज जाकर तुम इसका कमरा देखो, सारी चीज़ें क़रीने से लगाई हैं, वरना ये और व्यवस्था? आज रजनीगंधा के गुच्छे भरे हैं, गुलदस्तों में!... दीदी, इस ब्लाउज़ की फिटिंग ज़्यादा अच्छी है या उस चाकलेटी...हर्ष को ब्रिक कलर बहुत पसन्द है..." नन्दा उसकी उँगलियाँ मरोड़ती रही और गीता मुस्कराकर कराहती हुई हर्ष को बताती रही। उसे हर्ष का यों धूप के चश्मे के फ्रेम को बटनहोल में लगाना बिल्कुल पसन्द नहीं आया। यह क्या कॉलेज में पढ़नेवाले लड़कों का टेस्ट है!

नन्दा सिन्दूरी हो उठी थी और बार-बार सिर झटकाकर अपनी नाराज़ी ज़ाहिर कर रही थी। जब कुछ और नहीं सूझा तो काँपते हाथों से काँटा पकड़े, मेज़पोश के सफ़ेद कपड़े पर सीधी-सीधी धारियाँ बनाने लगी, "दीदी, बस, बस, प्लीज़!" नन्दा का यह झेंपता और शरमाता रूप गीता को एकदम नया लग रहा था। उसे लग रहा था कि यह वह नन्दा नहीं है, जिसे इतने समय से जानती है।

एक बार निहाल होकर हर्ष ने नन्दा के चेहरे पर भरपूर देखा, फिर प्यार से उसके काँटेवाले हाथ पर हाथ रखकर बोला, "नहीं, दीदी, लड़की बहुत सीधी है। आपको तो पूजती है।" गीता और नन्दा की निगाहों ने मिलकर उस क्षण क्या आदान-प्रदान कर लिया, यह हर्ष को नहीं पता। वह तो अपने प्रवाह में बोलता रहा, "मैं तो यही सोच-सोचकर बहुत परेशान था कि इतनी बड़ी नई जगह में यह रहेगी कैसे? इसके बिलासपुर रहने के पक्ष में तो मैं शुरू से ही नहीं था। इसकी भी ज़िद थी और मैं समझता था कि इसे बाहर ही जाना चाहिए। इसकी फ़र्म की दिल्ली ब्रांच से मैंने कह-सुनकर इसकी नौकरी का इन्तज़ाम तो करा दिया, लेकिन समझ में नहीं आता था कि कैसे सब करेगी यह यहाँ अकेली। दिल्ली रखना सम्भव होता तो मैं इसे एक दिन को भी बाहर जाने देता? एक दोस्त के यहाँ रहने का इन्तज़ाम किया तो और तरह की उलझनें आ गईं। जवान और सुन्दर लड़की को रखकर कौन बीवी अपने यहाँ ख़तरा बुलाना चाहेगी? मैं तो ख़ुद ही आने की सोच रहा था। तभी वहाँ कुन्ती भाभी से मुलाक़ात हो गई। वो बोलीं कि मैं जाते ही इन्तज़ाम कर दूँगी। शायद उनके दिमाग़ में आपका ही ख़याल रहा होगा। तब चैन की साँस आई।"

हर्ष इस लहजे और अधिकार से नन्दा के बारे में बातें कर रहा है, जैसे पत्नी के बारे में ही बातें कर रहा हो। यानी इन लोगों में आपस में इस हद तक बात तय है। गीता के मन में आया, काश, वह पुरुष होती और नन्दा के बारे में ऐसी ही संजीदगी और चिन्ता से बातें करती! उसने दबी-सी साँस ली।

"बस, कुन्ती भाभी मिल गई तो साल-भर आने का नाम ही नहीं!" नन्दा शिकायत कर रही थी। 'जवान और सुन्दर लड़की' पर वह सकुचाकर नीचे देखने लगी थी।

"ओफ़्फ़ोह! कल से इस क़दर समझा रहा हूँ और फिर वही...तेरा दिमाग़ है या कुत्ते की पूँछ?" हर्ष ने गीता की ओर देखकर पूछा, "आप ही बताइए, दीदी, कहीं भी जाना इतना आसान है? फिर हमारे यहाँ तो एक शेरनी भी बैठी है।"

"हाँ, वही मैं तुमसे पूछना चाहती थी!" गीता ऊपर से बुज़ुर्गी और भीतर

से स्थिति टटोलने के लिए पूछने लगी, “इस तरह आख़िर चलेगा कब तक? तुमने भी तो कुछ-न-कुछ सोचा ही होगा न!”

बैरा सूप की प्लेटें लगाने लगा तो हर्ष एक ओर झुककर उसके लिए जगह बनाता पूछ बैठा, “सिगरेट पी लूँ, दीदी?”

“हाँ-हाँ, पियो न!” हालाँकि उसे सिगरेट का धुआँ अच्छा नहीं लगता था।

“बस्स!” नन्दा चिढ़ाकर आँखें नचाती बोली, “जब से इशारे कर-करके पूछ रहे हैं और मैं कहे जा रही हूँ कि पी लो। दीदी के सामने छिपाने में क्या है?”

पीछे सीट पर रखे कोट की जेब से सिगरेट निकाली, “नहीं, मैंने सोचा कि शायद आपको आपत्ति हो। इसने मुझे बहुत डरा दिया है कि दीदी बहुत सख़्त प्रिंसिपल्स की प्रिंसिपल हैं। इनके कॉलेज़ में टीचर्स तक रेशमी साड़ियाँ पहनकर नहीं आ सकतीं; उलटे-सीधे बाल बनाना, खुली बाँहों के ब्लाउज़, सेंट, पाउडर इस्तेमाल करने की सख़्त मुमानियत है!” और इतनी देर का मुँह में रुका धुआँ उसने होंठों की दुष्ट मुस्कराहट के साथ नन्दा की ओर उड़ा दिया।

“क्या करते हैं?” नन्दा हाथ से धुआँ हटाती पीछे सोफ़े की पीठ से जा टिकी। गीता ने उसकी ओर देखा, उसे लगा, नन्दा बहुत ओवर ऐक्टिंग कर रही है। उसे उसका आँखें मटकाना, मुस्कराना और इतराना सब बहुत बनावटी लगा। हल्के अफ़सोस से बोली, “हाँ, हूँ तो सही, लेकिन इसकी वजह से वह सख़्ती चल कहाँ पाती है!”

फिर अचानक गीता सुस्त हो आई। वह किसी ग़लत चीज़ की गवाह है, किसी ग़लत बात में सहयोग दे रही है। यों ही चेहरे पर धुआँ छोड़ने की आदत ‘मास्टर साहब’ को भी थी। जितनी ही वह झुँझलाती, पापा से शिकायत करने की धमकी देती, उतनी ही दुष्ट ज़िद के साथ वे बार-बार धुआँ आँखों पर फेंकते। शायद सभी पुरुषों की यही आदत होती है।

“लो, दीदी, शुरू करो,” जब नन्दा ने कन्धे से उसे हिलाया तो वह चौंककर अपने में लौट आई। गोल चम्मच से सूप का एक घूँट लेकर नमक देखा।... अब क्या नन्दा भी जिन्दगी से चली जाएगी? उसे याद आ गया, “तुमने मेरी बात का जवाब नहीं दिया, हर्ष?”

“वही तो सोच रहा हूँ, दीदी, कि क्या जवाब दूँ।” मेज़ पर रखे हाथ की उँगलियों में सिगरेट धुआँ देती रही और हर्ष दूसरे हाथ से सूप का क्रीम चम्मच से घोलता रहा, “यह सच है, दीदी, कि मैं नन्दा के बिना नहीं रह सकता। तुम्हें पता है, हम लोगों का परिचय कॉलेज के एक नाटक से हुआ था और उसमें

मुझे कुछ इसी तरह के डायलॉग बोलने पड़े थे। तब शायद ख़याल भी नहीं था कि इसी नाटक के डायलॉग एक दिन ज़िन्दगी के डायलॉग हो जाएँगे। उसमें एक वाक्य था—तुम मेरी ज़िन्दगी की एक ऐसी सच्चाई, एक ऐसा हिस्सा बन गई हो जिसे मैं अब और झुठला नहीं सकता!...लेकिन परेशानी है मेरी वाइफ़ को लेकर...अगर यह मेरी ज़िन्दगी में चार महीने पहले भी आई होती तो हम लोगों को आप शायद किसी और रूप में देखतीं। उसे किसी दूसरी औरत के लिए कोई दया नहीं है। बारहों महीने बीमार रहती है, लेकिन बेहद ज़िद्दी है और हर पत्नी की तरह यही ठाने बैठी है कि मुझे ठीक रास्ते पर लगाकर ही छोड़ेगी। उसके पूजा-पाठ, लड़ाई-झगड़े मुझे एक दिन सद्बुद्धि देंगे और मैं इसे मन से निकाल दूँगा और मेरे मन में विकार शान्त हो जाएँगे। लेकिन आप बताइए, वह कैसे मन में शान्ति महसूस करे, जिसे पता है कि कोई उसकी राह में ज़िन्दगी के सबसे सुनहरे दिन एक-एक करके घुलाए दे रहा है? वह मुझे सारा-का-सारा अपने लिए ही रखना चाहती है और मैं अपने-आपको सारा उसे दे सकने में असमर्थ हूँ, क्योंकि मेरी आधी ज़िन्दगी यहाँ है।" गीता ने देखा कि हर्ष के चेहरे पर दर्द उभर आया है। वह कुछ देर रुककर कह रहा था, "हर पल मैंने यही कोशिश की है कि कहीं कोई रास्ता निकाल लूँ, वह मेरी तकलीफ़ न समझे तो शायद उसे इसी पर दया आ जाए। सच कहता हूँ आपसे, दीदी, इन दिनों बहुत ईमानदारी से उसे अपने-आपको सारा दे देने की कोशिश की है, जो कुछ उसने कहा है, किया है—लेकिन लगता है, यह दुहरी ज़िन्दगी अब मुझसे चलेगी नहीं। उसने भी देख लिया है कि वह मुझे सारा नहीं पा सकती! तो अब उसे सारा छोड़ना होगा—शी विल हैव टु लूज़ मी होल। बस, यही राह देख रहा हूँ कि कौन-सा ऐसा तरीक़ा हो सकता है कि मैं उससे अपने-आपको वापस लेकर नन्दा को सौंप दूँ। मैं तो मना रहा हूँ कि उसकी बीमारी ही..."

तभी बैरा आ गया। गीता ने हर्ष की अगली बात की राह देखी, लेकिन भीतर हल्का-सा क्रूर सन्तोष हुआ—हर्ष की बातों में हर ग़ैर-ईमानदार आदमी की शब्दावली और लहजा है...अभी नन्दा को उससे कोई नहीं ले जाएगा, वह गीता के पास ही रहेगी।

नन्दा हर्ष के चेहरे को मुग्ध देखती रही और सोचती रही कि हर्ष राह देख रहा है कि अपने को सम्पूर्ण वापस लेकर उसके पास आ जाएगा और वह सोचती है कि गीता के सम्पूर्ण को पाकर...वह बेमालूम-सी मुस्कराई।

गीता ने हँसकर बात को बहुत हल्का स्तर दे दिया, "कहीं इसके लिए

भी आगे जाकर यही मत मानने लगना!" तीनों धीरे से हँसे और इसी तरह की दो-एक बातों के बाद बातें फिर हँसी-परिहास पर आ गईं, और हर्ष अपने उस नाटक की घटना सुनाने लगा, जिसमें नायिका की किसी बात का बुरा मानकर नायक उसे भला-बुरा कहने लगता है, उसके वर्ग और वंश की शान में भी कुछ ऐसा कहता है कि नायिका चांटा मार देती है। हर्ष हँसकर बताने लगा, "दीदी, इसने ऐसे ज़ोर से तमाचा मारा कि मेरा तो सिर भन्ना गया। बाद में जब शिकायत की तो बोलती है कि पीछे के दर्शकों को कैसे सुनाई देता?"

जब बाहर हर्ष आगे जाकर पान बनवाने लगा तो नन्दा ने पास आकर बहुत डरते-डरते कहा, "दीदी, हर्ष कहते हैं कि मैं पीछे आ जाऊँ। उन्हें मुझसे कुछ बातें करनी है।"

"बातें तो ठीक हैं, लेकिन इन्हें एक बार अपने यहाँ भी तो बुलाओ!" गीता उसके ब्लाउज़ की बाँह के एक छूटे हुए डोरे को खींचकर तोड़ती हुई समझदारी से मुस्कराई।

पान लाते हुए हर्ष ने उसकी बात सुन ली थी, "वो मैं ख़ुद आ जाऊँगा। जब तक मिला नहीं था तभी तक की बात थी।"

सामने से जाती टैक्सी को हाथ उठाकर नन्दा ने रोक लिया और तत्परता से बोली, "दीदी, तुम्हें अकेले जाते हुए डर तो नहीं लगेगा?"

"हाँ, लगेगा तो, तू चल छोड़ने?" गीता ने हर्ष के हाथ से लेकर दो पान मुँह में रखे और उलाहना से नन्दा को देखा तो हर्ष ने पूछा, "चलो, छोड़े आते हैं दीदी को, क्या है!"

"अरे नहीं-नहीं! मैं तो नन्दा से कह रही थी। बहुत हमदर्दी दिखा रही थी न!" फिर टैक्सी की ओर बढ़ते हुए कहा, "यहाँ रोज़ अकेले ही तो जाना पड़ता है!" उसके स्वर में शिकायत नहीं थी। अचानक ही वह बहुत उदार और प्रसन्न हो आई थी। हर्ष टैक्सी का फाटक खोले खड़ा था।

"नन्दा को कुछ देर हो जाए तो माइंड मत करना, दीदी," उसने दरवाज़ा बन्द करके धीरे से कहा।

"लेकिन उससे अकेले नहीं आया जाएगा। उसे पहुँचाकर आना।" बन्द दरवाज़े का शीशा उतारते हुए उसने हर्ष की ओर देखा, तो उसकी आँखों में अनचाहे ही एक परिहास चमक आया, "पौने दस बजे हैं...घंटे-भर से ज़्यादा देर नहीं...और, सुनो, तो बेवक़ूफ़ी!" तब टैक्सी झटके से चल पड़ी। पहले सोचा, जाने सरदार जी ने क्या समझा होगा। फिर ख़याल आया कि सारी बातें

इतने सांकेतिक ढंग से हो रही थीं कि कुछ भी समझ में नहीं आया होगा। वह रास्ते-भर रेस्तराँ की बातों पर मुस्कराती रही।

उस रात हर कार का हॉर्न, हर घर्राटा उसे टैक्सी जैसा लगता और हर आहट चप्पलों और जूतों की आवाज़। वह रात-भर करवटें बदलती रही, पहरेदार लाठी से फर्श ठोंक-ठोंककर चक्कर लगाता रहा, स्टेशन की सीटी और लेट तथा अर्ली चलने वाली ट्रामों और बसों का शोर उसकी बेचैनी बढ़ाता रहा और दोनों में से कोई नहीं आया। रेस्तराँ का परिहास-भरा वातावरण और मन की उदारता शीघ्र ही समाप्त हो गई और प्रतीक्षा का तनाव अब झुँझलाहट बन गया। बार-बार मन में आता था कि उसी दिन की तरह जाए और झोंटा पकड़कर घसीट लाए उस कुतिया को! यार से चिपकी पड़ी होगी!...झूठा, धोखेबाज़ आदमी! आएगी तो रोती हुई मेरे ही पास। तब कहूँगी, यहाँ जगह नहीं है! लेकिन इस बार उसे खींचकर लाने की हिम्मत नहीं पड़ती थी। हर्ष और रेमंड में फ़र्क है। हर्ष के सामने नन्दा को दांव पर लगाएगी तो हो सकता है, हार जाना पड़े।...सारी रात मुँह पर तकिया रखे, नीचे वह और ऊपर बत्ती, दोनों जलती रहीं और सुबह वह इसी निर्णय पर पहुँची कि हर्ष की पत्नी की तरह सारे को पाने की ज़िद में हो सकता है, एक द्रिन उसे सारे से ही हाथ धोना पड़े। इसलिए बुद्धिमानी इसी में है कि गम खा जाए और थोड़ी-सी छूट दे दे और हर्ष ज़िन्दगी-भर तो यहाँ रहेगा नहीं—चार दिन, छः दिन...दो हफ्ते। फिर उसके भी तो बाल-बच्चे हैं, नौकरी है। कुछ हो, हर्ष पुरुष है और उससे जुआ नहीं खेला जा सकता... नहीं खेलना चाहिए।

अगले दिन, सारे कॉलेज टाइम में उससे कुछ भी नहीं किया गया और सिरदर्द का बहाना करके वह माथा पकड़े सोचती रही और जब वह पाना असम्भव हो गया तो रात को जाकर प्यार-दुलार से नन्दा और हर्ष की ख़ुशामद करके दोनों को अपने यहाँ ही ले आई। वह दोनों की स्वतंत्रता में कोई बाधा नहीं पहुँचाएगी। ग़ुस्सा तो ऐसा आ रहा था कि इस मतलबी लड़की का सिर दीवार से दे मारे। कैसी जल्दी यह अपने सारे वायदे-वचन भूल जाती है! जाकर होटल में रहने लगी, जैसे सदा से यहीं रहती हो और यहीं रहना है।

और गीता देखती कि कैसी तन्मयता से नन्दा ग़ुसलख़ाने में हर्ष के कपड़े धोती है, कमीज़-बुश्शर्ट प्रेस करती है; या अन्दर से राखदानी लाकर कूड़े के टीन में सिगरेट के टुकड़े और राख झाड़ती है, तो ऐसी ज़िम्मेदारी और व्यस्तता का भाव मुँह पर रहता है मानो वह वर्षों से उसकी पत्नी की ज़िम्मेदारी निभाती

चली आ रही है। कभी उसके कपड़ों पर तो नन्दा ने यों अपनी ओर से इस्तरी नहीं की, उसके तो सिर में तेल भी लगाना होता है तो ऐसा भाव दिखाती है, जैसे जाने कहाँ की बेगार करनी पड़ रही हो।...उलटे गीता ही है जो नहाने जाती है तो उसके छोटे-मोटे कपड़े धो लाती है, अपने कपड़ों के साथ उसके कपड़े तहकर रख देती है, धोबी का हिसाब रखती है...

भौं-भौं-भौं! इस बार बोस बाबू का कुत्ता भूँका तो गीता झटके से जाग्रतावस्था में लौट आई। उसे ख़याल ही नहीं आया कि कब वह कुर्सी से उठकर बिस्तरे पर आ लेटी थी, चश्मा सिरहाने रख लिया था और जाने कब तकिया उसके मुँह पर आ गया था। उसने तकिया फिर अपनी जगह रखा और टटोलकर चश्मा उठाया और कुहनियों के बल आधी उठी ही उत्सुक हो आई कि नीचे का लेच खड़के और वह झटपट खाने की मेज़ पर पहुँच जाए, ताकि लगे कि वह पढ़ने में व्यस्त थी। कहीं ऐसा तो नहीं है कि वह नीचे की चटखनी लगा आई हो। नहीं खुलेगा तो अपने-आप ही घंटी बजाएँगे और कुहनियों के बल उठी हुई वह यों ही अधर में लटकी-सी कान नीचे लगाए, गर्दन मोड़े शीशे में देखती रही। एक क्षण एक भ्रम-सा उसके मन में आया कि यह कुहनियों के बल उठकर उसे ग़ौर से देखती, शीशे के अन्दर लेटी गीता असली है या यह बाहर चारपाई पर पड़ी? और अपना यह भ्रम उसे बिजली के झटके की तरह ऊपर से नीचे तक ऐसा आक्रान्त कर गया कि पल-भर के लिए वह इस बत्तियों-जलते अकेले फ़्लैट में घबरा-सी उठी—शायद...शायद दरवाज़ा खुलने की आहट में यों आधी उठी, शीशे से झाँकती गीता ही असली है...परछाईं तो यह है जो बाहर लेटी है...

किनारे से किनारे तक

नाव किनारे से काफ़ी आगे बढ़ आई थी...।

नदी बाढ़ पर थी और मानिक के मन में कोई बार-बार दुहराए जा रहा था, "रूबी को पानी में धक्का दे देने का यही मौक़ा है...यही मौक़ा है। फिर ऐसा अवसर नहीं आएगा...।"

मटमैल पानी में झपटते भँवरों में नाचता नारियल काली-काली गेंद की तरह लहरों के हाथों इस तरह लुढ़कता चला आ रहा था, जैसे मजबूर डूबते आदमी का सिर हो। कभी छिप जाता, कभी निकल आता। रूबी ध्यान से उसे देख रहा था। पूछा, "वो क्या है, चाचा जी?"

"कहाँ? अच्छा, वोऽऽ! वो तो बेटा, नारियल है। कई दिनों से बहकर आ रहा है, इसलिए गलकर काला हो गया है।" कुछ चौंककर मानिक ने कहा और हाथ की मूँगफली छीलने लगा।

"पानी में कहाँ से आ गया, चाचा जी?" फिर ख़ुद ही सोचकर बोला, "जहाज़ वालों ने डाभ पीकर फेंक दिया होगा। देखिए...देखिए, वो डूब गया...। एऽएऽएऽ व्वो निकल आया...। कैसा बहा जा रहा है, जैसे किसी ने किक मारा हो...।"

मानिक नारियल को ही देखता रहा। 'किक तो मैं मारूँगा...' वह निशशब्द बोला। नारियल लहरों की चपेट में आ जाता तो मटमैली सतह उसे लील देती। लेकिन लुढ़ककर खड़े हो जानेवाले खिलौने की तरह थोड़ी देर जाकर, वह फिर सिर निकाल लेता...। बस, ज़रा-सा धक्का दे देने की ज़रूरत है...रूबी का सिर भी दो-एक बार यों ही हुगली में डूबे-उतराएगा और जब तक लोग कुछ करें-करें, तब तक तो पता भी नहीं चलेगा। मानिक को सचमुच ही लहरों की खेलती सलवटों के बीच डूबता और दोनों हाथ उठाकर "बचाओ...बचाओ" चिल्लाता रूबी दिखने लगा। जब रूबी इस तरह डूब रहा होगा, तो उसे भी

काफ़ी नाटक करना होगा। दोनों हाथ उठाकर वह कूदने-कूदने को हो जाएगा...। नाव में बैठे चीख़ते-चिल्लाते लोग उसे रोकेंगे, 'हें, हें, ऐसा मत करो, हुगली में अथाह पानी है।" फिर मनचाहा इनाम पाने के लालच में मल्लाह अपनी-अपनी लुँगियाँ फेंककर कूदेंगे...। रोता-पीटता वह घर जाकर कैसे मंजू और कान्त को सूचना देगा। नहीं, पहले यहीं थाने में कहीं रिपोर्ट करनी होगी...फिर वह पुलिस अफ़सर से ही कहकर कान्त को फ़ोन कराएगा। जैसे ही उन लोगों के सामने पड़ेगा कि बेहोश होकर गिर पड़ेगा। अभिनय पक्का होना चाहिए। और मान लो, रूबी को मल्लाह निकाल लाए, या आगे कहीं जाकर वह बच ही गया, तो? पानी में संयोग से बचा लिए जाने की हज़ारों घटनाएँ सुनी और पढ़ी हैं। फिर अगर रूबी ने कहीं बता दिया कि धक्का उसे मानिक ने ही दिया था, तो...? तो...? माथे पर पसीना नहीं आया था, लेकिन उसने रूमाल से कसकर माथा पोंछा और मूँगफलियाँ फोड़ने लगा।

अचानक उसे ध्यान आया कि रूबी उसकी बाँह हिला-हिलाकर पूछ रहा है, "चाचा जी...चाचा जी, आप सुनते क्यों नहीं हैं? हुगली में बहुत बाढ़ आएगी, तो दक्षिणेश्वर का मन्दिर भी डूब जाएगा न...?"

"एऽऽ...?" मानिक ने हड़बड़ाकर इधर-उधर देखा। आसपास वालों ने उसके मन की बात ताड़ तो नहीं ली कहीं? लेकिन सभी लोग अपने-अपने में व्यस्त थे—कुछ बच्चों को इधर-उधर की चीज़ों के बारे में बता रहे थे और कुछ चुपचाप बैठे थे। नाव के किनारे वाली भगतिन हाथ झुका-झुकाकर उस गंदले पानी से ही मुँह-हाथ धो रही थी। डोंगी की छत पर बैठे सैलानी लड़के सिनेमा का प्रचलित गाना गाते, चुरमुर-भाजा रौंधते हुए, बीच में बैठी मुग्धभाव से सारी दुनिया को निहारती लड़की को प्रभावित करने की कोशिश कर रहे थे। लड़की बार-बार अपने बालों पर इस तरह हाथ फेरती थी, जैसे उसके बाल हवा में उड़े जा रहे हों। मानिक ने बुश्शर्ट के कॉलर को ज़रा-सा उठाकर हिलाया—कितनी उमस है इस कलकत्ता में। जैसे सारे शरीर पर किसी ने तेल मल दिया हो। असल में नाव में भीड़ भी तो बहुत है। कुछ लोगों ने कहा भी था कि बाढ़ के दिनों में नाव इतनी नहीं भरनी चाहिए, अभी-अभी पटना में एक नाव के सारे लोग डूब गए हैं। लेकिन मल्लाहों को जब तक पूरे पैसों की सवारी नहीं मिली, वे नहीं हिले। उन्हें क्या चिन्ता थी कि अँधेरा हो जाएगा, तो लोग बैलूर-मठ देख पाएँगे या नहीं। दक्षिणेश्वर के घाट और मन्दिरों के खस्ता कलशों के पीछे छूटते ही सामने आर-पार फैला बाली-पुल आ गया था।

ज़िद्द करके रूबी नाव के किनारे की तरफ़ बैठा था और हाथ की टहनी को झुककर लहरों में डुबाए था, दूसरे हाथ से ले-लेकर दाँतों से मूँगफली तोड़ता जाता था। लहरों की गति और नाव की चाल से टहनी काँपती-थरथराती झुक जाती, तो रूबी के तन-मन में आनन्द की फुरहरी दौड़ जाती। उसका बार-बार मन होता कि टहनी की जगह अपना हाथ लटका दे, तो पाँचों फैली उँगलियों के बीच से गुज़रता पानी कैसा मज़ा दे! लेकिन मानिक ही उसे रोके हुए था, "किसी कछुए-मगर ने पकड़ लिया तो सीधे पानी में खींच ले जाएगा।" और तब कोई कहीं की इस प्रकार की घटना सुनाने लगा। वह एक हाथ से रूबी को बाँह पकड़े बैठा था। जैसे ही नाव धार में आई, पानी की ओर झुके रूबी को अपनी ओर खींचे रखते हुए पहली बार यह भयानक विचार उसके मन में कौंधा—बस, बाँह को ज़रा-सा झटका देकर छोड़ देने की ज़रूरत है। और फिर तो धीरे-धीरे उसके अनचाहे ही विचार ऐसा बलवान होता चला गया कि उसे सचमुच डर लगने लगा कि कहीं झटके से वह रूबी को धकेल ही न दे। जाने कैसे उसे यह विश्वास हो गया कि, जैसे ही नाव सामने वाले चौड़े, भारी पुल के नीचे से गुज़रेगी, यह भूत उस पर हावी हो जाएगा और तब कहीं...। नहीं, नहीं, वह पुल आने से पहले ही सिगरेट जला लेगा और अपना ध्यान इधर-उधर देखने में लगा रखेगा; पीछे देखने लगेगा। उसने अन्दाज़ लगाया कि अगर अभी सिगरेट जला ली जाए, तो पुल गुज़र जाने तक ज़रूर जलेगी। जैसे ही सिर उठाकर उसने पुल की लम्बाई देखी, हुगली की चौड़ाई की ओर नए सिरे से ध्यान चला गया और तब उन्मत्त पानी के गंदले विस्तार को देखकर भय से मानो, दिल धसका। मन में सोचा कि लहरों की तरफ़ लगातार देखने से कहीं चक्कर तो नहीं आने लगे हैं? सारे लोगों के साथ-साथ अचानक निगाहें पुल की तरफ़ उठ गईं। एक अजीब ढंग की गड़गड़ाहट चारों ओर गूँजने लगी थी। ध्यान आया कि रूबी ने मन्दिर के डूब जाने जैसी कोई बात पूछी थी।

"आहा जी, मज़ा आ गया...चाचा जी, रेल आ रही है।" सब-कुछ भूलकर रूबी उल्लास और उमंग से गरदन उचका-उचकाकर पुल के सिरे पर रेल खोजने लगा। बड़े-बच्चे शायद सभी उत्सुक थे कि जब नाव पुल के नीचे से गुज़रे, तो ऊपर से रेल जाए। पुल को देखते ही इस संयोग की बात उसके मन में आई थी। रूबी बता रहा था, "हमको रेल, हवाई हजाज़, स्टीमर सब-कुछ देखना अच्छा लगता है...अच्छा चाचा जी, अनूप ने स्टीमर देखा है?"

"हाँऽऽ" मानिक को नहीं पता कि उसने किस बात का जवाब दिया।

"झूठ! पापा कहते हैं, लखनऊ में स्टीमर ही नहीं चलते, वहाँ तो ट्राम भी नहीं है...एरोड्राम भी नहीं है" प्रकट अविश्वास से रूबी बोला, "हमारे जग्गी अंकल हैं न, वो हमारे लिए जापान से ऐरोप्लेन लाएँगे। आपको पता है कि जर्मनी और जापान के लोग मशीनें बनाने में बड़े तेज़ होते हैं?" इतने में सिरे पर रेल का इंजन दिखने लगा और रूबी ने अपनी बात अधूरी छोड़ दी।

मानिक के मन में पहली बात आई—कलकत्ता-बम्बई में रहने वाले बच्चों की जनरल नॉलिज अपने-आप इतनी बढ़ जाती है कि अपने यहाँ का एम.ए., बी.ए. जो बातें नहीं जानता, वह यहाँ का दस साल का बच्चा जानता है। मानिक का अनूप रूबी से एक क्लास आगे है, लेकिन कहाँ लखनऊ और कहाँ कलकत्ता। अनजाने ही उसकी निगाहें रेल देखने में डूबे रूबी के चेहरे पर जम गईं—हू-ब-हू अन्दाज़ है, वैसा मुग्ध विस्मय का भाव है...रूबी की हर चीज़ अनूप से मिलती है। और वह देर तक अजनबी-सा रूबी को देखता रहा...। बस, एक उत्तेजनाहीन ग़ुस्सा लहर की तरह उसकी नस-नस में पिघलता रहा और रेल की बढ़ती हुई घड़घड़ाहट के साथ यही बात उसके दिमाग़ में हथौड़े की तरह बजती रही...यही मौक़ा है...यही मौक़ा है..यही मौक़ा है! सभी लोग इस समय पुल पर जाती रेल को देख रहे हैं। किसी को भी पता नहीं चलेगा कि मानिक ने धक्का दिया था। बात हो जाएगी कि बच्चा रेल देखने में ऐसा डूब गया कि जाने कब पकड़ छूट गई...यही मौक़ा है...यही मौक़ा है! जल्दी-जल्दी! धड़-धड़-धड़-धड़-ड़-ढ! रेल सारे पुल को हिलाती ओर वातावरण को गुँजाती चली जा रही थी और मानिक का दिल ज़ोर-ज़ोर से धड़क रहा था। उसे अपने भीतर एक-दूसरे को काटती निरन्तर ऊँची होती दो आवाज़ें साथ सुनाई दे रही थीं—कहीं मैं इस बेचारे को धक्का न दे दूँ। धक्का देने का यही मौक़ा है। अगर सचमुच गिरा दिया, तो क्या जवाब दूँगा मंजु और कान्त को? इसीलिए घुमाने ले गया था? अजीब हालत थी—जैसे सुनसान गुम्बद में सैकड़ों आवाज़ें, प्रतिध्वनियाँ, अधूरी तस्वीरें एक-दूसरे में गड्डमड्ड हो गई थीं...।

"और यहाँ देखने लायक क्या-क्या चीज़ें हैं?" उसने तीसरे दिन कान्त से पूछा था। कान्त दफ़्तर जाने के लिए जल्दी-जल्दी टाई बाँध रहा था। मंजु ने मेज़ पर खाना लगा दिया था और अनुरोध कर रही थीं, "आप भी इसके साथ ही आ जाइए न?"

"नहीं...नहीं, चाचा जी, हमारे साथ खाइए। नहीं तो लड़ाई हो जाएगी।" ग़ुसलख़ाने के भीतर से ही रूबी चिल्लाया।

"अच्छा बेटा, नहीं खा रहे। तुम जल्दी से नहा लो।" गद्गद भाव से मानिक बोला, "आपका रूबी एकदम अनूप जैसा है। वैसे ही बोलता है, वैसे ही ज़िद करता है, वैसे ही...।" अचानक कान्त के चेहरे पर निगाह पड़ी, तो जाने क्यों मानिक चुप हो गया। एक बार फिर चुपचाप मंजु और कान्त की ओर देखा। ख़याल आया, कान्त शीशे के सामने खड़ा है—उसे यों देखते हुए जान सकता है। उसकी समझ में न आया कि किधर देखे।

"आपसे तो दो ही दिनों में ऐसा हिल गया है, जैसे बरसों साथ रहा हो।" मंजु कटोरियों में सब्ज़ी लगा-लगाकर प्लेट के चारों ओर रखने लगी, "रात को पूछ रहा था कि ममी, अनूप भाई साहब से कल मिलेंगे? उन्हें यहीं बुला लो न।" मंजु वात्सल्य से हँसी। अपनी प्रमिला, मंजु से ज़्यादा सुन्दर है, उसने सोचा।

कुर्सी खिसकाकर जल्दी से खाने पर बैठते हुए कान्त बोला, "माफ़ कीजिए, मानिक भाई। क्या बताऊँ, दफ़्तर में ऐसा काम आ पड़ा है...आप भी सोचेंगे कि दो दिन को आए और मैं घुमा भी नहीं सका...मंजु, तुम चली जाना इनके साथ।"

"अरे नहीं...नहीं।" मानिक उदासी से ऊपर आकर बोला, इतने सब तकल्लुफ़ की क्या बात है। मैं ख़ुद ही कुछ देख-दाख लूँगा, अब कोई बच्चा हूँ...। कान्त की कनपटियों पर सफ़ेद बाल देखकर जाने क्यों उसे विचित्र क़िस्म का सन्तोष हुआ।

तभी उलटा-सीधा तौलिया लपेटे रूबी पास आ खड़ा हुआ। "पापा, आप फिकर मत कीजिए...हम चाचा जी को सब-कुछ दिखा देंगे। हमने इनसे कह दिया है। आज हमारी छुट्टी है।"

"हाँ-हाँ, यह दिखा देगा न।" कान्त ने निश्चिन्त होकर कहा, "बेटे, चाचा जी को सब दिखा देना, नहीं तो जाकर ये अनूप से शिकायत कर देंगे। जाओ, पहले कपड़े बदल लो, फिर चाचा जी के साथ खाना खा लेना।"

"हम चाचा जी को सब दिखा देंगे—ज़ू, विक्टोरिया, म्यूजियम। और हम पहले बोले देते हैं, दक्षिणेश्वर से बैलूर हम नाव से जाएँगे।"

कैसा बाचतीत का, व्यवहार का सलीका है। कैसा आत्मविश्वास है। अपने अनूप होते, तो या तो खड़े-खड़े झेंपते या कोई बदतमीज़ी कर डालते—मानिक ने सोचा। वह एक क्षण को भूल गया कि यह लखनऊ नहीं, कलकत्ता है, और सामने अनूप नहीं रूबी है। वही नाक-नक़्श, कन्धों के वैसे ही पुट्ठे...। फिर

दिल की गहराइयाँ चीरती हुई ठंडी साँस निकल गई। उसे ज़ोर से अनूप की याद आने लगी।

इस भयानक ख़याल का तो उस समय नामोनिशान भी नहीं था...। शायद दक्षिणेश्वर मन्दिर के घाट की सीढ़ियाँ उतरकर नाव में सवार होने तक यह बात उसने नहीं सोची थी...वह तो बाढ़ पर आई हुगली में किसी के सिर जैसे नारियल को डूबते-उतरते देखकर ही यह भीषण विचार कौंध गया था...और नारियल रूबी के सिर में बदल गया था।

रेल निकल गई थी और अब एक अजीब सन्नाटा-सा छा गया था। नाव दो चौड़े-चौड़े खम्भों के बीच से निकल रही थी...ऊपर दैत्याकार पुल था और उसमें जगह-जगह छेदों और सुराखों से आसमान दिख रहा था। पुल के नीचे अँधेरा था। मानिक को लगा, जैसे नाव किसी अँधेरी, गहरी सुरंग से होकर गुज़र रही है। प्राय: सभी लोग पुल के विराट आतंक के नीचे चुप थे। अगर इसे उठाए हुए ये खम्बे धसक जाएँ, तो? यहाँ अँधेरा है, यही समय है...फिर आगे तो खुला ही दिखता है। यहाँ पानी भी बहुत होगा। मानिक के मन में शब्दहीन पुकार मची थी।

नहीं, यह बात मटमैले पानी पर लुढ़कते नारियल को देखकर ही उसके दिमाग़ में नहीं आई थी, यह उसके मन में आज से नहीं, वर्षों से थी...दिन-रात थी। उसे युगों पहले पता था कि वह योंही कलकत्ता घूमने जाएगा...रूबी को घुमाने ले जाएगा और तब एक 'दुर्घटना' हो जाएगी। उसने बात को जाना भले ही आज हो, लेकिन यह सारा संयोग आकस्मिक कतई नहीं है...उसके अन्तर्मन में इसकी तैयारियाँ और उत्कट प्रतीक्षा जाने कब से चल रही थी...कोई था, उसके भीतर बैठा, जो निहायत ही धीरज से इस क्षण की ही तो राह देख रहा था।

"चाचा जी, आपकी तबीयत ठीक नहीं है, क्या?" उससे सुना। रूबी उसकी ओर मुड़कर अनुरोध से पूछ रहा था। वह अभिभावक था न, उसे चाचा जी को सभी कुछ दिखाना ही नहीं था, उनके स्वास्थ्य की चिन्ता भी करनी थी।

मानिक ग़ौर से, अपलक उसे देखता रहा...जैसे रूबी नहीं, रूबी के पार देख रहा था। रूबी के सवाल से फिर अपने-आप में लौट आया। पूछा, "क्यों, क्या हुआ?"

"आप हमारी बात ही नहीं सुन रहे हो...हम पूछ रहे हैं, उस स्टीम बोट का नाम पढ़ सकते हैं?" दूर हावड़ा की तरफ़ से चौड़ी चिमनी से धुआँ उगलती एक स्टीम बोट इसी तरफ़ तेजी से चली आ रही थी...। नाव अब पुल के नीचे से निकल आई थी। बोट पर लिखे अक्षर सफ़ेद-सफ़ेद बूँदों से लग रहे थे और

पढ़े नहीं जाते थे। मानिक हार मानकर बोला, हमसे नहीं पढ़े जाते...। उसके मन में पछतावा हो रहा था कि ऐसा अच्छा अवसर योंही निकल गया।

"अरे इतना साफ़ तो लिखा है—भा-र-त।" रूबी विजय से बोला।

"यहाँ तुम्हारी जैसी आँखें नहीं हैं न।" एक गहरी साँस।

लेकिन रूबी फिर बात आधी छोड़कर एक बड़ी-सी लहर को अपनी ओर आते देखता रहा। स्टीम बोट के चलने से लहरों का पूरा एक रेला नदी के पार को घेरता चल रहा था, लेकिन बोट इतनी दूर थी कि यहाँ आते-जाते दूसरी लहरों जैसा ही रह गया था। फिर भी रूबी और दूसरे बच्चे बड़ी व्याकुलता से उसके आने की राह देख रहे थे। लहर नीचे आई, तो नाव ने झूले की तरह दो-तीन बार हिचकोले खाए। रूबी आनन्द से ह-ह करने लगा।

मानिक मुग्ध भाव से उसे देखता रहा। देखो, कैसी निश्चलता से हर चीज़ पर ख़ुश हो रहा है, इस बेचारे को शायद पता भी नहीं है कि उसकी बाँह पकड़ा यह आदमी मन में क्या मनसूबे पका रहा है और किसी भी क्षण एक पागलपल उस पर आ सकता है कि हँसते-खेलते इस बच्चे को धक्का मारकर पानी में धकेल दे। लेकिन क्यों जी, सुनते हैं, बच्चों का सहज ज्ञान बड़ा तेज़ होता है... वे आदमी की अच्छी-बुरी इच्छाओं को तुरन्त भाँप जाते हैं। कहीं रूबी को भी तो ऐसा कुछ नहीं लग गया? तभी तो पूछ रहा था कि आप की तबीयत तो ख़राब नहीं है। अब उसे याद आया कि रूबी ने उससे तबीयत की बात पूछी थी—क्यों? उसने फिर ध्यान से रूबी को, मानो पहली बार देखा और एक नया विचार उसके मन में आया—मान लो, इसे धक्का दे भी दूँ, तो इस ग़रीब को क्या पता चलेगा कि मैंने ऐसा क्यों किया। और जो दाह मानिक के मन में है, उसके लिए वह कहाँ ज़िम्मेदार है।

अकारण ही एक अजीब-सी करुणा उसके मन में उमड़ आई...। उसने प्यार से रूबी के कन्धे पर हाथ रखा और आँसू-भरी आँखों से किनारे के बंगलों और घाटों की देखता रहा—नवाबी ज़माने में भक्तों और सैलानियों ने बनवाए होंगे। मन-ही-मन बोला : तू ही बता, रूबी बेटे, मैं क्या करूँ? इन काई लगी टूटी-फूटी इमारतों में कभी ज़िन्दगी चहकती रहती होगी, इत्र, शराब और धूप की ख़ुशबू उड़ती रहती होगी, रात को जाने कब तक तबला और घुँघरू खनकते रहते होंगे...लेकिन आज तो किसी को ख़याल भी नहीं आता कि उन मरे हुए लोगों की छातियों में भी ईर्ष्या, प्रेम, क्रोध, दया की भावनाएँ आती-जाती थीं...। लोग शायद ख़ुद मेरे बारे में भी नहीं जान पाएँगे, छः साल—लगातार छः साल मैं

कैसी अजीब मद्धिम आग में भुनता रहा हूँ...। कोई नहीं जानता...मेरी व्यथा को कोई नहीं जानता—प्रमिला, अनूप, अनुपमा कोई भी नहीं। शायद मैं भी तो ख़ुद उसके वास्तविक स्वरूप को नहीं समझ पाता। बस, व्यथा है कि पुरानी चोट की तरह दु:खने लगती है। किससे कहें उसे, किसी से कह भी तो नहीं सकता।

"अबे, ऐसा तैयार बैठा था? थोड़े दिन तो रुकता कम-से-कम। शादी के बाद दो-एक साल तो ये सारी झंझटें पालनी ही नहीं चाहिए।" अनूप के जन्म की ख़बर मिली, तो एक दोस्त ने कन्धे पर हाथ मारकर कहा, "हाँ यार, मैं तो ख़ुद भी नहीं चाहता था, लेकिन...।" वह झेंप गया। वह इसी तरह के आक्षेपों से डर भी रहा था, शादी के दसवें महीने ही बाप बनने की उसकी उतावली पर लोग मज़ाक़ नहीं बनाएँगे तो और क्या करेंगे?

उसे एक अनजान ख़ुशी भी थी। बच्चे को पालना तवालत चाहे जितनी हो, लेकिन चलो, इस झंझट से भी छुट्टी मिल गई। अब जब वह पैंतालीस का होगा, तो बाईस-चौबीस साल का जवान लड़का सामने होगा। वह अनूप को गोद में लेता और न जाने किस आश्चर्य-लोक में खो जाता...यह कैं-कैं रोता और आँखें मिचमिचाता बच्चा ही एक दिन इतना बड़ा हो जाएगा कि और लड़कों की तरह हाथ छोड़कर साइकिल चलाया करेगा। जाने कितने लोगों ने बताया कि माथा हू-ब-हू मानिक से मिलता है और आँखें और नाक प्रमिला पर गई हैं...ठोड़ी की बनावट पर भी मानिक की झलक है। सोते हुए अनूप को देखकर वह घंटों यही सोचा करता कि बच्चों के माँ बाप का हुलिया आख़िर उतर कैसे आता है? उसे अनाम-सी ख़ुशी होती—पालने में सोते नन्हे बेवकूफ़ को क्या पता कि उसका 'स्रष्टा' पास खड़ा-खड़ा उसे यों विभोर होकर निहार रहा है? स्रष्टा पिता...वह भी पिता हो सकता है, यह बात तो कभी भी नहीं सोची थी। ख़ून के खिंचाव जैसी भी कोई चीज़ होती है, या सिर्फ़ साथ रहने का ही यह अभ्यास है...? ये इतने छोटे बच्चे आख़िर सोचते क्या होंगे?

छ: महीने बाद प्रमिला को दो-दो महीनों के लिए बनारस जाना पड़ा। माँ बीमार थी और अस्थायी रूप से मानिक के लुधियाना जाने की बात हो रही थी। इन दिनों मानिक को दिल्ली की सारी चहल-पहल फीकी लगने लगी...वह फ़ाइल पर झुका होता तो एक मुस्कराता चेहरा सामने आ जाता, या लिखने को तत्पर काग़ज़ पर झुकी क़लम की निब, दो छोटे-छोटे नन्हे-नन्हे दाँतों की शक्ल में बदल जाती...। अब वह विज्ञापनों और अख़बारों में छपे बच्चों के चित्रों को मुग्धभाव से देखता और अपने ऊपर आश्चर्य करता कि ये प्यारे-प्यारे नन्हे-

नन्हे बच्चे पहले उसे इतने दिलचस्प क्यों नहीं लगते थे? किसी के मुँह से या किसी डाइजेस्ट इत्यादि में बच्चों की बीमारी की बात जानता, तो उससे अनूप का इलाज कराने की चिन्ता उसे पहले सवार हो जाती...। कोई दवाई कम्पनी स्वस्थ और सुन्दर बच्चों के चित्रों पर इनाम घोषित करती, तो उसे लगता कि यह इनाम सिर्फ़ अनूप को मिलना चाहिए...। फिर दोस्तों के बीच यह कहकर सन्तोष कर लेता कि यह सब मिली-भगत है, अपने ही किसी मिलनेवाले को ये इनाम दे-दिला देंगे। बच्चों के किसी विशेषज्ञ की कोई राय पढ़ते हुए उसके सामने बस अनूप की छाया घूमती रहती। वह बाक़ायदा लम्बे-लम्बे नोट्स लेता और तीसरे दिन प्रमिल को पत्र में नई-नई हिदायतें भेजता। सिनेमा में बच्चों को देखकर उसे अनूप की याद आती। अक्सर सोचा करता कि हर साल जन्मदिन पर उसकी फ़ोटो खिंचवाकर एक अलबम बनाऊँगा और जब अनूप की शादी होगी, तो उसे उसकी बीवी को उपहार दूँगा...। साला अपनी नंगी तस्वीरें देखकर शर्म से लाल हो जाएगा। बस में, फुटपाथ पर या कहीं भी किसी बच्चे को देखता, तो सब-कुछ भूलकर बस उन्हें ही देखता रहता, "अपने अनूप से मिलता है, या अपना अनूप बड़ा होकर ऐसा ही हो जाएगा। पहले, बच्चा लिए बस में किसी महिला की मुसीबत पर शायद ही उसका ध्यान जाता हो, लेकिन अब सबसे पहले ख़ुद ही सीट छोड़ता और उस बच्चे को देखकर वात्सल्य से मुस्करा देता। सोचता, बच्चे का हँसना चीज़ ही ऐसी है, जो बरबस आपके चेहरे पर मुस्कराहट खींच लाती है...।

कभी-कभी अपने इस मानसिक परिवर्तन पर ख़ुद आश्चर्य होता। झेंपकर मन-ही-मन आशंकित होता; मैं बाक़ायदा बाप ही बन गया। जैसे सारे टिपिकल बाप करते हैं, वही हालत मेरी है। और अनूप को झुलाने, गुदगुदाने को कुलबुलाते हाथ लिए वह एक महीने के बाद ही ससुराल आ पहुँचा।

अपने अनजाने ही छोटी साली उमा ने सबसे पहले उसके मन में एक चिनगारी फेंक दी। घर के ज़नाने और मर्दाने भागों की कड़ी थी, यही बारह साल की उमा। वह सारे दिन बैठक में रहता। दूसरे या तीसरे दिन वह हाथों में अनूप को लिए उछाल रहा था और उमा पास खड़ी उसके खिलखिलाने पर गद्गद हो रही थी। उसने योंही पूछ लिया, "अच्छा, उमा, इसकी शक्ल मुझसे ज़्यादा मिलती है, या प्रमिला से?" फिर अपना सवाल भूलकर अनूप से खिलखिलाने में खो गया। "सब कहते हैं कि मुझसे मिलती है।"

"आपसे तो कहीं नहीं मिलती है।" उमा की जाँचती आँखें उसने चेहरे पर

महसूस कीं, थोड़ी-बहुत प्रमिला जीजी से ज़रूरत मिलती है।"

"हिश्! चूहेखानी कहीं की। अनूप बेटे, इस बिल्ली मौसी से कट्टी तो कर लो।"

"यहाँ तो सब यही कहते हैं कि आँखें, ठोड़ी और माथा एकदम कान्त भाईसाहब पर गया है।" उमा ने जब देखा कि अविश्वास से वह उसकी ओर मुँह बिराकर अनूप को पालने की तरह झुलाने लगा है, तो गम्भीरता से बोली, "अरे लो, जीजा जी, आप सच्ची ही नहीं मान रहे! इस पर तो हमारी और अम्माँ की शर्त हो चुकी है...। आप ख़ुद मिला लो, वो कान्त भाई साहब की फ़ोटो लगी है।"

"देखें...देखें, अनूप बेटे, कौन-से कान्त भाई साहब से ये तेरी चूहेखानी मौसी तुझे मिला रही है। कह दो, नई मौछी, हम-पापा से मिलते हैं।" अनूप से बोलता हुआ, वह उमा के साथ एक ग्रुप-फ़ोटो के नीचे आ खड़ा हुआ। फुटबाल खिलाड़ियों के कपड़े पहने कुछ लड़के कुर्सियों पर बैठे थे और कुछ पीछे खड़े थे। बीच में नीचे शील्ड रखी थी। उमा ने बताया कि विक्रम भैया के पास बैठा है। मानिक ने योंही ग़ौर से देखा और टाल दिया। अनूप को सम्बोधित करके बोला, "तेरी मौछी झुट्टी, तेरी मौछी झुट्टी।"

उमा बताए जा रही थी, "फुटबाल के बड़े ही अच्छे प्लेयर थे। विक्रम भैया के साथ ही तो पढ़ते थे। उनकी माँ, बहनें और भाभी ख़ूब लड़ती थीं? लेकिन ये सुनते ही नहीं थे।"

"अरे होंगे कोई, तेरी बकवासों का कोई ठिकाना है।" स्पष्ट ही मानिक की दिलचस्पी अनूप को हँसाने में ज़्यादा और कान्त भाई साहब में कम थी। उधर उमा को उसकी यह लापरवाही अपने ऊपर अविश्वास जैसी लग रही थी। बोली, "आपकी भी कैसी कूड़ा याददाश्त है जीजा जी! जब आप लोग मांडे के नीचे बैठे थे, तो बिजली का फ्यूज़ उड़ गया था। उसे किसने ठीक किया था? वही तो घूम-घूमकर, फ़्लैश बल्बों से आप लोगों की तस्वीरें ले रहे थे। कलकत्ता से प्रमिला जीजी की शादी के लिए ही तो आए थे।"

"अरे, आए होंगे। क्यों उनकी जान को रो रही है अब? इतनी देर हो गई, चाय-वाय नहीं पिलवाएगी कुछ? यह शर्त तो तू हार गई, अब देख अपनी जीजी से जाकर कह देना कि सिनेमा जाने के लिए तैयार हो जाए।" मानिक ने मुँह बिराकर कहा।

उमा चाय की ट्रे लाई और साथ में फ्रेम की हुई एक फ़ोटो भी कहीं से

उतार लाई, "लीजिए, ये पिछले ही महीने उनकी भी शादी हुई थी। भाभी जी बरेली की हैं।"

अख़बारों में विवाहों की जैसी तस्वीरें छपती हैं, यह तस्वीर भी कुछ-कुछ वैसी ही थी...मंजु और कान्त। साड़ी बाक़ायदा माथे पर ज़रा-सी झुकी थी और कान्त सूट-बूट में था। गम्भीर और कुछ खोया-सा...।

उमा ने फिर बताया कि बारात जब आई थी, तो इस कान्त ने ही उसे बाँह पकड़कर घोड़े से उतारा था। तस्वीर उसने लौटा दी, लेकिन इस बार कहीं हल्की-सी उदासी जागी। कान्त का चेहरा तो स्पष्ट याद नहीं आया, बस, कुछ-कुछ ख़्याल समझ की पकड़ में आ-आकर छूटता रहा कि शायद इसे देखा तो है। जहाँ तक अनूप की शक्ल मिलने का सवाल है, सो बच्चों के फ़ीचर्स इतने अधिक बनने की प्रक्रिया में होते हैं कि हर किसी के उसके मिलने का भ्रम हो सकता है। यह शायद अपने ही मन का प्रक्षेपण होता हो। फिर भी कहीं कोई सन्देह का आभास हुआ। पिछले महीने ही कान्त का विवाह हुआ है और प्रमिला यहाँ एक महीने पहले ही आ गई थी...।

उस रात जब प्रमिला से बात की, तो वह सन्देह भी निकल गया। उसने बेझिझक बता दिया, "यहाँ बहुत आते-जाते थे। असल में विक्रम भैया के बहुत दोस्त हैं। सो उन्हीं के नाते हमें भी मानते हैं। वो जो बनारसी, सुनहरे ज़री के सच्चे काम की हरी-हरी साड़ी है न, वो उन्होंने ही हमें दी है। अभी पिछले महीने ख़ुद उनकी शादी हुई है। उमा का क्या है, वो तो बात-बात में शर्त बदलती है। जानती है कि हार हो गई, तो कह दूँगी...मैं कमाती थोड़े ही हूँ, शर्त कहाँ से दूँ? और जीत गई, तो सिर पर सवार। अभी परसों इसी पर तुल गई कि कान्त भाई की शक्ल आपसे बहुत मिलती है।"

मानिक ने हँसकर टाल दिया, "हाँ, उमा तो घर भर में बेशऊरी और सिड़-बिल्लेपन के लिए प्रसिद्ध ही है। जाने कितनी बेवकूफ़ी की बातें करती है...।"

लौटा, तो उसे जालन्धर जाना पड़ा और वहाँ से आठेक महीने लग गए। प्रमिला की बड़ी अनुरोध और अनुराग-भरी चिट्ठियाँ आतीं और वह नौकरी को जी भरकर कोसती, जिसके कारण शादी के बाद यों उन्हें अलग-अलग रहना पड़ रहा है। वह लगातार अनूप के बारे में ख़बर देती रहती। सास-ससुर ने बहुत ज़ोर देकर अनूप के मुंडन पर बुलाया। पत्नी भी चाहती थी कि वह देख जाए। अनूप साल भर का हो रहा था। ससुर की ज़िद के कारण मुंडन वहीं रखा था। प्रमिला की इच्छा थी कि जल्दी-से-जल्दी बनारस से हट जाए, लाड़ के

मारे नाना-नानी अनूप में ऐसी आदतें डाले दे रहे हैं, जिनसे उसे सख़्त नफ़रत है। वे उसे नंगा घूमने देते हैं और खाने-पीने को कोई ध्यान नहीं रखते। उसकी तोतली बोली में 'छाले, उल्लू ते पत्थे' सुनकर वे लोट-पोट हो जाते हैं। प्रमिला का आग्रह था कि उसकी इस समय की शिक्षा-दीक्षा अच्छे ढंग से हो। आख़िर ख़ुद उसकी इंटर तक की पढ़ाई किस दिन काम आएगी।

इस बार जब मानिक ने अनूप को देखा, तो सचमुच धक्-से रह गया। वह स्वयं कान्त से मिलता है, या नहीं, यह तो नहीं पता; लेकिन अनूप के चेहरे में ज़रूर कुछ ऐसा था, जो कान्त की फ़ोटो की याद दिला देता था। कुछ देर तो वह शायद यह भी भूल गया कि अनूप उसकी गोद में है...कहीं सचमुच...? और बात उसके मन में कोई ठोस आकार ले, इसके पहले ही अनूप को उसने अपनी छाती से चिपका लिया हालाँकि अनूप उसे भूल गया था और चीख़-चीख़कर रोने लगा था।

दो-तीन महीने बाद जब बदली स्थायी रूप से लखनऊ को हो गई, तो प्रमिला और अनूप दोनों वहीं आ गए...। लेकिन मानिक को अपने भीतर एक अजीब जड़ता और विरक्ति का अहसास होने लगा था। हमेशा उसके मन में एक आशंका धड़कती रहती कि कहीं प्रमिला के सामान, कपड़ों या काग़ज़-किताबों में कान्त का कोई पत्र या ऐसी-वैसी चीज़ न मिल जाए। यों वह साइकिल पर बैठाकर अनूप को बाज़ार ले जाता, सुबह देर तक उसके साथ गेंद खेलता और रात को छत पर लेटकर उसे दुनिया भर की कहानियाँ सुनाता। उसकी हर उलटी-सीधी ज़िद पूरी करता, लेकिन कोई चीज़ थी, जो उसे लगातार भीतर कुरेदती रहती थी। अकारण ही अक्सर एक अनजानी झुँझलाहट का ज्वार-सा उसके भीतर उमड़ आता और इच्छा होती कि अनूप को उलटा लटका दे। उसकी किसी शैतानी या ज़िद पर वह ऐसे ज़ोर से तमाचा मार देता कि गालों पर उँगलियों के निशान बन जाते और बाद में कई दिन उसका मन ख़राब रहता—वह उसे पुचकारता और मनाता...। चौके में खाना बनाती या चटाई पर मशीन चलाती प्रमिला को चुपचाप बिना जताए देखता रहता, देखता रहता और फिर ख़ुद ही सिर झटककर जल्दी-जल्दी अपने गालों पर हजामत का साबुन लगाने लगता, नहीं...नहीं, छि:-छि: मेरे मन में भी जाने क्या-क्या बातें आती हैं...।

ऑफ़िस में काम करते-करते उसे जाने क्या होता कि वह उँगलियों पर हिसाब लगाने लगता...अनूप शादी के ठीक साढ़े नौ महीने बाद हुआ है, यह भी नहीं कि सात-आठ महीने का ही...। और फिर ऐसी बात सोचने के लिए

ख़ुद ही अपने मन को धिक्कारने लगता। लेकिन हमेशा मन में इस धिक्कार के बने रहने के बावजूद, पत्नी के प्रथम मिलन का एक-एक ब्यौरा उसकी आँखों के आगे आता-जाता। बल्कि वह प्रयत्न कर-करके याद करता कि शायद उस दिन की कोई ऐसी बात ध्यान में आ जाए कि मन के संशय को कोई सहारा मिले—प्रमिला के व्यवहार में या सारी स्थिति में...। हो सकता है कि वह उस समय शादी के नशे में खोया रहा हो कि ऐसी बात निगाह से ही चूक गई हो...। अब सोचने से याद आ जाए और किसी नतीजे पर पहुँचने में सहायक हो...। उसके मित्रों ओर पुस्तकों ने 'अबोध' और 'कुँवारी' लड़की के जो लक्षण बताए थे, वे तो सब ज्यों-के-त्यों नहीं मिले, लेकिन कुछ ऐसा भी नहीं मिला जो प्रमिला के 'अनुभवी' होने की बात सिद्ध करता हो...। उसके व्यवहार में भी बाद में ऐसा कुछ नहीं पाया कि लगे, उसे किसी की याद आती रहती हो... बल्कि अपने पहले मिलन पर मानिक को कहीं गहरा सन्तोष ही मिला कि प्रमिला एकदम 'अनाड़ी और बेवकूफ़' है...। बाद में भी अच्छी मन:स्थिति में वह उसके अज्ञान पर उसे चिढ़ाता और उसकी झेंप का मज़ा लेता रहता था...।

आज भी कोई ऐसी बात ध्यान में नहीं आती, लेकिन मन-ही-मन वह अपनी बात काटता...इन लड़कियों का क्या ठीक है...! ऐक्टिंग तो इनके ख़ून में मिली रहती है...! बाद में निरन्तर होती आत्मभर्त्सना के बावजूद उमा तथा अन्य बच्चों से खोद-खोद कर पता लगाया कि कान्त शादी में कब आया था, कितने दिनों रुका, प्रमिला से उसके मिलने के अवसर कौन-कौन से थे और जब एक हफ़्ते बाद प्रमिला ससुराल से लौटकर बनारस गई थी, क्या कान्त तब तक वहीं था?

सच पूछा जाए तो उसे प्रमिला से कोई शिकायत नहीं थी। उल्टे इन सारे दिनों ट्रांसफ़रों के दौरान उसकी कमी ही महसूस होती रहती थी। न खाने का ठिकाना, न चाय का...। अब वह प्रमिला को घर में जिस तन्मयता से काम में डूबे देखता, जैसे रच-रचकर वह सब्ज़ी काटती, खिड़कियों की धूल झाड़ती, अनूप की तेल-मालिश करती, ख़ुद का उसका जितना ख़याल रखती और जिस तरह उसके आगे-पीछे मंडराती, उससे लगता ही नहीं था कि उसका कभी किसी और के प्रति भी कोई खिंचाव रहा है...और यों घर में बीस लोग आते हैं। मान लो, कान्त इनके घर में बहुत आता-जाता भी रहा हो, मगर वहाँ बात इस हद तक तो आगे बढ़ ही नहीं सकती। छोटा-सा तो घर है। फिर प्रमिला की माँ भी सीधी नहीं है; ख़ूब तेज़ निगाहें रखती रही होगी। सब मन का ही वहम है, और जहाँ वहम मन में जमा कि आदमी को पेड़ भी भूत दिखाई देता है। हो सकता

है, इसी वहम के कारण उसे अनूप की आँखें, माथा, ठोड़ी सब कान्त से मिलते लगते हों...वस्तुत: मिलता कुछ भी न हो। उसने कहीं पढ़ा था कि जब बच्चा पेट में होता हे, तो उस पर माँ के खाने-पीने, आचार-विचार का बहुत असर पड़ता है, यहाँ तक कि माँ अक्सर जिस व्यक्ति के बारे में सोचती है, या जो उसे बहुत याद आता है, बच्चे का हुलिया और आदतें भी वैसी ही हो जाती है। तभी तो हमारे यहाँ कहा गया है कि गर्भवती को महापुरुषों, अवतारों का ध्यान करना चाहिए। हो सकता है, शुरू में वह कान्त को बहुत पसन्द भी करती रही हो और अक्सर उसके बारे में सोचती भी रही हो। पढ़ी-लिखी लड़की को इतनी छूट तो देनी ही पड़ती है।

इस प्रकार के निष्कर्षों पर पहुँचने के बाद अप्रत्याशित रूप से अनूप और प्रमिला के प्रति बहुत ही उदार हो जाता। उन्हें ज़रूर कहीं-न-कहीं घुमाने ले जाता, कपड़े बनवाता, लेकिन महीने-दो-महीने बाद अचानक ही मन के किसी गहरे में धुआँ-सा उठता और सब कुछ बेस्वाद और फीका लगने लगता। प्रमिला की सीधी-सी बात पर झल्लाहट होती, चीज़ों को फेंकता, अनूप अगर रोता, तो उसकी धुनाई कर देता। घर लौटने का उसका मन ही न करता और सब मिलाकर एक वैराग्य-भावना उसे छा लेती...। एक दिन अचानक पाया कि मन में प्रमिला और अनूप के लिए फिर वही प्यार उमड़ने लगा है...। अजीब हालत थी, जैसे उसे दौरे आते हों। इसके बावजूद अन्य बच्चों से अनूप की तुलना और उसके प्रति लाड़ उसे हमेशा अपने मन में महसूस होता था। गुब्बारे या लेमनजूस वाले के सामने से बिना अनूप के लिए कुछ खरीदे उससे हिला ही न जाता।

अनूप तीन साल का हुआ, तो उसकी छोटी बहन आ गई—नाम रखा अनुपमा। तब उसके दिमाग़ का फितूर एक साथ झटके से दूर हो गया। बात यह थी, विवाह से पहले उसे कई बार एक और सन्देह आ दबोचता था और तब प्राय: उसकी समझ में ही नहीं आता कि क्या करे। उसने एक डॉक्टर से भी सलाह ली। उसकी सारी बात सुनकर डॉक्टर ने फ़ीस जेब में रखकर लापरवाही से कहा, "कुछ नहीं, कुछ नहीं। तुम्हें वहम हो गया है। पढ़ना-लिखना बन्द करो और शादी कर लो...यू आर ए परफ़ैक्ट मैन। इस तरह की आधी बीमारियाँ सिर्फ़ दिमाग़ी होती हैं।' अनुपमा के आने तक यही सन्देह उसे कभी-कभी कुरेद जाता था...हो सकता है उसका भ्रम ही ठीक हो और बात डॉक्टर की समझ में न आई हो। अनुपमा जब पेट में आई, तो उसने ख़ुद आत्मविश्वास से अपनी पीठ ठोकी, 'वह तो भ्रम निकला। आई एम ए परफ़ैक्ट मैन'। शेख-चिल्लियों

जैसी वह बात मेरे मन में आख़िर जम कैसे गई...?...? और उसे लगा, जैसे अब जाकर वह नॉर्मल हुआ है। बस, उसे कभी-कभी एक तरह बेचैनी ज़रूर महसूस होने लगती थी और कभी उसका बायाँ कन्धा उसके अनचाहे इस तरह फड़कने लगता कि वह उसे चकित होकर देखता रहा। अचानक उसका मन होता कि हाथ की फ़ाइलों को झटके से उछाल-उछालकर फेंक दे, दवात को ज़ोर से ज़मीन पर दे मारे और सुराही की गर्दन पकड़कर मेज़ पर भड़ाका बुलाए। ऐसे समय वह रद्दी की टोकरी से कोई बेकार लिफ़ाफ़ा निकालकर हवा भरता और मुट्ठी में कसकर ऐसे ज़ोर से दूसरे हाथ का मुक्का मारता कि आसपास के लोग चौंककर उछल पड़ते...।

और इस भारी भीतरी उठा-पटक, कशमकश तथा बाहरी खींचतान के बावजूद न तो उसने कभी प्रमिला के प्रति इस प्रकार के अभद्र संकेत किए और न अनूप के प्रति अपने मन में प्यार की कमी पाई। ग़ुस्सा, शक, दुःख, झुँझलाहट के साथ-साथ दिनों-दिन यह अनुभूति मन में जमती ही चली गई कि अनूप 'अपना' ही है—अपनी आत्म और रक्त का अंश है। इस बात पर कभी-कभी वह ख़ुद अपनी ही सराहना करता कि वह अच्छे संस्कारों वाला शिष्ट व्यक्ति है, वरना और कोई होता तो काटकर प्रमिला के दो टुकड़े कर देता और बच्चे का मुँह तक न देखता। यह तो वही था कि उन भीषण क्षणों को उसने धैर्यपूर्वक निकल जाने दिया। प्रमिला की हर हरकत पर कड़ी निगाह रही, या उसकी तलाशी ली, उसके हर आने-जाने वाले पत्र को सेंसर किया और उसे कतई बनारस नहीं जाने दिया—वह बिल्कुल दूसरी बात है। यह उसका हक़ था।

कभी-कभी जब वह उँगली पकड़े अनूप को कहीं ले जाता, साथ सुलाता, या उसकी गेलिसें बाँधता, तो उसके अधिकारपूर्वक किए गए आग्रहों को देखकर एक टीस-जैसा विचार कौंधकर रह जाता—जिसकी वह उँगली पकड़े ले जा रहा है, जिसे साथ सुलाता है, या जिसकी टाँग गोद में रखकर जूते के फीते कस रहा है, या जिसे साबुन से मल-मलकर नहला रहा है, उसे क्या पता कि वह किसका लड़का है? उसका बाप कहाँ है? इस बात को शायद बाहरवाला कोई आदमी नहीं जानता...हो सकता है कान्त या प्रमिला को ख़ुद पता न हो...। जब वह किसी बच्चे को किसी के कन्धे पर लदा हुआ जाते देखता, तो मन-ही-मन पूछता—इस गद्गद होकर चले जाते हुए बुड्ढे को ही क्या गारंटी है कि उसके कन्धे पर चढ़ा, बाल खींचता, या आइस्क्रीम खाता बच्चा ख़ास उसी का बेटा है? या ये साहब ख़ुद अपने बाप के ही बेटे हैं? फिर वह निहायत ही तटस्थ

होकर सोचता—अच्छा मान लो, इस सामनेवाले व्यक्ति का बाप एक्स नहीं वाई था, और एक्स ने ज़िन्दगी भर इसे अपना बेटा मानकर पाला, तो इससे ख़ुद इन्हें कहाँ फ़र्क पड़ा? मेरे बाप कपूरचन्द न होकर हरिमोहन थे, लेकिन मैं तो जो हूँ, सो ही हूँ। मेरे लिए यह बात ज़िन्दगी और मौत का सवाल क्यों बने कि अगर कपूरचन्द ने मुझे अपना बेटा कहकर पाला है, तो कपूरचन्द को ही मेरा 'स्रष्टा' भी होना चाहिए...? मेरे आने का निमित्त कपूरचन्द हो या हरिमोहन, मेरे लिए तो दोनों ही एक-जैसे हैं। जो मेरे सामने हैं, मुझे तो उसी से मोह है और आदमी को यह ललक क्यों है कि सृजन के उस 'विशेष क्षण' में आने वाले बच्चे का 'निमित्त' भी वही बने? अच्छा, मान लीजिए, मैं ज़िन्दगी भर, यही विश्वास करके बच्चों को पढ़ाता, पालता-पोसता कि इसके जन्म का 'निमित्त' भी मैं ही था और यह बात आख़िर में जाकर खुलती कि मैं ज़िन्दगी-भर भ्रम में रहा, तो इससे सचमुच मेरी सारी ज़िन्दगी निरर्थक कैसे हो गई। मेरे जीवन में पितृत्व के वे सारे गद्गद संवेग और विभोर संवेदन हर रास्ते चलते बच्चे को देखकर मन में आया हुआ वह तन्मय-विस्मय का भाव और वह अपने अणु-अणु से निछावर हो जाने वाला प्रसन्न समर्पण—वह सब इसी एक 'ज्ञान' से अनजिया और झूठा कैसे हो जाएगा? मानिक को जाने कैसे यह विश्वास हो गया था (और अपने इस विश्वास से बड़ा सन्तोष होता था) कि ये इधर-उधर दीखने वाले कुछ ही बच्चे अपने 'असली बापों' के हैं, बाकी तो योंही किन्हीं दूसरों के नामों से चल रहे हैं...और एक उत्तेजनाहीन ग़ुस्से से इस समस्या का हल रखता कि अगर इनकी माँओं को उलटा लटकाकर लगातार कोड़ों से धुनाई की जाए, तब शायद वे क़बूलें कि कौन किसका बेटा है। दुनिया के भूत और वर्तमान इतिहास में जाने कितने लोग अपने बाप के बेटे होंगे, इस महत्त्वपूर्ण प्रश्न की ओर पहले उसका ध्यान क्यों नहीं गया था, ताज्जुब तो यह है...!

इस तरह बात को फैलाकर वह उड़ा ज़रूर देता, लेकिन एक तस्वीर इन सारे दिनों उसकी चेतना पर घाव की मक्खी की तरह मँडराती रही है जो घूम-घूमकर आँखों के सामने आ जाती है। वह बातें कर रहा होता, खाना खा रहा होता, सोने की कोशिश कर रहा होता, तो समय-असमय जाने कहाँ से अँधेरे में वह तस्वीर उभरती चली आती है...

वही मर्दाना कमरा है, जहाँ अक्सर उसे ससुराल में ठहराया जाता है...। धुँधलके का समय है और घरवाले लोग जाने कहाँ गए हैं...। निवाड़ के चौड़े पलंग पर दो व्यक्ति लेटे हैं—लम्बाई में नहीं चौड़ाई पार करते हुए इस तरह

कि दोनों की टाँगें सामने की ओर लटकी हैं...। कान्त की दी हुई बनारसी हरी साड़ी से घिरी प्रमिला की टाँगे हैं। ज़री के चौड़े सुनहरे बॉर्डर के नीचे महावर लगे छोटे-छोटे गोरे पंजे झूल रहे हैं। रंगीन सुर्ख़ सैंडिल नीचे पड़े हैं—शायद सरककर नीचे गिर पड़े हैं। उन पंजों के पास ही ग्रे-पैंट के नीचे पॉलिश से चमकते दो काले डरबी जूते हैं। प्रमिला चित लेटी है और उस पर झुका हुआ कान्त। प्रमिला रो रही है और कान्त बार-बार उसके बालों पर हाथ फेरता है; उसके होंठ और पलकें चूमता है। उसके चौड़े-चौड़े हाथों में प्रमिला के मेहँदी-लगे हाथ हैं, जिनकी उँगलियों में अँगूठियाँ झिलमिला रही हैं। कलाइयों में हरी-लाल चूड़ियाँ हैं, साँप के मुँहवाले सोने के कड़े हैं, घड़ी है। प्रमिला ससुराल से लौटकर आई—पराई हो गई है। शायद दोनों रो रहे हैं...। इस तरह कान्त जाने कब तक उसकी छाती पर सिर रखे लेटा रहा है। तभी अचानक उठने का प्रयत्न करते हुए वह कहती है, 'नहीं, कान्त नहीं...अब यह नहीं...! देखो, अब यह सब नहीं...!' वह कहना चाहती है कि अब मेरी शादी हो गई है। लेकिन कान्त उसे उठने नहीं देता, होंठों पर होंठ रख देता है, 'प्रमिला, प्रमिला 'डार्लिंग'। मुझे रोको नहीं...अब फिर पता नहीं, ज़िन्दगी में कभी मिलना होगा या नहीं, फिर कभी तुम्हें छू भी सकूँगा या नहीं...बस, इसी बार...।'

और चित्र इससे आगे नहीं चलता। जैसे रील टूट जाती है। लेकिन इतने ही चित्र को मानिक ने इतनी बार और इतने ब्यौरे के साथ देखा है कि इसकी सच्चाई में अब कोई सन्देह नहीं रह गया। उसे अब तो सचमुच यही विश्वास हो गया है कि वह ख़ुद भी कहीं किसी जगह छिपा, किसी सुराख़ से सारा दृश्य देख-देखकर दाँत पीस रहा था...उसने एक-एक बात ध्यान से देखी-सुनी थी। उसे यह तक याद है कि कान्त की कमीज़ के रंग और डिज़ाइन क्या थे, पतलून किस कपड़े की थी...या जब प्रमिला बेमन से उसे बरज रही थी, तो किस तरह कान्त की साँस तेज़ धौंकनी की तरह चलने लगी थी और कैसे उसका एक हाथ प्रमिला की पीठ पर लटके ब्लाउज़ के फूँदने से खेलता उसे छाती से चिपकाए था...। हो सकता है, तस्वीर की एक-एक बात को उसकी कल्पना ने धीरे-धीरे करके उसके अवचेतन मन में गढ़ दिया हो...या किसी कहानी-उपन्यास के इसी प्रकार के अंश में उसने ख़ुद कान्त और प्रमिला को फिट कर लिया हो...मगर यह तस्वीर उसके न चाहने पर भी इतनी तरह से और इतनी बार कौंधती रही है कि उस पर अविश्वास होना बन्द हो गया लगता है। वह हिसाल लगाता है कि सुहागरात के बाद प्रमिला अपनी माँ के यहाँ आई थी, तब की यह 'घटना' है,

यानी दो दिनों का अन्तर। यानी तब तो हिसाब ठीक ही बैठ गया...। ऐसी बातों में दस-पाँच दिनों का अन्तर तो ख़ुदा भी नहीं बता सकता...। बस, अगर सच बात कोई बता सकता है, तो वह है प्रमिला...।

अनुपमा के जन्म ने उसके मन के सारे जाले साफ़ कर दिये और यह तस्वीर और इसके साथ जुड़ी सारी शंकाएँ और चिन्ताएँ अवचेतन के कबाड़खाने में जाकर डाल दिये गए। अब तो हर क्षण उसे अफ़सोस और आश्चर्य होता रहता कि कैसे वह निराधार बात उसके मन में जम गई थी? शायद उसकी ही प्रतिक्रिया थी कि अब न तो वह दफ़्तर से देर से लौटता, न कभी बेकार झल्लाता...। अब तो वह था, उसका अनूप था, उसकी अनुपमा थी, और थी, उसकी प्रमिला...। लेकिन अनूप सबसे ऊपर था...। सुबह वह उसको स्कूल छोड़ने जाता। बीच में प्रमिला उसे टिफ़िन देने जाती और साँझ को स्कूल की ड्रेस में जब वह थैला घुमाता आता और खाने के लिए जल्दी मचाता, तो सारा घर चहक उठता...। मानिक को एक सान्त्वनामयी ख़ुशी थी कि दुनिया-भर की तस्वीरों और शंकाओं के बावजूद यह चहक घर में गूँजती रहती थी...गूँजती रहती थी।

यह नहीं कि पहले की कोई बात ख़याल आती ही न हो...लेकिन न तो पहले जैसी उसमें हिंस्र कड़वाहट होती, न आत्मघाती दंश। ख़ासकर जिस समय अनूप कुछ असाधारण काम करता, या बहुत समझदारी की बात करता, तो कहीं बहुत धुँधला-सा मन में जागता...साला बड़ा इंटैलिजेंट है, वर्णसंकर है न, क्रॉसब्रीड। अपने-आपसे पूछता : अच्छा, इसे वर्णसंकर कहेंगे, या जारज? अरे, हटाओ भी, जारज ही हो गया, तो ऐसी क्या मुसीबत आ गई। इसे जानता कौन है बाहर?

"दफ़्तर के काम से मुझे कलकत्ता जाना है।" एक दिन आकर मानिक ने बताया, "जाना परसों की गाड़ी से ही होगा। तुम ज़रा मेरे कपड़ों के बटन-अटन देख देना...।"

प्रमिला खिल उठी, "पहले से पता होता, तो हम भी चलते। क्या है, थोड़ा-बहुत ख़र्चा ही होता। बाक़ी तो ऑफ़िस से ही मिल जाता। कान्त भाई साहब जाने कब से आने को कह रहे हैं...!"

मानिक को अच्छा नहीं लगा। उसने तो हर ख़त को देखा है, कान्त भाई साहब ने आने को कब कह दिया। लेकिन इसके बाद प्रमिला ने बेहद आग्रह किया था कि कान्त भाई साहब के यहाँ ज़रूर जाए, बल्कि वहीं ठहरे। ख़ास भाई की तरह रखेंगे। कान्त को देखने की इच्छा मानिक के मन में भी थी ही।

वह तैयार हो गया। शायद उसी दिन प्रमिला ने एक ख़त लिखा और बाज़ार जाकर रूबी को देने के लिए नेकर और कमीज़ों का कपड़ा भी ले आई। सारे समय मानिक को समझाती रही कि कैसे कान्त और मंजु को यहाँ आने का निमंत्रण देना है।

स्टेशन पर लेने ख़ुद कान्त आया था। जो आशंका रास्ते-भर उस पर मंडराती रही थी, मानो उससे बचने के लिए वह भगवान से प्रार्थना करता रहा कि कान्त न आए...लेकिन जब उसने सिगरेट पीते कान्त को प्लेटफार्म पर देखते ही पहचान लिया, तो गाड़ी रुकने से पहले ही सवाल मन में उठा : क्या सचमुच कहीं इतना कुछ परिचित है। फिर ख़ुद ही तर्क दिया : तस्वीर तो देखी ही थी। गाड़ी से उतरकर गेट की तरफ़ आते हुए उसने ग़ौर से देखा, तो कान्त ख़ुद ही बोला, "आपने मुझे पहचाना ख़ूब...! पहले से अब तो बदन भी भारी हो गया है और तब तो यह चश्मा भी नहीं लगाता था।" कान्त ख़ुद ही हँस पड़ा।

"प्रमिला के घर बनारस में तस्वीर तो देखी ही थी। फिर शादी पर भी मिले थे। घर पर भी आपका ज़िक्र होता ही रहता है...।" लेकिन उसका स्वर टूट गया। कान्त को देखकर सचमुच धक् ही रह गया...। इतने सीधे-सादे सत्य को कैसे वह झूठे तर्कों से टालता रहा और कैसे अपने-आपको समझाता रहा...?

ऊपर से सारी औपचारिक बातें होती रहीं। वे एक-दूसरे से मिलने पर ख़ुशी ज़ाहिर करते रहे। शादी की बातें याद करते रहे। कान्त, अनूप ओर प्रमिला के बारे में पूछता रहा। अपनी व्यस्तता और असमर्थता की शिकायत करता रहा कि "आपके बारे में भी हम लोग रोज़ ही बातें करते थे...।" या "आपने तो लखनऊ बनारस आना ही छोड़ दिया। लेकिन मन-ही-मन अपने-आपसे वार्तालाप चलता रहा...और जब उसने रूबी को देखा, तो सचमुच ही आसमान से गिरा—एकदम जैसे सामने अनूप खड़ा हो!...वही आँखें, वही माथा, वही ठोड़ी और ठीक उसी तरह हँसने का ढंग...इसी हँसी को याद करके वह रास्ते चलते मुस्कराया करता था? उसने अपने-आपसे पूछा—इसी तरह की आँखों की चमक देखकर उसे अपने जीवन की सार्थकता का भ्रम होता था...?

नहीं...नहीं..., वह कभी भ्रम में नहीं रहा...। उसके मन में सुलगती भट्ठी एक दिन को ठंडी नहीं हुई। प्रमिला के झूठे प्यार और दिखावे ने उसे एक पल नहीं भरमाया और उमा का गाड़ा हुआ काँटा एक निमिष को टीसना बन्द नहीं हुआ। मक्कार, हरामज़ादी...। ये शब्द पता नहीं, किसके लिए उसने दाँत पीसकर कहे। सिर्फ़ एक या दूसरे तर्क और बहानों का सहारा खोज-खोजकर

वह अपने को भुलाने की ही कोशिश करता रहा है। कभी यह भुलाने का काम शराब करती थी, और कभी भगवान का कीर्तन या दफ़्तर में देर-देर तक बैठना। बस, खींचतान यही रही है कि उस ओर ध्यान न जाए। ग़लतफ़हमी उसे कतई नहीं है...।

अकारण ही उसे याद आया कि प्रमिला ने किस प्रकार ज़िद करके उसे नाना-नानी के यहाँ से हटा दिया था—अनूप में ख़राब आदतें पड़ती हैं। यार का लड़का था न, तभी तो इतना ख़याल था कि अपने माँ-बाप भी दुश्मन लगे...! होता कहीं मानिक का तो पड़ा रहता कहीं...।

मानिक को होश नहीं रहा कि नाव कब नदी पार करके दूसरे किनारे आ गई और बैलूर की ओर के घाट छूती हुई बढ़ती रही। रूबी की बाँह पकड़े वह जाने कहाँ खोया अपने-आपसे पूछता रहा 'छ: साल! पूरे छ: साल रात और दिन, सुबह और शाम मैं मानसिक यातना के अँधेरे कुएँ में घुटने की सज़ा भुगतता रहा...किसलिए? आख़िर मेरा अपराध क्या था? और जब बिना अपराध किए भी सज़ा मैं भुगत सकता हूँ, तो दूसरा भी क्यों न भुगते? अब अगर मेरे मन में बदले की, प्रतिहिंसा और प्रतिशोध की बात आती है, तो इसमें बुरा और अस्वाभाविक ऐसा आख़िर क्या है? जिन्होंने या जिसने अपराध किया है, वे भी क्यों न जानें कि दंड भी मिलता है...? रूबी तो इस प्रतिशोध का एक साधन-मात्र है।"

"बाबू, पैसे। मल्लाहों ने बैलूर घाट से कुछ दूर पर ही नाव रोककर सारी नाव में घूम-घूम कर किराया वसूल करना शुरू कर दिया था और केवल घुटनों से ऊँची धोती बाँधे एक पक्के रंग का नौजवान मानिक के कन्धे पर हाथ रखकर पैसे माँग रहा था।

"चाचा जी...चाचा जी!" शायद रूबी ने भी दो-एक बार पुकारा था और तब वह हकबकाकर होश में आ गया था। जेब में पर्स निकालते हुए उसने देखा कि बैलूर के घाटों के ऊपर मन्दिर खड़ा था। "वो सीढ़ियाँ हैं न, बस, अभी वहाँ नाव पहुँचेगी और हम एकदम उछलकर घास पर चले जाएँगे...। पिछली बार आए थे, तो हम लोगों ने रबर के रिंग का खेल खेला था।" रूबी बता रहा था।

सायँ के सूरज की पीली-पीली किरणें पानी और घास पर, पेड़ों और इमारतों की आड़ लेकर आड़े-तिरछे त्रिकोण बना रही थीं; गेरुआ, साफ़ा कुरता और तहमद पहने दो संन्यासी ऊँचे किनारे पर चहलक़दमी कर रहे थे। किनारा बहुत ही पास था और पैसों की वसूली के बाद जब नाव फिर से चली, तो मानिक के मन में आया—मान लो, वह भी संन्यासी हो जाए, तो?...प्रमिला और अनूप

का क्या होगा...? यह नहीं कि ऐसा विचार पहले उसके मन में नहीं आया... लेकिन पहले तो कहीं-न-कहीं एक अनिश्चय भी था...? शायद यह सब उसी का वहम हो...। अब तो अनिश्चय की कोई बात नहीं है। फिर वह क्यों न यहीं रहे, यहीं खाए...।

"उतरिए...उतरिए, चाचा जी!" नाव एकदम सीढ़ियों के किनारे आकर लग गई थी और लोग जल्दी-जल्दी उतर-उतरकर ऊपर भागे जा रहे थे। नीचे की सीढ़ी पर पानी के कारण काई और बेहद फिसलनी मिट्टी की कीचड़ थी, इसलिए वहाँ लोग अपनी-अपनी धोतियों, पैंटों को घुटनों तक उठाए थे और बहुत जमा-जमाकर पाँव रख रहे थे। फिर भी किसी-न-किसी का पाँव फिसलने ही लगता था। एक बच्चे ने जैसे ही नाव से बाहर पाँव रखा कि उसका जूता दूर तक फिसलता चला गया। साथ वाले व्यक्ति ने झपटकर उसकी बाँह पकड़ ली, तो जैसे-तैसे गिरते-गिरते बचा, एक तरह लटका-सा रह गया...। "देखो बेटे, तुम हमारा हाथ पकड़कर उतरो। लो, नहीं तो वैसे ही फिसल जाओगे...। छोटे बच्चों को क्रेप के जूते पहनाना किसने बताया?" उसका स्वर अप्रत्याशित रूप से मुलायम हो गया, तो वह स्वयं अपने स्वर पर चौंक उठा। साथ ही पहली बार उसके मन में आया कि वे दोनों ही निरपराध हैं और यही एक बात दोनों को आपस में बहुत निकट ले आई है...।

नाव की कगार पर खड़े रूबी को एक हाथ से पकड़े, अपने-आप उतरने में मदद करते हुए मानिक की निगाहें फिर उसके चेहरे की ओर उठ गईं। पीली धूप उसकी एक कनपटी पर तिरछी पड़ रही थी और देर तक उसकी समझ में न आया कि जिसे इतनी सावधानी से वह उतार रहा है, या जिसे उँगली पकड़े एक-एक क़दम जमाकर सीढ़ियाँ चढ़ाता वह ऊपर लिए जा रहा है, वह अनूप है, या रूबी, और स्वयं उन दोनों के चढ़ने से पहले, सीढ़ियों पर चढ़ती दो बहुत लम्बी-लम्बी छायाओं में छोटी वाली छाया के लिए उसके मन में उठती भावना प्यार है, या प्रतिहिंसा...। वही कद...वही उम्र...वही चेहरा...वही ढंग... वही दुलार और वही प्राणांतक टीस...

पास-फ़ेल

"विल यू प्लीज़ गेट्टाउट!" उस व्यक्ति ने दरवाज़े की तरफ़ उँगली उठाकर कहा, "प्रोफ़ेसर साहब, आप बुज़ुर्ग आदमी हैं। ख़ुद एक ज़िम्मेदार जगह पर होकर कैसे ऐसी बात..."

उन्हें उसका चेहरा कुछ-कुछ पहचाना-सा लग रहा था, लेकिन ठीक से याद नहीं आ पाया। फिर भी अपने से आधी उम्र के उस लड़के को इस तरह का व्यवहार करते देखकर उनके कान तमतमा उठे, ज़बान लड़खड़ाई, कहा, "प्रोफ़ेसर, मेरी बिट्टी की शादी का सवाल न होता तो...शायद...शायद...उसे इस साल बी.ए. कर ही लेना..."

अजब सपना है, सोते हुए ही उन्होंने सोचा।

एकदम चौंककर प्रो. भार्गव की आँख खुल गई। उन्हें लगा, जैसे वे अपने ही खर्राटों की आवाज़ से चौंककर उठे हैं; लेकिन दूध का गिलास चुपचाप मेज़ पर रखकर बिट्टी लौट रही थी। बीना ने उन्हें पलक झपकते देखा तो उसके पीले चेहरे पर विनोद की मुस्कराहट का आभास उभर आया, "बाबू जी, क्या हाल है तुम्हारा भी! कुर्सी पर ही बैठे सो रहे हो, लेट जाओ न। इम्तहान की कॉपियाँ तो एक तरफ़ रख देते। लाओ, मैं रख दूँ।" वह सहमी-सहमी सी लौट पड़ी, जैसे अभी प्रोफ़ेसर डाँट देंगे।

"आज तो बहुत ही थक गया, बिट्टी। ढेर कॉपियाँ जाँची हैं। फिर भी पड़ी ही हैं। सुबह श्रीवास्तव आएगा, तभी ख़त्म होंगी। पता ही नहीं, कब सो गया..." वे सफ़ाई-सी देते बोले। फिर भटककर पूछा, "बज क्या गया?" टेबल-लैंप के पास दो टाँगों से खड़ी घड़ी देखी तो चौंक पड़े, एक-चालीस। उनका हाथ सबसे पहले अपने होंठों पर गया। बचपन में सोते समय उनके मुँह से लार निकलने लगती थी सो आज भी हाथ अनजाने ही उधर बैठ जाता है। बाद में हर बार हँसी आती है। चश्मा उतारकर उँगलियों से पलकें और त्रिकुटी

के नीचे नाक का हिस्सा मसलते हुए बोले, "तू अभी तक सोई नहीं! डेढ़ साल से बीमार है, सुबह ही इम्तहान में जाना है, दो-दो बजे तक जागेगी तो वहाँ जाकर क्या ख़ाक़ करेगी?" सारी बात उन्होंने ऐसे निर्जीव स्वर में कही, जैसे रटी हुई बात थी और इसे कह देना एक ज़रूरी फ़ज़र् था। जम्हाई लेते-लेते उन्हें अपनी बात का महत्त्व ध्यान आ गया। झट तनकर बोले, "दूध लेकर तू क्यों आई? तेरी अम्मा कहाँ गई? गज्जू से क्यों नहीं रखवा देतीं ये वो? कोई और नहीं बच गया था घर में? बोलो, लड़की के इम्तहान हैं और वही दूध लाए उठाकर आधी रात में? हैं?"

"तो क्या हो गया बाबू जी, सब सो रहे हैं इस वक़्त..."

तब तक प्रो. भार्गव के.एन. गर्ल्स कॉलेज की लम्बी-लम्बी कॉपियों को गोद से उठाकर सामने रखी छोटी-सी मेज़ पर रख चुके थे और कुर्सी पर मोड़कर रखे गए दोनों पैरों को हाथों की मदद से नीचे उतार रहे थे। उन्होंने ग़ौर से बीना को देखा। उसकी आँखों को घेरे काले-काले दायरों में चमकती आँखें उनके भीतर गहराई तक चुभती चली जाती हैं और उस चुभन से तड़पकर वे सिर झुका लेते हैं। ऊपर टेबल-लैंप का शेड था, इसलिए उसके चेहरे पर अँधेरा था। गहरी साँस को दबाकर उन्होंने कहा, "बिट्टी, अब जाकर सो जाओ।" उनकी समझ में ही नहीं आया कि क्या कहें या क्या करें कि मन की बेचैनी को रास्ता मिले। इच्छा हुई, बिट्टी की माँ को झंझोड़कर जगा दें। बिट्टी अपराधी की तरह चली गई। उसका यों चुप-चुप कहना मान लेना प्रोफ़ेसर साहब को तिलमिला देता है।

लेकिन सुबह ही प्रोफ़ेसर साहब रसोई के दरवाज़े पर मौजूद थे, "तुमसे हज़ार बार कहा बिट्टी की माँ, बिट्टी के इम्तहान हैं, उससे कोई काम मत करवाओ, लेकिन तुम हो कि सुनती ही नहीं हो। पढ़ाई में रात को दो-दो बजे तक जागे और दूध भी वही लेकर आए? एक तो बीमार लड़की, ऊपर से इम्तहान—लेकिन तुम्हें जैसे ख़याल ही नहीं है। तुम्हें क्या है, इस बार फिर रह जाए, तुम्हारी बला से। तुम्हें तो बी.ए. और प्राइमरी स्कूल सब बराबर हैं।"

"अच्छा, तुम मेरी जान तो खाओ मत सुबह-ही-सुबह। ऐसा ही तरस आता है तो ख़ुद क्यों नहीं आ जाते? जाओ, तुम्हारा पूजा का सामान गज्जू ने रख दिया। जाकर पूजा कर लो..."

प्रोफ़ेसरनी उनकी बातों को ऐसे हल्के ढंग से लेती है, जैसे वे एकदम बच्चे हों और बकवास करना उनकी आदत हो। पिछले दो-तीन साल से घर के

भीतर एक अजीब तनाव-सा वे महसूस करते रहते हैं, और उन्हें हमेशा ऐसा लगता है, जैसे वे ही उस तनाव का केन्द्र हैं। मानो उनके और बाकी परिवार के बीच में एक दूरी आ गई है जिसे वे हर क्षण समझते हैं, शब्द नहीं दे पाते। बिट्टी अपने कमरे में घूम-घूमकर कुछ रट रही थी। आनन्द दिमाग़ तेज़ करने के लिए ख़ुद ही पालथी मारकर बैठा बादाम पीस रहा था, और मुन्नी अपने स्कूल के सफ़ेद किरमिच के जूतों पर गीला सफ़ेदा लगा रही थी। उन्हें गीता का चौथा अध्याय पढ़ते-पढ़ते लगा, ये सब लोग धीरे-धीरे उनके लिए कितने अनजान और अपरिचित हो गए हैं। जैसे बिजली है, नल है, घर की व्यवस्था बनाए रखने के लिए एक वे भी हैं। कभी मुन्नी लपककर उनकी गोद में नहीं आई, कभी आनन्द लाड़ में उनके साथ सोने को नहीं मचला, कभी अरविन्द ने अपनी माँगें रखते हुए पैसे नहीं माँगे। और बिट्टी? बिट्टी तो जैसे कभी उनकी बेटी रही ही नहीं। अपने अकेलेपन और असहाय स्थिति में उनका दिल पिघलने लगा, लेकिन जैसे ही मुन्नी ने जाकर रेडियो खोला और 'मैं कब से खड़ी इस पार...अँखियाँ थक गईं पन्थ निहार...' की तीखी सुरीली आवाज़ में लता मंगेशकर सीलोन से गाने लगी तो मानो किसी ने भक्-से दियासलाई लगा दी। जल्दी-जल्दी पूजा ख़त्म की और वहीं से दहाड़ते हुए उठे, "इस रेडियो में मैं आग लगा दूँगा एक दिन। किसने खोला यह...बताओ, किसने खोला? सुबह-सुबह भजन नहीं, पूजा नहीं...सब, यह 'सी ए टी कैट' और 'आजा रे परदेसिया' होने लगा। ये घर है या होटल? किसी को ध्यान नहीं कि कोई पूजा कर रहा है, कोई पढ़ रहा है, किसी के इम्तहान हैं—बस, लिया और यह रेडियो खोल दिया। कहाँ गई यह मुन्नी की बच्ची?"

खट से रेडियो बन्द हो गया।

वे लपके हुए फिर रसोई के दरवाज़े पर आ खड़े हुए। रसोई में धुआँ भरा था। प्रोफ़ेसर की आँखों में पानी भर आया। रसोई में चूल्हे की आग और पास ही सफ़ेद छाया जैसी पत्नी के अलावा एकाध बर्तन ही चमकता दिखाई दे रहा था। इसी बात से उनका सिर और भन्ना उठता है। यह बिट्टी की माँ उनकी किसी बात को गम्भीरता से लेती ही नहीं—मानो वे तो पागल हैं सो बके चले जा रहे हैं, और आप हैं कि मज़े से बटलोई में कलछुल घुमा रही हैं। उनके मन में आया कि घड़ौंची पर रखे घड़े को उठाकर ज़ोर से ज़मीन पर दे मारें, ताकि इसे यह तो पता चले कि उन्हें बहुत ज़ोर से ग़ुस्सा आ रहा है। लेकिन मन में कहीं यह भी ध्यान था कि बीना अभी इम्तहान देने जाएगी, उसका मूड

ख़राब नहीं होना चाहिए। उन्होंने जाकर दबे गले से पूछा, "यह गज्जू कहाँ है?"

"बिट्टी के लिए रिक्शा लाने गया है।" भीतर से उपेक्षा-भरा-सा स्वर आया।

तब उन्हें ध्यान आया कि वे मुन्नी पर ग़ुस्सा होकर आए थे। कुछ पल खड़े-खड़े पास ही कनस्तर में लगी तुलसी के पत्ते को तोड़कर कुतरते रहे, फिर हाथ झटककर बोले, "इतना तो धुआँ कर रखा है कि आदमी एक मिनट खड़ा नहीं रह सकता।" बड़बड़ाते हुए मुन्नी के कान खींचते लौटे तो फिर कुछ याद आ गया। वापस बीना के कमरे के दरवाज़े पर आ गए। बीना नहाकर आई थी और सिर्फ़ ब्लाउज़ और पेटीकोट पहने बाल सामने की ओर करके जल्दी-जल्दी दूसरी चोटी कर रही थी—साथ ही शृंगार मेज़ पर किताब खुली रखी थी, और रह-रहकर उसमें से कुछ देखती भी जाती थी। बीना को नहाने जाते या नहाकर आया हुआ देखकर प्रोफ़ेसर साहब को हमेशा पिछली घटना याद हो आती है—और फिर पता नहीं उनके मुँह का स्वाद कैसा कसैला-कसैला हो जाता है! ग़ुस्सा उस दिन भी नहीं आया था, और बाद में भी नहीं आता, लेकिन दिल पर छाया कुहरा घना और गाढ़ा हो उठता है। सहसा वर्तमान में आकर वे बोले, "गज्जू रिक्शा लेने गया है न, अभी शायद श्रीवास्तव भी आता हो, कह दूँगा, पहुँचा आएगा।"

बीना ने नाक के स्वर में अनखाकर कहा, "आंप तों आंफत कंर देंतें बांबूं जी, मैं चंलीं जांऊँगीं न। क्यां हुंआं, रेवां भीं तों हैं।"

"ठीक है, ठीक है। मैंने तो एक बात कही। अब देर मत करो, टाइम हो गया। और देखो, घबराना नहीं। ख़ूब शान्तचित्त से लिखना। साथ में दो-चार सन्तरे ज़रूर ले जाना। ज़रा भी दिल घबराया, दो फांकें खा लीं। हम तो छः-छः सन्तरे खा डालते थे।" अपनी अन्तिम बात से उनके चेहरे पर मुस्कराहट आ गई। मैट्रिक के इम्तहान में छिलके को ग़ौर से देख रहे थे कि इन्विज़िलेटर ने आ दबोचा, सन्तरे के भीतर छोटे-से पर्चे में जवाब लिख लाए थे। उस दिन जवाब के पर्चे को सन्तरे की फाँक के साथ ही खाना पड़ा। बीजों से मुँह कड़वा हो गया था, लेकिन जान बची...

अचानक उनका ध्यान बीना की सूखी-सूखी बाँहों पर गया, झुर्रीदार गर्दन पर गया, आवश्यकता से बड़े सर पर गया और मुर्झाए चेहरे की ओर सीधे देखने की उनकी हिम्मत नहीं हुई। पूछा, "दवा आ गई?"

"आ जाएगी बाबू जी, अब तो ठीक हूँ।" अपने बीमार शरीर के मरियलपने से लजाकर बीना तिरछी मुड़कर बोली।

"ठीक है, पत्थर! मैं पूछता हूँ, दवा क्यों नहीं आई?" उनका ग़ुस्सा फिर भड़क उठा, "यों ही डॉक्टर को पैसा झोंकना है तो सबमें उठाकर आग क्यों नहीं लगा देते? डेढ़ साल हो गया, लगकर दवाई ही नहीं की जाती! ज़रा ठीक हुए तो अंह, कौन दवा पिए! पड़ गए तो बाबू जी लाएँगे ही!" वे फिर रसोई की तरफ़ पलटे, "यह आनन्द कहाँ है? इससे ज़रा-सी दवा नहीं लाई जाती? क्यों जी, तुमसे मैंने कितनी बार कहा कि बिट्टी की दवा में ढील मत करो। लेकिन नहीं, ज़रा जहाँ फ़ायदा दीखा, फिर चिन्ता किसे है?...सारी फ़िक्र बस मैं ही करूँ। लगकर दवा ही नहीं कराई जाती। अस्सी-अस्सी रुपए डॉक्टर को बिल देते दो साल होने आए..."

प्रोफ़ेसरनी भीगती दाल के भगोने के सामने हाथ लगाकर पानी उँडेलती हुई छिलके और दाल अलग-अलग कर रही थी। बीच में ही सिर उठाया, भौंहें तरेरकर तीखे स्वर में बोली, "तुम्हें कुछ काम नहीं है?"

"हम पागल हैं! हम बेवकूफ हैं सो बके जा रहे हैं!" अब स्थिति प्रोफ़ेसर साहब के हाथ से बाहर हो गई—वे सारे गले से चिल्लाने लगे।

थोड़ी देर में जब बीना सफ़ेद ब्लाउज़ और सफ़ेद साड़ी पहने, हाथ में एक कॉपी और दवात लिये निकली तो सहसा प्रोफ़ेसर भार्गव चुप हो गए। काली डोरी से बँधी घड़ी वाले दूसरे हाथ में एक छोटा-सा सफ़ेद रूमाल था। उससे वह बार-बार आँखें और मुँह पोंछ रही थी।

"अच्छा, अम्मा, मैं चलती हूँ।" उसने होंठों तक रूमाल वाला हाथ ले जाकर कहा। उसकी गर्दन के नीचे खुले ब्लाउज़ से झाँकती उसकी छाती अजीब चपटी-सी दीखती थी। वहाँ खड़ा काला पेन उभरी हुई हँसली की हड्डियों के बीच में लटका लगता था।

उन्हें लगा, बीना रोकर आ रही है। रूमाल वाले हाथ के बावजूद उसके काँपते होंठ दीख रहे थे। अपराधी की तरह नरम पड़कर कहा, "रिक्शा आ गया?"

"हाँ, साब।" गज्जू ने कमरे के भीतर से ही चिल्लाकर कहा।

"वहाँ हाँ-साब क्या लगा रखा है, " उसे आने का अवसर दिए बिना ही उन्होंने कहा, "जा, बिट्टी को पहुँचा के आ।"

"चली जाऊँगी बाबू जी," बुझे-से स्वर में बीना ने कहा, "साथ में रेवा भी तो है।"

उन्हें याद आया, पिछली बार इम्तहानों में त्रिलोक ही उसे पहुँचाकर आया करता था।

"हाँ-हाँ, बड़ी चली जाएगी।" उन्होंने हाथ झटक दिया। "और सुनो गज्जू; अच्छे-अच्छे चार-छ: सन्तरे लेते जाना। जाओ, देर मत करो। घंटा बजने ही वाला होगा। पहुँचने में भी तो पाँच-दस मिनट लेगा रिक्शा।" बीना पड़ोसिन सहेली रेवा को लेने आगे-आगे चली गई थी। दोनों पहले मन्दिर जाएँगी, फिर इम्तहान देने। उन्होंने उधर लपकते गज्जू को फिर पुकारा, "और देखो, सुनो, डॉक्टर साहब के यहाँ शीशी और पर्चा रखते जाना। मैं ख़ुद दवा ले आऊँगा। जाओ।"

लेकिन उसे रोककर फिर बताना पड़ा, "जब पर्चे शुरू हो जाएँ तो दस मिनट वहीं रहना। फिर दौड़कर खाना खा जाना। पता नहीं, बिट्टी को किस चीज़ की ज़रूरत पड़ जाए! तबीयत वैसे ही ख़राब है।" तब उन्हें ध्यान आया, वे भी तो खड़े थे, लेकिन बिट्टी ने माँ से ही जाने की बात कही। वे जैसे बिलकुल पराये हों।

उन लोगों के जाते ही बिट्टी की माँ रसोई से निकल आई और पसीने से झलझलाए मुँह को ज़ोर से पल्ले से पोंछती बोली, "हाँ, अब बोलो। मार जब से बकर-बकर लगा रखी है, यह तो नहीं कि जाकर अपनी कॉपियाँ जाँचें। मैं पूछती हूँ, तुम्हें अक्कल कब आएगी? जैसे-जैसे बुढ़ाते जा रहे हो, तुम्हारी बुद्धि पर पत्थर पड़ते जा रहे हैं। लड़की इम्तहान देने जा रही है और आप यहाँ दुनिया-भर की बकवास किए जा रहे हैं; पता है, भूखी गई है? अब क्या ख़ाक करके आएगी इम्तहानों में? बीमार है! बीमार है! बड़े हमदर्दी जताने आए! बिट्टी घुल-घुल के मरी जा रही है, राम जाने क्या हो गया है बेचारी को! अपने घर होती तो दो बच्चे खेलते होते। बीमार है! छब्बीस साल की होने आई, न शादी की चिन्ता, न ब्याह की..." प्रोफ़ेसरनी की आँखें और गला भर आए।

प्रोफ़ेसर को अब अपनी ग़लती महसूस हो रही थी। बहुत ही असहाय स्वर में बोले, "तुम तो बिट्टी की माँ, हर बार इस तरह कहती हो, जैसे मेरा ही कुसूर हो..."

"हाँ, तुम्हारा कुसूर है, तुम्हारा कुसूर है। कितनी बार कहूँ? तुम्हें ही आग लगी थी...ट्यूशन कर-करके जिन भाइयों को ज़िन्दगी-भर पढ़ाया, अब उनमें से आकर कोई नहीं मरता। तब तो—'भाभी, बिना घड़ी के पढ़ाई चल कैसे सकती है?' 'भाभी, कॉलेज को देर हो जाती है, भैया से कहकर साइकिल दिला दो'... अपने बेटा-बेटी को न खिलाकर उनके गड्ढे में भरा..."

अपने दो भाइयों को उन्होंने अपने पास रखकर पढ़ा क्या दिया, बिट्टी की माँ उन्हें ज़िन्दगी-भर ताने देती है इसी बात के। और यहीं वे चुप भी हो जाते

हैं। करें भी क्या? आज उनमें से कोई दो-दो साल तक ख़त तक नहीं डालता। बड़ा लड़का इंजीनियरिंग कॉलेज में पढ़ रहा है। उन्होंने चाहा था कि कम-से-कम दोनों भाई मिलकर ही उसका ख़र्च उठा लें तो मकान बनवाने का कज़ार्, बीना के ब्याह, आनन्द और मुन्नी दोनों को पढ़ाने का बोझ वे उठा लेंगे। एक पाई जोड़ने की फ़ुर्सत ही कहाँ मिली अभी तक उन्हें! भाई खाने-कमाने लायक हुए तो बच्चे बड़े हो गए। आज भी उन्हें दुनिया-भर के नोट्स लिखने पड़ते हैं, इम्तहान की कॉपियों का जुगाड़ करना पड़ता है। भाइयों के प्रति अपना फ़र्ज पूरा करने का सन्तोष उन्हें ज़रूर है; लेकिन अब उनका रुख देखकर पत्नी के सामने आँख नहीं उठा पाते। यह उनकी सबसे कमज़ोर नस है, और बिट्टी की माँ है कि कोई मौक़ा नहीं चूकती। हर वक़्त वही छेदने वाली बातें। अब तो जोश आता है, किसी दिन सीधे कैलाश की तरफ़ चल पड़ें...।

डॉक्टर की तरफ़ जाते हुए उन्हें लगा, धूप बहुत तेज़ होने लगी है। ताँबे के रंग की चम-चम करती छोटी-छोटी कोंपलें अब ज़्यादा हरी और बड़ी हो गई हैं। गर्मियाँ आ गईं। पहले सोचा, कुछ देर रुककर जाएँगे या गज्जू को भेज देंगे, लेकिन एक तो बिट्टी के इम्तहान में जाते वक़्त व्यर्थ का झमेला खड़ा करने की अपराध-भावना ने और फिर बीना की माँ के वाग्बाणों ने उनके कर्तव्य-ज्ञान को इतना कोंच दिया कि वे कॉपियाँ जाँचने को 'फिर' पर छोड़कर चल ही पड़े। कह आए, 'श्रीवास्तव आए तो बैठाना, और देखो, उसे कुछ चाय-पानी करा देना।' सचमुच, उस समय शोर मचाकर उन्होंने अच्छा नहीं किया। एक बिट्टी की माँ है, जब तक बीना चली नहीं गई, ज़बान नहीं खोली। वे उसके मन की गहराई और समझदारी के जाने कब से क़ायल हैं! पता नहीं, आजकल क्या होता जा रहा है उन्हें! लगता है, अब तो सचमुच ही बुड्ढे होते जा रहे हैं। साढ़े दस बजे थे और इम्तहानों की तरफ़ जाने वाली भीड़ से सड़क खाली हो गई थी। दो-एक लड़के साइकिलों पर सिंगल और डबल लपके चले जा रहे थे। उनमें से किसी ने नमस्कार किया तो काफ़ी दूर निकल जाने पर प्रोफ़ेसर साहब को ध्यान आया—पीछे मुड़कर देखा। यह भी बुढ़ापे की ही निशानी है क्या? हमेशा अपने में ही खोए-खोए रहना। उन्हें याद आया, बीना की माँ ने जब उन्हें बूढ़ा कहा तो ग़ुस्सा नहीं आया, वर्ना पहले इस बात से वे गदर कर देते।

दोनों हाथों में इंजेक्शन की सिरिंज पकड़े झाग निकालती सुई की नोक पर निगाहें गड़ाए ही डॉक्टर गुप्ता ने कहा, "आइए प्रोफ़ेसर साहब, बैठिए।

बिट्टी का तो आज इम्तहान होगा न? कौन-सा पर्चा है? आज तो पाँचवाँ होगा? तबीयत कैसी है?"

"चली तो गई है, अब पता नहीं कैसी रहती है तबीयत! मना किया, तो मानी ही नहीं।" चिन्तित स्वर में बोले, "गज्जू को भेज तो दिया है साथ। बीच में ही कहीं साँस का दौरा उठ आए तो बेचारी से सँभला भी नहीं जाएगा। बहुत रोकते हैं, लेकिन रात-रात भर पढ़ती है। कहती है, नींद ही नहीं आती।" उन्हें पिछली रात की बात याद हो आई।

"गज्जू क्या कर लेगा?" डॉक्टर गुप्ता आज पन्द्रह साल से उनके परिवार के डॉक्टर और मित्र दोनों हैं। पास ही स्टूल पर बैठे युवक की खुली पतली-सी बाँह पर स्पिरिट लगाते हुए उनके माथे पर बल पड़ गए, "कमाल करते हैं भार्गव साहब आप भी। लड़की बीमार है और गज्जू को भेज दिया है! अरे, तुम बाप हो, सो तो गए नहीं, गज्जू को भेज दिया! वो साला कहीं बैठ के बीड़ी पिएगा। तुम बूढ़े हो गए लेकिन..." शेष वाक्य पूरा करने की उन्होंने ज़रूरत नहीं समझी।

प्रोफ़ेसर को लगा कि, फिर ग़लती हो गई। थूक निगलकर बोले, "वो तो साथ भेज दिया है यों ही। दवा लेकर तो मैं ही जा रहा हूँ।" ध्यान आया कि इतनी छोटी-छोटी बातें अब उन्हें याद नहीं रहतीं। सफाई दी, "डॉक्टर साहब, आप लोग हमारी मुसीबतों का अन्दाज़ा तो लगाते नहीं कि कैसे हम जी रहे हैं। इसी वजह से मैं इन्विजिलेटर नहीं बना। मार कॉपियों के गट्ठर-के-गट्ठर चले आ रहे हैं। लड़के अलग नाक में दम किए हैं—कोई आशीर्वाद लेने चला जा रहा है, कोई कुछ पूछना चाहता है। सोचता था, एक चक्कर कॉलेज का लगा आता। ख़ैर, अब यहीं आ जाएगा जिसे काम होगा। आज या कल से पास कराने वालों के फेरे लगने शुरू होंगे..." फिर सपना याद आया। वे उस चेहरे को याद करने की कोशिश करने लगे। उन्हें लगा, उस प्रोफ़ेसर का चेहरा बहुत ही पहचाना हुआ था, अभी बस याद ही आ जाएगा।

इस बीच डॉक्टर ने इंजेक्शन लगा दिया था और पर्चे पर कुछ लिखने लगा था। बोला, "इस पचड़े को छोड़िए और लड़की की तरफ़ ध्यान दीजिए। अभी तक तो ख़ैर पढ़ाई और इम्तहान थे, बेचारी पर मेहनत पड़ती थी। अब इसे पूरा आराम दीजिए। और देखिए, जैसे ही तबीयत सँभले, आप सारे काम छोड़कर शादी कर डालिए। कितनी है?...चौबीस की तो होगी?"

"कहाँ डॉक्टर साहब, अभी इक्कीस की भी तो पूरी नहीं हुई है।" हालाँकि वे जानते थे, पिछली सितम्बर में बीना ने पच्चीसवाँ पूरा किया है। याद आया कि

जो उन्हें पन्द्रह साल से जानता है, डेढ़ साल से लड़की का इलाज कर रहा है, वह उसकी उम्र नहीं जानेगा? हो सकता है, बीना से ही पूछ लिया हो! फ़ौरन ही विषय को दूसरा मोड़ दिया, "कहाँ शादी कर दूँ डॉक्टर साहब? मेरी तो अक़्ल काम नहीं करती। डेढ़ साल से बेचारी को ऐसा रोग लगा है कि सिमटने में ही नहीं आता। पिछली बार रह गई न, सो लगता है, उसी का सदमा बैठ गया है। इस बार बी.ए. कर ले तो शादी कर दें।"

"कोई लड़का-वड़का है निगाह में?" डॉक्टर ने सिगरेट का कश खींचा और सिरिंज की डिबिया के ढक्कन में रखी स्पिरिट को उँगलियों में मसलते हुए कहा, "अपने उन भाइयों-वाइयों से कहो न, पढ़ाया-लिखाया, अब इतना-सा काम नहीं करेंगे? तुम उनसे कुछ माँग तो रहे नहीं हो?"

एक बार और भाइयों को पत्र लिखने का निश्चय करके प्रोफ़ेसर ने गहरी साँस ली, "कहाँ डॉक्टर साहब, कोई किसी का भाई-वाई नहीं है—सब झूठ बात है। सोचता हूँ, गर्मियों की छुट्टियों में ख़ुद ही निकलूँ तो तलाश करूँ। अब सबसे बड़ी लड़की है, इतने लाड़-प्यार से पाली है, देखते-भालते ऐसी-वैसी जगह भी तो दिया नहीं जाता। लड़के को भी लिखा कि इंजीनियरिंग कॉलेज में तेरे साथ ही कोई लड़का पढ़ता हो तो उसे बता—वह भी नहीं सुनता। वह तो कहता है, चाहे जिस जात का लड़का पकड़कर शादी कर दो; लेकिन हमसे तो, सच्ची बात है डॉक्टर साहब, मक्खी निगली नहीं जाती। हम पुराने ज़माने के ही सही, मगर यह सब हमसे नहीं होगा। छोटी की तो अभी पाँच-सात साल ऐसी चिन्ता नहीं है...डॉक्टर साहब, आप विश्वास कीजिए, तीन साल होने आए, मुझे सारी-सारी रात नींद नहीं आती फ़िक्र के मारे...और नतीजे में सिर भारी रहता है। ज़रा-से में दिमाग़ थक जाता है। कल सोचा, कुछ कॉपियाँ ही ख़त्म कर ली जाएँ सो बैठे-बैठे ही नींद आ गई। बिट्टी ने जगाया..." उन्हें सन्तोष हुआ, कल रात कॉपियाँ जाँचते समय सो जाने का कारण जैसे ख़ुद उनकी समझ में अब आया हो।

दवा लेकर घर की तरफ़ आते हुए उनके मन में फिर खींच-तान थी—परीक्षा केन्द्र की तरफ़ चल जाएँ या घर जाकर गज्जू के हाथ भेज दें। अब तो आनन्द भी पार्क से लौट आया होगा। सच पूछा जाए तो वे अब बीना की सूरत से बचने लगे थे। जाने कैसा-कैसा होने लगता था उनका जी उसे देखकर—बुझी हुई मटमैली-सी आँखें, झुर्रीदार गर्दन और मुरझाया-मुरझाया चेहरा, सूखा और निर्जीव-सा शरीर। लगता था, उसे बीमार कर डालने की सारी ज़िम्मेदारी उनकी

है—वरना कभी बीना को देखकर उनकी छाती गर्व से तन जाती थी कि बिट्टी गुण में ही लाखों में एक नहीं, रूप में भी आगे है। अब तो जब भी कोई उन्हें लड़की की शादी की बात सुझाता, उनका सिर भन्ना उठता। दिन में यह बात इतनी बार सुननी पड़ी थी कि उनका मन होता, सामने वाले का मुँह नोच लें—साले, लड़की मेरी है, मैं नहीं करता शादी। तुम्हारे पेट में दर्द क्यों होता है? लोगों से बातें करते उन्हें डर लगता था, 'स्टाफ़-रूम' में बिलकुल चुप रहते। उन्हें लगता, प्रिंसिपल के नोटिस पर बातें करने वाला साथी अगली बात उनकी लड़की के बारे में ही कहेगा; कि हाज़िरी के लिए चिरौरियाँ करने वाला या किसी फारम को पेश करने वाला हर विद्यार्थी जानता है कि प्रोफ़ेसर भार्गव की एक लड़की है, वह पच्चीस साल की हो गई है, लेकिन उसकी अभी तक शादी नहीं हुई है, पहले यह लड़की इसी कॉलेज में पढ़ती थी, लेकिन कोई घटना हो गई सो उठा ली है। रास्ते में लोग मिल जाते और बातें करते हुए उनकी लड़की का ज़िक्र न करते तो उन्हें ख़ुद ही झुँझलाहट होने लगती—कम्बख़्त असली बात क्यों नहीं कहता, क्यों इधर-उधर की बातों में वक़्त बरबाद कर रहा है? मगर साथ ही डरते रहते, कहीं अगला वाक्य उसी बात को लेकर न हो। आज सुबह घूमते समय विद्यार्थियों के आचरण अनुशासनहीनता पर बातें करते-करते प्रोफ़ेसर कपूर ने ही सवाल रख दिया, "क्यों भार्गव साहब, कोई लड़का-वड़का नहीं मिला...?" और सहसा उन्हें लगा कि वे काफ़ी दूर चले आए हैं, उन्हें बहुत थकान महसूस होने लगी है...इस बहस के बीच उनकी लड़की के लिए लड़के की बात कहाँ से आ गई? लेकिन इसी बात में कहीं बहुत गहरे लड़की के लिए लड़के का संकेत भी है, यह उन्होंने फ़ौरन पकड़ लिया। और उनका मन हुआ कि कपूर का टेंटुआ पकड़कर झकझोरते हुए चीख़-चीख़कर कहें—'हाँ-हाँ, मेरी लड़की छब्बीस साल की हो गई है, उसकी शादी नहीं हुई है, मैं पागल हो गया हूँ, लेकिन उसका विद्यार्थियों में अनुशासनहीनता की बहस से क्या ताल्लुक?'

और वह संकेत का डंक जिस घटना की ओर होता है, उसे आज पाँच-छः साल होने आए थे, लेकिन प्रोफ़ेसर भूल नहीं पाते थे। शायद तभी उन्हें लगता था कि कोई भी उसे नहीं भूला है, और सभी लड़की की शादी की बात करने के बहाने उसी बात का मज़ा लेते हैं। उन्हें आज भी अपनी वह ग़ुस्से से काँपती मूर्ति दिखाई देती है—कैसे उन्होंने बीना के खुले बालों को पकड़कर उसे कोठरी में ला पटका था (बालों में लगा गुलाब आज भी अंगारे की तरह धधकता दिखाई देता है)। पत्नी के रोकते रहने पर भी झपटते हुए बेंत लाए थे

और फिर दरवाज़ा बन्द करके बीना को रुई की तरह धुना था। पत्नी पहले तो चिल्लाती और किवाड़ पीटती रही थी और फिर हारकर बोली थी, "तुम्हें भी क़सम है माँ-बाप की, असल के हो तो आज बेटी को काटकर रख देना..." और बाहर से भूखी शेरनी की तरह खौलती रही थी। लड़का अरविन्द चिल्ला-चिल्लाकर कह रहा था, "मैंने भी इस घर में भंगिन को बहू बनाकर न रखा तो मेरा नाम नहीं। देखता हूँ, बाबू जी किस-किसके प्राण लेते हैं..." लेकिन उस समय वे भूल गए थे कि वे इतिहास-विभाग के अध्यक्ष एक प्रतिष्ठित प्रोफ़ेसर हैं। बीना और उसके हिमायतियों को उन्होंने जाने कितनी-कितनी गन्दी गालियाँ सुनाई थीं। इस बात से उन्हें और ग़ुस्सा आता जा रहा था कि बीना रोई-चिल्लाई बिलकुल नहीं थी और घुटनों में सिर दिये चुपचाप पिटती रही थी। हारकर उन्होंने बेंत एक तरफ़ फेंक दी और बालों को झटककर सिर उठाया, पूरी ताकत से गालों पर दो बार झापड़ मारे और 'मर जाने दो भूखी। ख़बरदार जो किसी ने भी खाना-वाना दिया तो खोदकर गाड़ दूँगा' का हुकुम देकर हाँफते हुए बाहर निकल आए थे। पत्नी की ओर देखने की हिम्मत नहीं पड़ी थी और सीधे अपने कमरे में जाकर इस तरह पड़ गए थे, जैसे किसी ने छत से धक्का देकर गिरा दिया हो! इस कम्बख़्त लड़की ने उन्हें कहीं का नहीं रखा। कल वे कॉलेज में मुँह कैसे दिखाएँगे? अब सारा शहर जान जाएगा। बाहर छोटी मुन्नी अम्मा की साड़ी पकड़े रो रही थी और आनन्द दम साधे पढ़ने का बहाना कर रहा था। पत्नी कुछ नहीं बोली थी। इस ज़रा-सी लड़की की हिम्मत कैसे हो गई इतनी? सीख कहाँ से गई ये सारी ख़ुराफातें...दिन-भर गन्दे-गन्दे गाने गाएगी, सिनेमा की बातें करेगी तो और सीखेगी क्या?

जाड़े की साँझ थी। ठंड और ज़ुकाम के मारे सिर में दर्द था, सो रोशनी बुझाकर कमरे में लेटे थे, तभी बाहर बगीचे में किसी के धीरे-धीरे बोलने की आवाज़ जैसी लगी। उन्हें लगा कि दाल में काला है। चुपचाप बाहर आए। अमरूद के पेड़ के नीचे कोई चौड़ी-सी छाया खड़ी थी। "कौन है?" उन्होंने ज़ोर से पूछा। एकदम लगा, जैसे छाया थर्रा गई। उन्होंने और ज़ोर से पूछा, "बोलता क्यों नहीं? कौन है?" और तब तक वह चौड़ी छाया दो हिस्सों में बँट गई। कोई घर की तरफ़ दौड़ा। शोर मचाने के लिए खुला उनका मुँह आधा खुला ही रह गया—बीना। दूसरी छाया अब भी खड़ी थी। वे कुछ कहते, इससे पहली बनाई हुई भारी आवाज़ में वह व्यक्ति बोला, "प्रोफ़ेसर साहब, गोली मार दूँगा। मेरे पास बन्दूक़ है, अगर आप हिले तो ठीक नहीं होगा।" जब तक

वह व्यक्ति धीरे क़दमों से बाहर निकला, प्रोफ़ेसर भार्गव स्तब्ध खड़े रहे!—भय और आश्चर्य से जड़, स्तब्ध! और जब उन्हें होश आया तो उन्होंने पाया कि ग़ुस्से से उनकी नस-नस तन रही है...

इतना पिटकर भी बीना ने लड़के का नाम नहीं बताया। दो दिन तक प्रोफ़ेसर साहब की तबीयत ख़राब रही...। उन्हें लगता था कि शहर का हर जीवित प्राणी इस घटना को जान गया है और उन्हें अजीब-अजीब निगाहों से देखता है। वे निगाहें उनके सारे शरीर पर उसी तरह की नीलें उछाल देती हैं जैसे बीना के शरीर पर उछल आई थीं। पड़ोसी आए, प्रोफ़ेसर आए, लड़के और यार-दोस्त आए, लेकिन उन्होंने किसी से कोई बात नहीं की—दिल कमज़ोर है और उन्हें इस तरह के दौरे अक्सर पड़ जाया करते हैं। कॉलेज में उन्हें ऐसा लगा, जैसे वे जेल से छूटे कैदी हैं और हर आँख उन्हीं पर चिपकी है, मानो कहती हो—ये प्रोफ़ेसर भार्गव हैं, इन्हें तो हम बड़ा सीधा आदमी समझते थे। इन्हीं की लड़की थी...फिर अपने को समझाते कि उनके सिवा इस बात को और जानता ही कौन है? जैसे-तैसे क्लास में पहुँचे। हाज़िरी लगाने के लिए गले से आवाज़ नहीं निकल रही थी। पुकारा, "वीरेन्द्रसिंह..."

"प्रेज़ेंट!"

और वे सहसा चौंककर ठिठक गए। सही है, यही लड़का 'सर' कभी नहीं कहता, लेकिन...लेकिन यह आवाज़ तो...जैसे सुना ही न हो इस तरह उन्होंने, फिर पुकारा, "वीरेन्द्रसिंह..."

"प्रेजेंट!"—वही ढंग, वही आवाज़। अभी-अभी मोटरसाइकिल खड़ी करके आया है, इसलिए 'पाइलट गॉगल्स' नहीं उतारे, उधर देखने में चौंधा लगता है। उन्होंने याद करने की कोशिश की कि रात मोटरसाइकिल की आवाज़ सुनाई दी थी या नहीं। दूसरे नाम की ओर बढ़ते हुए उन्हें लगा, जैसे उसकी पतली मूँछों के नीचे हल्की मुस्कराहट है...। पूरे पीरियड वे मन-ही-मन सोचते रहे कि इससे क्लास के बाद स्टाफ़-रूम में आने को कहा जाए या नहीं। प्रबन्ध-समिति के बहुत प्रभावशाली मेंबर कुँवर दिग्विजयसिंह का लड़का है। उन्हीं की बदौलत तो वे कॉलेज में प्रिंसिपल तक को कुछ नहीं समझते। पार्टी के आदमी हैं, बेकार नाराज़ हो गए तो रहना मुश्किल हो जाएगा। फिर व्यर्थ ही बात का प्रचार होगा।

रजिस्टर लेकर सिर झुकाए बाहर निकले तो वीरेन्द्र बगल में चल रहा था। बोला, " 'प्रौसरसा', कुछ तबीयत ख़राब है क्या?" उस उद्धत और उद्दंड वीरेन्द्र के स्वर में एक अजीब नरमी थी।

"ऊंऽऽ?" वे चौंके, "हाँ...यों ही, तुम जानो, मौसम बदल रहा है न! एकदम सर्दी पड़ने लगी।"

"आज बीना भी नहीं दिखी।" उसने जैसे हिचककर कहा।

धँसा काँटा फिर कसक उठा। सिर मोड़कर देखा, "हाँ, यों ही। उसकी भी तबीयत कुछ ख़राब है न। मौसी आई है, कहती है, कुछ दिनों को हमारे ही यहाँ भेज दो।"

सहसा प्रोफ़ेसर भार्गव के दिमाग़ में एक बात आई। उन्होंने ग़ौर से वीरेन्द्र को ऊपर से नीचे तक देखा...मान लो बिट्टी की जोड़ी...लेकिन आने से पहले ही विचार उन्होंने त्याग दिया। घर-बाहर वाले जान खाएँगे, बनने को मिश्रा और भार्गव बनते हैं, कहाँ मुँह गड़ाया है जाकर...।

उन दिनों उनका स्वभाव कुछ अजीब चिड़चिड़ा और कटखना हो गया था—लगता था, जैसे सारी दुनिया में वे ही अकेले रह गए हैं। उन्होंने चाहे किसी से कुछ भी न कहा हो, लेकिन बात सारे शहर में फैल गई। एकाध बार किसी चित्रकार-विद्यार्थी ने ब्लैकबोर्ड पर एक मोटरसाइकिल की तसवीर बना दी, जिसकी पिछली सीट पर एक लड़की बैठी थी। ऊपर लिखा था—'बाबूजी... टा...टा...' उस दिन न तो वे पढ़ा पाए और न देर तक घर जाने को ही मन किया। दशहरे की छुट्टियाँ हो गई थीं, वरना प्रोफ़ेसर साहब के मन में उन दिनों सचमुच आत्महत्या कर डालने का विचार ज़ोर मारने लगा था। बीना का संगीत, कढ़ाई-सिलाई-बुनाई सब छुड़ा दी गई, वह इम्तहान में भी नहीं बैठी। और लगातार छः महीने मौसी के यहाँ ही रही। मन में वे निहायत ही परेशान थे कि जल्दी-से-जल्दी उसके लिए लड़का तलाश करना है, लेकिन कुछ दिनों को इसलिए टाल दिया कि बात ज़रा ठंडी हो ले। बहरहाल लड़का तो तलाश करना ही है।

एक दिन कुर्सी पर खोल पहनाते हुए प्रोफ़ेसरनी ने बताया, "आज उमा आई थी!" वे प्रतिक्रिया जानने को रुकीं। उमा ने अपनी इच्छा से पिछली साल पड़ोसी लड़के कुलश्रेष्ठ से शादी कर ली थी—ख़ुद वोरा खत्री थी। बड़ी चर्चा रही थी इस शादी की सारे शहर में। बहुत विरोधी था दोनों घरों का; लेकिन शादी कर आने के बाद ही दोनों ने सूचना दी थी और उसके बाद से उमा कॉलेज में हीरोइन बनी घूमती थी। प्रोफ़ेसर भार्गव को उमा से बीना का मिलना-जुलना कभी पसन्द नहीं रहा। आगे प्रोफ़ेसरनी ने बताया, "बड़ा अफ़सोस जता रही थी कि बीना क्लास में सबसे तेज़ लड़की थी और इम्तहानों में नहीं बैठ पाई। बीना

का कोई ख़त भी आया है उसके पास। लिखा है..." वे फिर हिचकीं, सोचती रहीं कि अगली बात कह दें या नहीं, "कहती थी कि बाबू जी व्यर्थ परेशान न हों...बीना शादी करेगी तो वीरेन्द्रसिंह से...नहीं तो ज़िन्दगी-भर..."

"तुम्हारा दिमाग़ तो नहीं ख़राब हो गया है बिट्टी की माँ...?" वे बात काटकर एकदम बोले। मन हुआ कि बीना यहाँ होती तो झोंटा पकड़कर दीवार से दे मारते। "बड़ी आई! ज़िन्दगी-भर कुँआरी रहेगी ये...आजकल की ये लड़कियाँ...बिट्टी ये सारी बातें सीख कहाँ से गई आख़िर? बालिश्त-भर की छोकरी है और दुनिया-भर की आफ़त मचा रखी है।" उमा की बातें सुनाती पत्नी को कसकर झापड़ मारने की इच्छा को बड़ी मुश्किल से रोक पाए, "उमा से कह देना, ख़बरदार, आगे से जो इस घर में क़दम रखा तो मुझसे बुरा कोई न होगा। उनकी क्या है, वो भंगी से शादी कर लें—नीच जात, न संस्कार, न अच्छे-बुरे का विचार। अब ये ज़रा-ज़रा से बेटा-बेटी ही सब कुछ हो गए? उसको तुमने यहाँ आने क्यों दिया? मुन्नी भी देखकर बिगड़ेगी या नहीं? एक वो हैं साहबज़ादे...सो सीधे मुँह बातें ही नहीं करते। उनका अलग मुँह फूला है।"

और बात सच थी। उस दिन के बाद अरविन्द ने पिता से मुश्किल से एक दर्जन वाक्य बोले होंगे। आज इंजीनियरिंग कॉलेज में है, लेकिन कभी उन्हें पत्र नहीं लिखता। जो भी पूछना, माँगना हुआ, माँ को लिख दिया। प्रोफ़ेसर साहब ने बीना के लिए लड़का तलाश करने के लिए लिखा तो माँ को लिख दिया—'मैं यहाँ पढ़ने आया हूँ, लड़के तलाश करने नहीं। बाबू जी ख़ुद ही तलाश कर लें।'

बीना आई तो जैसे बिलकुल बदल गई थी। वह बात-बेबात हँसने वाली बीना, हमेशा दबी-सकुचाई-सी निगाहों से बचती रही। लोग इस कमरे में होते तो वह उसमें चली जाती, और उसमें होते तो चुपके से इधर खिसक आती। अब तो सुबह पूजा भी करने लगी थी। उसकी बुझी-बुझी निस्तेज आँखें ऐसी लगतीं, जैसे किसी ने दो शीशे के टुकड़े जड़ दिये हों, जिनके पीछे न किसी रोशनी की किलकारियाँ गूँजती हैं और न परछाइयाँ मँडराती हैं। उसे देखकर अकारण ही उसकी धुनाई करने के लिए प्रोफ़ेसर भार्गव के हाथ खुजलाया करते और उसकी अनुपस्थिति में उन्हें न जाने क्यों उस पर बड़ी दया आया करती। और इस सबके ऊपर सौदे होते रहे...किसी लड़के की क़ीमत दस हज़ार थी तो किसी की एक कार वाला बँगला, कोई विदेश पढ़ने का ख़र्चा माँगता था तो किसी को प्राइमरी से लेकर एम.ए. तक की अपनी पढ़ाई का बिल चाहिए था। 'आप जो भी करेंगे, सो अपनी लड़की के लिए ही तो करेंगे...उसमें हमारा

क्या है?' उसकी इच्छा होती, क्यों न वे अरविन्द के लिए ऐसी तगड़ी रकम वसूल कर लें कि दोनों लड़कियों की शादियाँ बिना सिरदर्द के आराम से हो जाएँ। आख़िर उनसे भी तो लोग माँगते ही हैं। मगर अरविन्द तो उनके अस्तित्व तक से इनकार करता है। ऊपर से बीना का यह पराये घर में गले पड़ी अनाथ लड़की जैसा रहने का ढंग उन्हें और भी उद्विग्न-क्षुब्ध रखता था। पत्नी ने फिर डरते-डरते बताया, "बिट्टी का मन है, कम-से-कम बी.ए. करके कहीं टीचरी कर ले। उसके साथ पढ़ने वाली बहुत-सी लड़कियाँ पढ़ाने लगी हैं..."

"हाँ...हाँ, कर ले," उन्होंने अप्रत्याशित नरमी से कहा, "आजकल तो लड़कियाँ सब काम करती ही हैं। मन भी बहला रहेगा। लेकिन बी. ए. तो करना ही होगा। प्राइवेट के लिए तैयारी हो तो हमें क्या है? कॉलेज में तो अब मैं नहीं जाने दूँगा।" अपनी ही बात से उनका गला भर आया। बिट्टी इतनी परायी हो गई? अब सीधे बात भी नहीं कर सकती! पता नहीं, बीना अपने को अपराधी अनुभव करती थी या नहीं; लेकिन दिन-दिन अपने को नगण्य और गौण बनाती जाती। लगता था, जैसे उसे दौरे आते हों, कभी मना करने पर भी घर का सारा काम ख़ुद करती। एक-एक कमरे को धोती, झाड़-पोंछ करती, बर्तन माँजती और कपड़े धो डालती, और कभी-कभी दिन-दिन बीमार की तरह पड़ी रहती। न किसी से बोलती, न चालती। सीने की धुन आई तो रात-दिन मशीन पर गर्दन झुकाए बैठी है, नहीं तो हफ़्तों किताब हाथ से नहीं छोड़ रही है। वह मानो अपने रहने-खाने का बदला देती रहना चाहती थी। प्रोफ़ेसर को विश्वास था कि शीघ्र ही वह 'नॉर्मल' हो जाएगी।

एक दिन 'स्टाफ़-रूम' में पास खड़े लड़के की दरख़ास्त पर कुछ लिखते हुए प्रोफ़ेसर वर्मा ने कहा, "भार्गव साहब, देखिए, यह बेचारा एक ब्राह्मण लड़का है बहुत ग़रीब है। जब तक कोई और इन्तज़ाम नहीं हो जाता, पढ़ाई का ख़र्चा मैं ही दे रहा हूँ। कोई काम-धाम हो तो बताइए इसे, कुछ मदद हो जाएगी। एम. ए. में आया है..."

उन्होंने देखा, हाथ के धुले खद्दर के कपड़े पहने दीन-असहाय-सा लड़का खड़ा है, गेहुएँ चेहरे पर हल्के-हल्के चेचक के निशान हैं। वर्मा बता रहे थे, "घर पर कोई नहीं है। माँ है सो सी-पीसकर अपना गुज़ारा करती है।" उनके मुँह से निकला, "मैं क्या बताऊँ? मेरी तो ऐसी जान-पहचान भी नहीं है," फिर कुछ सोचकर बी. ए. के विषय पूछ बैठे। बोले, "हमारी बिट्टी इस बार बैठ रही है, अगर ठीक समझो तो एकाध घंटा उसे तैयारी करा दिया करो।" पहले

एक बार मन में कहीं शंका ज़रूर आई, लेकिन लड़के का दीन-हीन चेहरा देखा और अपने को समझा लिया, वहाँ बिट्टी की माँ तो रहेगी ही।

"सुनो, आज शुक्ला जी के घर से आई थीं, अभी बनारस से आई हैं। वहाँ कोई बड़ा अच्छा लड़का बता रही थीं। कहती थीं, कॉलेज में पढ़ाता है। तुम चले जाओ न," जैसे वाक्यों के बीच बिट्टी ने इम्तहान दे डाला और अच्छे नम्बरों से पास भी हो गई।

प्रोफ़ेसर भार्गव को पीरियड लेना था और बीना अभी तक गुसलख़ाना घेरे थी। पता नहीं क्यों, उस घटना के बाद से वे बीना से बड़ी नम्रता से पेश आते थे। दो-चार चक्कर लगाकर तीसरी बार आए, "बिट्टी, कितनी देर है मुन्नी?"

"बस, अभी निकली बाबू जी! नहा तो ली, ज़रा-से कपड़े धो लूँ।"

"पीछे धो लेना बेटा, मुझे देर हो रही है।"

"अच्छा, बाबू जी..."

कोरी साड़ी उल्टी-सीधी लपेटकर बीना जल्दी से बाहर आ गई तो प्रोफ़ेसर भार्गव ने भीतर घुसकर दरवाज़ा बन्द कर लिया। गुसलख़ाने में एक तरफ़ बीना के कपड़े पड़े थे, उन्हें यों ही एक तरफ़ सरकाने लगे तो लगा, भीतर कोई काग़ज़ है। साबुन का रैपर होगा, पहले सोचा। फिर पता नहीं क्या सोचकर कपड़े उठाकर काग़ज़ देखने लगे। बीना के ब्लाउज़ में एक मुड़ी हुई चिट्ठी रखी थी; हाँ, चिट्ठी ही तो थी। नीले-नीले काग़ज़ के आठ-दस तह किए गए दोनों तरफ़ भरे हुए दो पन्ने। वे कॉलेज भूल गए, उनके हाथ काँपने लगे। 'मेरी जवान बीना...' से पत्र शुरू होता था और नीचे 'कैसे कहूँ तुम्हारा, त्रिलोक' पर समाप्त!—प्रेम-पत्र? तो अब इस कम्बख़्त को भी पर निकल आए! कल तक खाने को नहीं था, आज प्रेम-पत्र लिखने लगे! चाहे लिखने को कॉपियाँ न हों, लेकिन पत्र का काग़ज़ देखो...!

इस बार पत्र उन्होंने वहीं रख दिया, चुपचाप गम्भीर भाव से बाहर आए और तैयार होकर चले गए। गुसलख़ाने से निकलते ही बीना को झपटते हुए भीतर घुसते उन्होंने देखा तो मन-ही-मन हँसे—लड़की सबको बेवकूफ़ समझती है। कॉलेज में त्रिलोक को बुलाया, "बिट्टी की पढ़ाई कैसे चल रही है?" उन्होंने मन में दोनों को पास-पास खड़ा करके तोला। कहावत याद आई, कागा चला हंस की चाल।

"जी, उम्मीद तो है। मेहनत तो बहुत कर रही हैं।"

"तुम्हें तो कोई तकलीफ़ नहीं है?"

"जी, अब तो आपकी कृपा..."

"आगे क्या करने का इरादा है?"

"गाँव जाकर खेती की देखभाल करूँगा। पिताजी जिस प्राइमरी स्कूल में मास्टर थे, वह अब मिडिल हो गया है, वहीं नौकरी मिल जाएगी। काफ़ी है..."

"घर पर कौन-कौन हैं?"

"जी, माँ और...और...उसकी बहू..."

प्रोफ़ेसर साहब को जैसे किसी ने छाती में मुक्का मारा हो। एकदम कुछ बोलते नहीं बना। घूँट भरकर बोले, "त्रिलोक, बिट्टी का नाम तुम्हारा ख़त ग़लती से मैंने पढ़ लिया है। तुम ग़रीब आदमी हो, दो-दो बीवियों को खिलाने को लाओगे कहाँ से?" फिर अप्रत्याशित प्यार से कहा, "जाओ, बचपना मत करो।"

उन्हें अपने ऊपर ख़ुद आश्चर्य हो रहा था कि इस बार उन्हें ग़ुस्सा क्यों नहीं आया। लड़के उनके यहाँ आते थे और टटोलती-सी निगाहों से जब भीतर की ओर देखते तो ग़ुस्से से उनके तन-बदन में आग लग जाती थी, लेकिन इस इतनी बड़ी घटना से कुछ भी नहीं हुआ। एक बात से उन्हें मन-ही-मन सन्तोष ज़रूर था कि पिछली बार वीरेन्द्र से वे कुछ भी नहीं कह पाए थे, क्योंकि ख़ुद वह कॉलेज के मशहूर लड़कों में से था; दिग्विजय सिंह का लड़का तो था ही। इस बार चाहो तो त्रिलोक को मसलकर रख दें, लेकिन उन्होंने मानसिक सन्तुलन नहीं खोया। उसे देखते रहे और गहरी साँस लेकर चुप ही रहे।

घर आकर उन्होंने निहायत ही निरुद्विग्न भाव से दो सूचनाएँ दीं। एक थी बीना को, "बिट्टी, आज त्रिलोक मिला था कॉलेज में। उसे कहीं और जगह अच्छा काम मिल गया है, मैंने कह दिया, उसे ही कर लो। अपने स्वार्थ से क्या है? ग़रीब लड़का है, जहाँ ज़्यादा पैसे मिलें, वहीं काम करना चाहिए। उसे घर पर भी तो भेजना होता है, माँ है, बहू है..." अपनी समझ में उन्होंने बीना को सूचना दे दी कि वह विवाहित है। आगे बोले, "मेरे विभाग में वह लड़का है न श्रीवास्तव, उससे कह दूँगा। तुम्हारी तैयारी करा दिया करेगा..."

"अच्छा, बाबू जी!" बीना ने सिर हिला दिया और चुप हो गई। उन्हें भीतर से रोना आने लगा, इस लड़की में 'क्यों' और 'क्या' तक पूछने की हिम्मत नहीं है।

दूसरी सूचना थी बीना की माँ को, "लखनऊ में लड़का तलाश कर लिया है, इम्तहान के बाद शादी कर देंगे...लड़के की दूसरी शादी है, पहली से एक बच्ची है। लेकिन तुम्हीं बताओ बिट्टी की माँ, क्या करें? ढंग का लड़का अपनी

बिरादरी में मिलता नहीं है, वही पोथी-पत्र बाँचने वाले लड़के हैं, आख़िर कब तक बिट्टी कुँआरी बैठी रहेगी? अभी फिर मुन्नी की भी फ़िकर करनी होगी। लड़का बुरा नहीं है, देखोगी तो ख़ुश हो जाओगी। अच्छा खाता-पीता घर है, एकाउंटेंट है, भरा-पूरा परिवार।"

बीना ने सुना तो रो-रोकर ढेर कर दिया। क्यों नहीं बाबू जी उसके लिए ज़हर ला देते? उसे नहीं करनी शादी-वादी। वह किसी श्रीवास्तव-व्रीवास्तव से नहीं पढ़ेगी। ख़ुद ही तैयारी कर लेगी। एक साल का ख़र्चा बाबू जी और उठा लें, फिर कहीं टीचर होकर वह उन्हें बिलकुल निश्चिन्त कर देगी। फिर धीरे-धीरे उसे बुखार रहने लगा। इम्तहान में बैठी तो सही, लेकिन नतीजे में नाम ही नहीं आया। बीना बहुत बीमार रहने लगी। प्रो. भार्गव को हमेशा लगता रहता था कि बीना की बीमारी का सारा उत्तरदायित्व उन्हीं पर है, लेकिन उनकी समझ में नहीं आता था कि आख़िर अपराध कहाँ है उनका? जब-जब वे इन सारी घटनाओं का सिंहावलोकन करते, उन्हें अपनी ग़लती ही नहीं मिलती—उन्होंने जो कुछ भी किया, बेटी की भलाई के लिए ही तो किया...मगर जैसे उनको समझने को कोई तैयार ही नहीं है...घरवालों ने तो जैसे उनका मूक बहिष्कार कर रखा है...इतने दिनों जिनके लिए रात को रात और दिन को दिन नहीं समझा, वे ही लोग अब...

अपनी बौना-सी परछाईं को हर क़दम से पकड़ते हुए प्रो. भार्गव सचमुच इस तरह चले जा रहे हैं, जैसे कोई सत्तर साल का बूढ़ा चला जा रहा हो.... इन दिनों उन्हें अपने घर-परिवार सबसे एक अजीब वैराग्य-सा होने लगा था। लगता था, जैसे किसी को भी उनकी ज़रूरत नहीं है, एक दिन वे यों ही अपनी इहलीला समाप्त कर देंगे और थोड़े से दिखावटी रोने-पीटने के बाद सारा ढर्रा फिर यों ही चलने लगेगा...सारी ज़िन्दगी वे पागल कुत्ते की तरह इधर-से-उधर टकराते रहे, आख़िर उन्होंने क्या पाया...? परिवार के हर प्राणी की आँखों में दीखता अपमान और उपेक्षा ही तो...इस परिवार के कारण न तो वे धन कमा पाए, न यश...।

घर की ओर वाले मोड़ पर उन्होंने गहरी साँस ली और मन की भीतरी सतहों से ऊपर वर्तमान की सतह पर आ गए। दवा वे ख़ुद दे आएँ या घर चले जाएँ। वहाँ गज्जू आ गया होगा, उसे दे देंगे। बीना से सामना होने के हर अवसर से वे बचते थे...उसे देखकर उन्हें जो हो जाता है, उसे वे बयान नहीं कर सकते। आख़िर अपने से हारकर वे घर की तरफ़ चले आए। यहीं से भेज देंगे। बैठक खुली देखी तो माथा ठनका—जाने कौन आ मरा! अभी ढाई सौ कॉपियाँ जाँचने

को पड़ी हैं। अपनी यूनिवर्सिटी तो है नहीं, आख़िर कब तक रोकेंगे? अब तक तो हर हालत में पहुँच जानी चाहिए थीं—तकाज़े पर तकाज़े चले आ रहे थे। फिर बाहर ताला लगी साइकिल पहचानी तो याद आया, अरे यह तो अपना श्रीवास्तव है! जाने याददाश्त को क्या लकवा मारता जा रहा है? श्रीवास्तव उनका प्रिय विद्यार्थी था और उसे इसी साल उन्होंने अपने विभाग में मुस्तक़िल कराया था। अव्वल आया था यूनिवर्सिटी में—यदि राजनीति नहीं आ गई होती तो 'सर जदुनाथ सरकार गोल्ड-मैडल' इसे ही मिलना चाहिए था। श्रीवास्तव से उन्होंने ही ख़ुद कहा था, 'इन्विज़िलेशन तो शाम को है। सुबह आकर ज़रा नम्बर चढ़ाने (टेबुलेटिंग) वग़ैरा में मदद कर देना।' विद्यार्थी-जीवन में इसकी ही लिखी एक क़िताब प्रोफ़ेसर साहब के नाम

से चलती थी—क्या करें, प्रकाशक माना ही नहीं। कहने लगा, आपके नाम से दो-चार सौ कॉपियाँ बेच लेंगे। इसके लिए वे अभी तक मन में कचोट महसूस करते हैं।

श्रीवास्तव कोट को कुर्सी की पीठ पर लटकाकर मेज़ के सहारे बैठा कॉपियाँ जाँचने में व्यस्त था। प्रोफ़ेसर साहब को प्रसन्नता हुई—अब ये कॉपियाँ सिमट जाएँगी। यह एक लड़का है और एक अपने बच्चे हैं। उन्होंने रूमाल से चेहरे और गर्दन का पसीना पोंछते हुए कहा, "क्या गर्मी पड़ने लगी है अभी से, आगे तो पता नहीं क्या होगा? अरे श्रीवास्तव, तुम्हें आए देर हो गई क्या? मैं तो सुबह से ही तुम्हारी राह देख रहा था...कह गया था कि चाय-पानी पिलाकर बैठाना। ठीक है...ठीक है...बैठे रहो।"

सम्मान की औपचारिकता के लिए ही वह नहीं उठा था, उसने लपककर उनके पाँव छुए और उनके हाथ की दवा की शीशी लेता हुआ बोला, "मैं तो ख़ुद ही सोच रहा था कि अलस्सुबह ही आ जाऊँगा, लेकिन आज की डाक से उस स्कॉलरशिप की स्वीकृति मिल गई..."

"आ गई...?" वे गद्गद होकर पुलक उठे।

"जी हाँ, अब तो बस यूनिवर्सिटी के ज़रिए ख़बर देकर चलने की तैयारी ही करनी है। कैलिफोर्निया यूनिवर्सिटी में सीट मिली है। 'पासपोर्ट' वग़ैरा में दो-एक महीने तो लग ही जाएँगे। अम्मा अभी से शोर मचाए हैं कि दो साल को जाकर क्या करेगा, यहीं ठीक है..."

"भई, बहुत ही ख़ुशी हुई। तुम यों ही डर रहे थे। मैं तो तभी कहता था कि तुम जैसे लड़के को कोई नहीं रोक सकता। बूढ़ों की बातों पर ध्यान मत दो।"

वे विभोर हो उठे। श्रीवास्तव को उन्होंने बगल में खींच लिया।

"सब आपका आशीर्वाद है, सर!"

"अरे, तुम जीवन में बहुत ऊँचे जाओगे।" उन्होंने मानो नए सिरे से आशीर्वाद दिया। कामना की कि उनका आशीर्वाद सफल हो जाए। और तभी बीसों बार आई इच्छा नए सिरे से ऊपर ऊभर आई—काश, यह लड़का ब्राह्मण होता...तो...तो...वे फिर जल्दी से सोच डालते—तो बिट्टी की चिन्ता से मुक्त हो जाते। ठंडी और थकी हुई साँस लेकर बोले, "मैं भी ज़रा बिट्टी की दवा लेने चला गया था...।"

"आज तो उनका छठा पर्चा है न, बहुत कमज़ोर हैं बिचारी। सर, आप इस बार इन्हें किसी पहाड़ पर क्यों नहीं भेज देते...?"

"हाँ, सोच तो यही रहा हूँ...! असल में मैं बताऊँ, कमज़ोरी सुसरी क्या करेगी? न खाती है, न पीती है, रात-रात भर पढ़ना। इन इम्तहानों में तो इसने हद कर दी। सोना भूल गई। अच्छी या बुरी कहो, बिट्टी में यही आदत है, जिस काम के पीछे लग जाए, उसमें अपने-आपको एकदम भूल जाती है।" फिर उन्हें बीना की दवाई की बात याद आ गई। ज़ोर से पुकारा, "गज्जू, ओ गज्जू!"

"लाइए, मैं लाता हूँ बुलाकर! बताइए, काम क्या है?" श्रीवास्तव इस समय हर काम करने को तैयार था।

"अरे, कुछ नहीं, बिट्टी की दवा पहुँचानी थी। जाने कहाँ मर जाते हैं सब? अभी तक आनन्द भी नहीं लौटा। श्रीवास्तव, तुम्हीं दे आओ न दौड़कर।" उन्होंने कुर्ते की जेब से रुपया निकालकर कहा, "और सुनो, दो-एक सन्तरे भी देते आना। कहना, घबराए नहीं...लो।"

"जी, ठीक है, इसकी क्या ज़रूरत है..."

"लो न! मैं तो सोचता हूँ कि इम्तहान के बाद बिट्टी की तन्दुरुस्ती की तरफ़ ध्यान दूँ। ज़रा ये इम्तहान हो जाएँ, फिर पीछे वाली जगह साफ़ करवाके एक बैडमिंडन कोर्ट बनवा देंगे। अभी तो तुम जा नहीं रहे, दो-तीन महीने तो हो ही। ज़रा हाथ-पाँव हिलेंगे तो कुछ तबीयत सुधरेगी...हमारी बिट्टी वैसे तुम्हारी बड़ी प्रशंसा करती रहती है..." उन्होंने सोचा, अभी दो-तीन महीने तो श्रीवास्तव को रोका ही जा सकता है, फ़ॉर्म तो उन्हें ही भेजने हैं। ख़ुद अपने-आपसे डरते हुए-से उन्होंने बीना को श्रीवास्तव के पास खड़ा करके देखने की कल्पना की। आगे जब दोनों में घनिष्ठता बढ़ जाएगी तो थोड़ी मजबूरी दिखानी पड़ेगी। सिविल-मैरेज में तो ख़र्चा भी कम ही पड़ता है। लेकिन हमारी बिट्टी कम्बख़्त

है बहुत कमज़ोर...विरोध करना तो जानती ही नहीं...कहीं इसकी नौबत ही न आए...मगर ख़ैर...

और कॉपियों के सामने बैठते हुए उन्हें बड़ा सन्तोष हुआ, मानो सचमुच ही यह भारी समस्या हल हो गई। वे व्यर्थ ही परेशान थे। श्रीवास्तव साइकिल की डोलची में दवा की शीशी सँभालकर खड़ी रख रहा था। मानो यों ही उन्होंने हल्के से मुस्कराकर पूछा, "और तुम शादी कब कर रहे हो?"

श्रीवास्तव शरमा गया। सकुचाकर बोला, "अभी जल्दी क्या है सर? बाहर हो आऊँ।" उसने कुर्सी की पीठ से उतारकर कोट पहन लिया।

"बाहर जाने और शादी से क्या मतलब? अरे, ज्यादा-से-ज्यादा दो साल लगेंगे। शादी तो यहीं से करके जा सकते हो। वहीं से मेम लानी हो तो बात दूसरी है।" उन्होंने श्रीवास्तव के द्वारा जाँची गई कॉपियों की गड्डी बनाकर सामने रखी और ज़रा गहरे थाहने की कोशिश करते हुए कहा, "बाप ने कोई तलाश कर ली है या अभी इरादा ही नहीं बना है?"

इस बार वह हँसकर दूसरी तरफ़ देखते हुए बोला, "उनकी क्या है सर! अम्मा और वो तो दोनों हर वक़्त पीछे पड़े रहते हैं। कहते हैं, किसी ने लिखा है—स्कॉलरशिप मिले न मिले, लड़का तो आगे पढ़ने को जाएगा ही।" फिर कुछ देर चुप रहकर बोला, "अभी मन ही नहीं है सर! अभी से क्या है, बहुत ज़िन्दगी पड़ी है..."

काश, उनके दोनों लड़कों में से भी कोई ऐसा ही मेधावी होता, इसी तरह सोचता और इसी ढंग से कह सकता! उभरती उदासी दबाकर बोले, "हाँ, वही तो मैं भी कहता हूँ। मैं तो भाई, ख़ुद इस बात को मानता हूँ कि लड़कों को ख़ुद ही शादी-ब्याह करने चाहिए और जब तक कुछ तेज़ और समर्थ लड़के साहस नहीं करेंगे—यह सारी गन्दगी ख़त्म नहीं होगी। अब हम लोग बुड्ढे हुए, कहाँ-कहाँ मारे फिरें...? हमारी पसन्द तुम्हें रुचे-न-रुचे। मैंने तो अरविन्द से कहलवा दिया है, हम कुछ नहीं खोजेंगे। ख़ुद ही जो कुछ करना-कराना हो, कर-करा लेना। हमें ख़बर दे देना। जहाँ तुम्हारे यार-दोस्त आएँगे, हम भी उसी तरह शामिल हो जाएँगे...। लड़कों को सामने आना चाहिए..."

वे महसूस कर रहे थे कि साइकिल उठाकर सीढ़ियों के नीचे रखने को तैयार श्रीवास्तव को देर हो रही है, फिर भी एक बात कहने का लोभ नहीं रोक पाए, "और देखो, सच बात मेरे मन की पूछो तो इस बाहर-बाहर जाने की झंझट के मैं ख़िलाफ़ हूँ। क्या रखा है इसमें? आज ऐसा क्या है जो अपने देश

में नहीं है? आप दो साल बाहर ख़राब करके आओ, और वही तीन-चार सौ की नौकरी करो। इतना तो तब तक यहीं मिलने लगेगा। प्रबन्ध-समिति में सब अपने ही आदमी हैं, सो रुपए तो बिना किसी दिक़्क़त के बढ़वाए जा सकते हैं..."

श्रीवास्तव के चेहरे पर हँसी या जाने क्या भाव देखकर वे सहसा बीच में ही चुप हो गए। उन्हें ऐसी खिसियाहट लगी, जैसे किसी की जेब में हाथ डालें और वह हँसकर बाहर निकाल दे और निश्चिन्तता से एक ओर चल दे। लगा, कुछ ज्यादती कर गए। अपने को सँभालकर एकदम बनावटी हँसी हँस पड़े, "मेरा भी अजब हाल है भई, क्या करूँ, बुड्ढा हो गया हूँ। बातें करने लगता हूँ तो ध्यान ही नहीं रहता। अच्छा, तुम चलो, जल्दी आना..." ध्यान आया, इधर वे बात-बात में अपने को बुड्ढा कहने लगे हैं—मानो अपनी बहक जाने की आदत का कारण दे रहे हों...

श्रीवास्तव ने साइकिल नीचे उतारकर खड़ी कर दी, तभी सुनाई दिया, "और सुनना..." वह साइकिल स्टैंड पर खड़ी करके फिर आया। वे देखते ही बोले, "और देखो, बिट्टी को समझा देना ज़रा, घबराए-वबराए नहीं। बहुत ही कमज़ोर दिल की है। ख़ूब शान्ति से पर्चे करे। थोड़ी-बहुत देर रह गई हो तो तुम्हीं साथ लेते आना...तुम समझाओगे तो..."

"जी, अच्छा।" श्रीवास्तव जल्दी से भागा। पता नहीं, फिर बुलाकर क्या बताएँ!

और प्रोफ़ेसर भार्गव का सारा मन जैसे ग्लानि से भर उठा। कॉपियों की गड्डी मेज़ से उठाकर गोद में रख ली। अपने ऊपर उन्हें बड़ी झुँझलाहट आ रही थी, क्यों वे इतने ज़्यादा बहक जाते हैं। इतना भी होश उनको नहीं रहता कि सामने वाला क्या सोच रहा है। कितना हँस रहा होगा श्रीवास्तव उनका आशय समझकर! सचमुच, उनके तो अब 'रिटायर' होने के दिन आ गए...बुद्धू थोड़े ही है—सब समझता होगा।

बड़ी बेचैनी और घुटन-सी उन्हें भीतर महसूस होने लगी। भीतर बहुत ज़ोर से लग रहा था, जैसे वे कुछ करना चाहते हैं, लेकिन समझ में नहीं आता था, उन्हें करना क्या चाहिए कि जी को चैन मिले। भीतर रेडियो बज रहा था—यानी मुन्नी आ गई है। इसे अभी से रेडियो सुनने का ऐसा शौक़ है। उमड़ते ग़ुस्से और मचलन को बहलाते हुए वे जँची कॉपियों के नम्बर जोड़-जोड़कर तख़्ते पर चढ़ाने लगे। मन में आया, ज़ोर से चीख़कर पानी माँगें। लेकिन सुनेगा कौन? सचमुच,

उनकी ज़िन्दगी बेकार गई—तीस साल होने आए, यही कॉपियाँ, यही नम्बर, यही इम्तहान और यही सब कुछ। कुछ भी तो उन्होंने नहीं किया; आजकल के लड़के कितनी आसानी से बाहर चले जाते हैं, डॉक्टर बन जाते हैं—जो चाहते हैं सो कर डालते हैं। वे तो घर से बिलकुल कटे हुए, अपरिचित-अनजान और बाहर से असफल...उन्होंने मानो कभी इन महत्त्वाकांक्षाओं को जाना ही नहीं... माँ-बाप ने गृहस्थी लाद दी, सो ढोते चले आ रहे हैं...

एक कॉपी पर सवाल के सामने बिलकुल खाली पन्ना पड़ा था...वहाँ श्रीवास्तव ने लाल पेंसिल से गोला बना दिया था, अगला पन्ना खाली, एक और गोला...फिर एक और गोला...पूरी कॉपी खाली। बस, पहले पन्ने पर जनानी लिखावट में सवाल की नक़ल-भर कर दी गई है—झल्लाकर कॉपी बन्द कर दी। ऊपर नीले में घेरकर लाल-लाल गोला बना दिया। यों ही नीचे की कॉपियों को गिना, फिर नम्बरों पर निगाह गई। उससे नीचे की कॉपी में 15 नम्बर, उससे नीचे 19 नम्बर, फिर 11 नम्बर...यह श्रीवास्तव बहुत कड़ाई से जाँचता है।

भन्नाकर उन्होंने कॉपियाँ एक तरफ़ फेंक दीं और ज़ोर-ज़ोर से बड़बड़ा उठे, "ये कम्बख़्त लड़कियाँ कुछ भी नहीं पढ़तीं। यों ही फैशन में माँ-बाप का पैसा बरबाद करती हैं..." फिर पूरे गले से दहाड़े, " मुन्नी, रेडियो बन्द करती है या आकर धुनाई करूँ..."

'खट्!' रेडियो बन्द हो गया, लेकिन वही गाना दीवारों के पार पड़ोस के घर से भी आता सुनाई देता रहा।

ख़ुशबू

सुमेरा को रिक्शा अपने शरीर का ही एक अंग लगने लगा है। सोते-जागते वह कभी उसे अपने से अलग नहीं पाता। अपनी घंटी की ट्रिनन्-ट्रिनन् उसकी रग-रग में पायलों की तरह झनझना उठती है और चलते-चलते पैडल रोक लेने पर पिछली धुरी और चेन से आती किर्र-किर्र की आवाज़ उसकी नस-नस में आरा-सा खींच जाती है। फिर भी गद्दी पर बैठकर उसे अपना होश नहीं रहता। और सच ही सुमेरा अपने इस रोग से सबसे ज़्यादा परेशान है। एक साथ ही ऐसी-ऐसी अजीब बातें उसे याद आया करती हैं, जिनका आपस में कोई सम्बन्ध नहीं होता।

जब से उसने इन दोनों सवारियों को बैठाया है, तभी से उसे लग रहा था, जैसे कुछ दोहराया जा रहा हो, और अब रिक्शे के पायदान पर पड़े सफ़ेद रूमाल को देखकर तो ऐसे चौंक पड़ा, जैसे वह जीवित हो! बूढ़ी मेम की मुट्ठी में भिंचकर गोला बना रूमाल हाथ में लेकर, पहले तो उसने सोचा कि दौड़कर उन्हें दे आए, लेकिन फिर अपने-आप ही हाथ नाक तक चला गया। सहसा जब याद आया—अभी इसी से तो बुढ़िया बुड्ढे के लार-थूक पोंछ रही थी, तो मन घिन से भर उठा। छि:-छि:! अंगारे की तरह फेंकते-फेंकते सोचा, चलो, अपने पास पड़ा रहेगा। कुछ नहीं तो ग्रीज़-कालिख पोंछने के काम ही आएगा। झुककर सीट के नीचे रूमाल डालते हुए उसे लगा, रूमाल में हल्की-हल्की ख़ुशबू है।

चढ़ने के लिए पैडल पर पाँव रखे-रखे उसने दोनों तरफ़ से फूँककर बीड़ी सुलगाई और याद करने की कोशिश करने लगा कि ऐसा पहले और कब हुआ है और उसे क्या चीज़ बार-बार याद आ रही है। बरसों से रात-दिन बीसियों सवारियाँ रोज़ बैठा रहा है...इसी बार ऐसा क्यों लगता है? आज ही उसे चोरी

के हार की बात याद आई है, वरना बीच-बीच में तो बिलकुल ऐसा लगता, जैसे उसे भूल ही गया हो! वह यों ही आँखें मिचका-मिचकाकर उन दोनों की तरफ़ ध्यान से देखता रहा।

बुड्ढा आगे जाकर खड़ा हो गया था और बुढ़िया अब पीछे मुड़कर फाटक बन्द कर रही थी। दोनों साठ-सत्तर के आसपास होंगे। मुड़ा-तुड़ा-सा, सलेटी, पुराना कोट-पतलून, भीगकर सिकुड़ा हुआ-सा नमदे का टोप, हर क़दम के साथ रेत पर लकीर खींचता बेंत...बुड्ढा पीछे से बिलकुल जापानी गुड्डे-सा लगता था। बुढ़िया लाल-सफ़ेद बड़े-बड़े फूलों वाला फ्रॉक पहने थी और उसकी नंगी टाँगें कमान की तरह मुड़ी थीं। फाटक बन्द करके बुढ़िया पास आ गई तो बाँह में बाँह डालकर दोनों उस पीली, खस्ता-सी कोठी की तरफ़ चल दिये। उनके झूमते-झामते शरीर के पिछले हिस्सों और हिलती परछाइयों को सुमेरा कौतुक से देखता रहा। कैसे बबुओं की तरह लुढ़कते-टकराते चले जा रहे हैं दोनों। होंठों पर मुस्कराहट छा गई और जब मन की उठती गुदगुदी को व्यक्त करने का कोई और तरीका नहीं सूझा, तो उसने यों ही घंटी बजाई—ट्रिनन्-ट्रिनन्, लेकिन खट से हाथ बीच में ही अपने-आप रुक गया और आँखों के आगे वह हार कौंध उठा। साथ ही लगा, जैसे पीछे कोई बैठा है और इस घंटी की आवाज़ से उसे तकलीफ़ होगी।

जाने क्यों, मोड़ तक उसे लगता रहा, जैसे उसके रिक्शे में अभी भी वही सवारियाँ बैठी हैं और अभी-अभी उसके हाथों कोई बहुत अच्छा काम होकर चुका है। मन को बड़ा भला-भला सा लग रहा था, लेकिन किसे बताए? जो सुनेगा वही हँसेगा। और बताने बैठो तो ऐसी कोई ख़ास बात भी नहीं है। बाबू तो सुनकर ज़रूर ही कहेगा कि यह साला किसी दिन पागल होगा।

बैंक के सामने वे दोनों बुड्ढ़े-बुढ़िया खड़े थे। पहिए पर पाँव रखकर उसने रिक्शा धीमा किया, "मेम सा'ब, रिक्शा?"

"कैंट जाएगा? कितना पइसा लेगा?" बुढ़िया ने अपनी थर-थर करती गर्दन को साधने की कोशिश करते हुए पूछा।

एक निगाह में सुमेरा ने भाँप लिया, ईसाई या एंग्लो-इंडियन हैं, बाहर के या टूरिस्ट नहीं हैं।

उतरकर उसने सिर पर बँधे अंगोछे से बैठने की सीट आमंत्रण के भाव से झाड़ी, "अरे मेम सा'ब, जो ख़ुशी हो सो दीजिए।...आप कोई नए हैं?"

बुड्ढा ऐसे खड़ा था, जैसे वहाँ हो ही नहीं। लेकिन बुढ़िया के चेहरे पर जाने क्या था कि उसे अपनी ओर खींच रहा था।

" नांईं, बाद में जगड़ा करता है?" लेकिन उसके स्वर से बुढ़िया समझ गई कि झगड़ा नहीं करेगा। शायद वे लोग देर से खड़े थे। बुड्ढे की बाँह में बाँह डालकर बुढ़िया उसे रिक्शे की तरफ़ ले आई।

"नहीं, मेम सा'ब, हम उनमें से नहीं हैं। वो तो गाँव के नए-नए धुर्रे आते हैं। वो ही सवारियों को तंग करते हैं।"...इस भाषा पर उसे टूरिस्टों ने पाँच-पाँच रुपए बख्शीश दी है, लेकिन वह जानता था कि ऐसा यहाँ कुछ नहीं होगा। सोचा, क्या बात है, बुड्ढा अन्धा-बन्धा तो नहीं है? ग़ौर से देखा। दोनों का रंग गेहुँआ था। बुढ़िया का सारा मुँह छोटी-छोटी झुर्रियों से भरा था और बुड्ढे के गालों पर नाक के इधर-उधर, आँखों के नीचे, होंठों के कोनों तक दो मोटी-मोटी सलवटें लटकी थीं। चश्मे के शीशे देखे तो जान गया कि पुराना मोतियाबिन्द है। कान में सुनने के लिए मशीन लगी थी और उसकी डोरी मैले-पुराने सूट के कॉलर से होती हुई कमीज़ की जेब में गई थी। वहाँ बैटरी होगी। बुड्ढा नासमझ और बुद्धू की तरह जिधर देखता, उधर देखे ही चला जाता था। हाँ, उसका बेंतवाला हाथ लगातार काँपता था। उसे देखते ही पहली बात सुमेरा के दिमाग़ में आई, इनका भी अब डेरा-डंडा उठने वाला है। बैंक में पेंशन लेने आए होंगे बेचारे! लेकिन बुढ़िया का चेहरा देखकर अगली बात बीच से ही टूट गई।

काँपते बेंत के सहारे बुड्ढे ने दो-एक बार चढ़ने की कोशिश की, लेकिन रिक्शे की आधी ऊँचाई तक ही पाँव उठकर रह जाता था। सहारा देने के लिए सुमेरा आगे बढ़ा कि 'इसे मत छुओ' के भाव से बुढ़िया बीच में आ गई, बेंत अपने हाथ में लेकर उसकी बाँह को कन्धे पर टिकाया और कमर इस तरह सहारा देकर चढ़ाने लगी, जैसे कोई काँच की नाज़ुक-सी चीज़ रख रही हो। बैठा चुकने की सफलता का ऐसा दुलार उसके चेहरे पर उमड़ आया, मानो बुड्ढा दो-तीन साल का बच्चा हो। सुमेरा से आँखें मिलीं तो यों मुस्कराई, जैसे उसकी तरफ़ से क्षमा माँग रही हो—क्या करें, बेचारा बुड्ढा है, चढ़ा नहीं जाता। सुमेरा मुग्ध-सा उसके चेहरे के भाव को देख रहा था कि उसके गले की पतली-सी ज़ंजीर से फिर हार का ध्यान हो आया। इस तरह चौंक पड़ा, जैसे उनकी कोई कीमती चीज़ चुराता पकड़ा गया हो।

"धूप बहोत है, हुड चढ़ा दो।" दूसरी तरफ़ से बुढ़िया खाली जगह में आ बैठी थी।

सुमेरा फिर अटका। क्यों उसे लग रहा है, जैसे कुछ दुहराया जा रहा हो? पीछे से हुड चढ़ाते हुए वह याद करने लगा, यह सब उसने कहाँ देखा-सुना है? बुढ़िया इस तरह उसकी रखवाली करती बैठी है, जैसे दशहरे पर लोग टेसू सिराने ले जाते हैं। सामने आकर उसने धोती के नीचे घुटनों तक खुली अपनी दोनों टाँगें बारी-बारी से उठाकर अँगोछे से पिंडलियाँ झाड़ीं—फट्फट्। दोनों हाथ बीच में खड़े बेंत पर टिकाए गुमसुम बैठा बुड्ढा टेसू-सा तो लगता ही है। शाम को यह बात बाबू को बताएगा। पूछा, "चलें, मेम साहेब?"

"हाँ, मगर रेस नहीं करेगा, धीरे-धीरे चलेगा।" बुढ़िया एक बार ज़रा-सी उठी, बुड्ढे के कोट का हिस्सा दब गया था, उसे निकाला और उसकी पीठ के पीछे हाथ फैला लिया।

फिर वही...आख़िर, यह सब सुमेरा ने सुना कहाँ है? कहीं यह सब हुआ ज़रूर है। वह बार-बार रिक्शा धीमा करते-करते रोक-सा देता। उसका मन होता कि पीछे मुड़कर उनके चेहरे देखे। वहाँ क्या है, जो बार-बार उसे खींचता है? मुड़कर पीछे देखने की इच्छा को वह गुनगुनाकर बहलाने लगा, "टेसूरा रे, टेसूरा...टेसूरा की सात बहुरियाँ...नौ मन पीसें, दस मन खाएँ...बड़े मल्ल से जूझन जाएँ..." बचपन में दीया जलाकर घर-घर घूमते टेसू गाने के अनेक चित्र झिलमिलाने लगे और वह अपने-आप ही मुस्कराने लगा। जाने कब उसने मुड़कर पीछे देखा। यों ही पूछा, "धूप तो नहीं लग रही, मेम साहेब?"

लोगों के चेहरों की झुर्रियाँ देखकर सुमेरा हमेशा अपने से एक सवाल पूछता है। मान लो, एक झुर्री एक साल में पड़ी और इस आदमी ने अपनी ज़िन्दगी में इतनी झुर्रियाँ कमाईं, तो क्यों जी, इसे बदले में क्या मिला? रुपया, पैसा, मकान, ज़ोरू-ज़ायदाद, बच्चे? या योंही ज़िन्दगी-भर का रोना-झींकना...रात-रात जागकर बीड़ी पीना...या शराब के नशे में धुत् नालियों में लोट लगाना? बीस साल बाद जब उसके चेहरे पर भी ऐसी सलवटें पड़ जाएँगी, तब भी क्या वह यों ही रिक्शा चला रहा होगा? तब भी वह क्या धीरा की अम्माँ को आधी रात में जगाकर पीटा करेगा? तब भी क्या उसे लगा करेगा जैसे उसे कुछ चाहिए... उसे किसी चीज़ की ज़रूरत है...नहीं जी, तब तक तो धीरा बड़ा हो जाएगा। लेकिन मैंने ही अपने बाप को कौन-से सुख दिये हैं? आज भी तो बूढ़ा मकानों की चिनाई करता है...

छः-सात दिन पहले की बात है। वह चुंगी के नल पर नहा रहा था। पानी भरने आई बोधा की बहू ने कहा था, "लाला, तुम्हारी तो सारी पसलियाँ निकल

आईं! ' साबुन लगाता-लगाता हाथ रुक गया। देर तक वह अपनी पसलियाँ गिनता रहा। अब बहुत कमज़ोरी महसूस होने लगी है; चेहरे पर भी वह ताज़गी नहीं रह गई। कौन जाने, झुर्रियाँ, बनने लगी हों...अच्छा, उसका चेहरा इस बुढ़िया की तरह महीन-महीन झुर्रियों वाला होगा या इस बुड्ढे की तरह मोटी सलवटों वाला? उस क्षण उसकी प्रबल इच्छा हुई कि शीशे में अपना चेहरा देखे। कभी उसके रिक्शे में भी सामने शीशा लगा था, गुब्बारे उड़ा करते थे और पहियों में रंग-बिरंगे फूल नाचते थे। अब तो सारे अंजर-पंजर ढीले पड़ गए। चलते-चलते कभी वालपिन निकल जाता है तो फ्रीव्हील घूमता ही रह जाता है, कभी चेन उतर जाती है। सवारियों की गाली खाते हुए, ईंट-पत्थर से बीच रास्ते वालपिन ठोंकना, या हाथ काले करके चेन चढ़ाना कितना बुरा लगता है! मन होता है, होली में रखकर जला दे ऐसे रिक्शे को। हुड का कपड़ा झंडे की तरह चीरों में फड़फड़ाता है और दाहिना पहिया ताँगे की उस भिड़ंत के बाद अभी तक लहराता ही चलता है। अब इन्हें ठीक करे या लच्छी के रुपए दे? लेकिन यह भी अजीब ही बात है...जब उसे अपने शरीर का ध्यान आता है तभी रिक्शे की तरफ़ निगाह जाती है। मानो दोनों एक किसी चीज़ से जुड़े हों...

ट्रिन्-ट्रिन्...भिड़ंत का दृश्य याद आते ही उसके अँगूठे और उँगलियों ने अपने-आप घंटी बजाई। लेकिन झट वह अपने-आप ही सहमकर रुक गया। मुड़कर देखा, कहीं इस घंटी की आवाज़ से पीछे की सवारियों को बुरा न लगा हो। पहली बार उसे महसूस हुआ, घंटी की आवाज़ कितनी कर्ण-कटु है! उस समय बुढ़िया बड़े प्यार से बुड्ढे के कोट का कॉलर सीधा कर रही थी। कान से आती डोरी को देखकर उसे ध्यान आया, बुड्ढा तो बहरा है। उसने घंटी की आवाज़ क्या सुनी होगी...? अच्छा, क्यों जी? जब यह बुड्ढा मर जाएगा तो बुढ़िया क्या करेगी? इस बेचारी को तो बड़ा ख़राब लगा करेगा। घर पर बाल-बच्चे होंगे? राम भजो! कौन आजकल अपने माँ-बाप की चिन्ता करता है? और अभी सुमेरा को अपने बूढ़े बाप का ध्यान हो आया। उसने जाने कितनी बार सोचा कि एक बार जाकर उसके पैरों पड़ जाए...जो हुआ सो माफ़ करो। अब तुम बैठकर राम का भजन करो, मैं तुम्हारी सरवन की तरह सेवा करूँगा।... लेकिन जब-जब उसे बाप की मार याद आती, ये सारी कोमल भावनाएँ हवा हो जातीं और आधी रात के कड़कड़ाते जाड़े में लात-घूँसों के साथ वे गालियाँ कानों को नोच उठतीं, साले, हरम्मे, असली न सही, लेकिन वो तेरी माँ लगती है! तन-तन में कीड़े पड़ेंगे! जवानी छाई है तो कोठे पे चला जा! ख़बरदार, जो

आज से घर में पाँव रखा! बोटी-बोटी काट के कुत्तों को खिला दूँगा।' तब सुमेरा को पहली गाड़ी छिंदवाड़ा की मिली थी। वहीं तो वह हारवाला किस्सा हुआ था।

रिक्शा सरकता रहा और चेन किर्र-किर्र बोलती रही।

उसे बुढ़िया के गले की ज़ंजीर याद आई, तो फिर एक बार मुड़कर देखा। जाने क्यों उसे अपने अनुपस्थित बाप के साथ-साथ इन दोनों पर बड़ी दया आ रही थी। दोनों के ही चेहरों पर कैसा सन्तोष, कैसी तृप्ति और कैसी कोमलता थी, मानो जात (तीर्थयात्रा) करके लौट रहे हों! देखकर ही लगता है, इनकी ज़िन्दगी सुख से बीती है। और एक वह है, इस बुढ़ापे में चिलचिलाती धूप में बैठा-बैठा कन्नी से गारा फैला-फैलाकर ईंटें जमा रहा होगा।...मार ही दिया तो क्या हो गया? ग़लती भी तो उसी की थी! हुँह! होगा भी! अब जब से लेकर उसी को घोट रहा है! यही तो उसकी आदत बुरी है। अरे, उमर थी, एक बात हो गई। हाँ, हार की बात ज़रूर...ये दोनों बोझ पता नहीं कब तक उसके दिल पर रखे रहेंगे...

अचानक वह चौंककर रुक गया। कहीं यह बुड्ढे-बुढ़िया माल बाबू और बबुआइन ही तो नहीं हैं। मुड़कर देखा, हट्ट वो तो हिन्दू थे! वह झुककर पिंडली खुजाने लगा। वैसे, सच पूछो तो यह डर उसे हमेशा बना रहता है कि कहीं किसी दिन माल बाबू से अचानक भेंट न हो जाए। पहचान थोड़े ही पाएँगे...जाने कितने स्टेशन उन्होंने बदले होंगे, जाने कितनी कुली उनके हाथ के नीचे से गए होंगे!

मुख्य रास्ते और कच्चे दगरे के संगम पर पीपल के पेड़ के नीचे सफ़ेदी पुते आले में सिन्दूर-रंगे हनुमान जी के सामने से गुज़रते हुए रोज़ उसे हार की याद आ जाती है। मुँह पर ढाठा बाँधकर माल बबुआइन को कोठरी में घेरना, हार छीनकर भागना, दो महीने गाड़े रखना और फिर अम्माँ के मरने के बहाने यहाँ आकर मंगी के साथ रात-रात भर सोना गलाना...सब उसकी आँखों के सामने एक पल में गुज़र जाता है। हार की बात तो, ख़ैर, जब तक यह रिक्शा है, वह भूल नहीं सकता, वरना वह भी आज मंगी की तरह कभी रिक्शा माँग लाता और कभी कूँची-डोल लेकर सफ़ेदी-पुताई करता घूमता। उसे लगता है मानो रिक्शा उसका अपना नहीं है—वह उधार का है....किसी से कर्ज़ा लेकर बनवाया गया है।

कभी-कभी एक अजीब बात उसके मन में आती है—किसी तरह पैसे बचाकर वह वैसा ही हार बनवाए और जाकर माल बाबू के पैर पकड़कर रोने लगे—'मालिक, हमसे ग़लती हो गई थी। हम अन्धे हो गए थे...'

"उस सामने वाले फाटक पर रोक दो," अचानक उसने सुना।

फाटक पर रोककर वह मुड़ा। बुढ़िया रूमाल से बूढ़े के मुँह के दोनों कोने बहुत सँभालकर पोंछ रही थी, जैसे दूध पिलाने के बाद बच्चे का मुँह पोंछ देते हों। बुढ़िया इसकी कितनी देखभाल करती है!

स्टेशन की ओर चलते हुए वह बड़ी देर अपनी उन्हीं सवारियों की बात सोचता रहा। माँ की तो उसे याद नहीं, सौतेली माँ का जलती लकड़ियों से पीटना भी अब कभी-कभी ही याद आता है; हाँ, जिस तीसरी को उसका बाप ख़रीद लाया था, उसकी सुरीली आवाज़ ने उसे बहुत दिनों पागल किए रखा था। उसमें उसको ग़लती अपनी नहीं, बाप की ही लगती थी। तभी वह कई बार उन दिनों विद्रोही हो उठा था। कब्र में पाँव लटके हैं, लेकिन हविस नहीं गई। ख़ैर, वह सब हुआ सो हो गया, लेकिन आज उसने ऐसा क्या देखा है कि उसे सब याद आ रहा है? उसने सवारी बिठाई और पैसे लिये, फिर भी ऐसा क्यों लग रहा है, जैसे उसके हाथों कोई पुण्य-कार्य होकर चुका है? कहीं ऐसा कुछ जाना है जो उसकी ज़िन्दगी में नहीं है।

ठेकेदार से लड़ाई है, इसलिए बाहर पेड़ के नीचे ही पहिया अड़ा करके रिक्शा खड़ा किया और सीट पर लेटकर ऊपर पत्तियाँ ताकने लगा। सवारी तो यहाँ भी मिल ही जाएगी, वहाँ बेकार एक आना और दो, नम्बर में खड़े रहो। बस नहीं चलनी चाहिए, इसके लिए लोग हड़ताल कराते हैं, जुलूस निकलवाते हैं, लेकिन इन ठेकेदारों और सिपाहियों की अन्धेरगर्दी पर कोई कुछ नहीं बोलता। लूट मचा रखी है! आजकल हमारे मंगी साहब भी तो लीडर बन गए हैं, कुर्ते-पाजामे पर जाकेट डाले घूमते हैं। तब चितकबरे बने घर-घर पुताई करते घूमते थे। लोग कितनी जल्दी बदल जाते हैं, देखते-देखते! यह वही मंगी बाबू हैं, जिन्हें सिन्धी ने बिना उसकी जमानत के रिक्शा देने से इनकार कर दिया था। ठीक है, उसने सुमेरा की शादी कराई, रामदेई के बाप से सौदा पटवाया, तो सोने की गलाई में हिस्सा भी तो दिया था पूरा! अब तुम अपने हिस्से को बोतल में उड़ाओ, सिगरेट-सिनेमा में फूँको, 'फ़ीचर' में लगाओ और गंजेड़ियों-भंगेड़ियों से नम्बर पूछते हफ़्तों घर से गायब रहो, तो भैया, ऐसी तो सुमेरा ने भाँग खाई नहीं है कि तुम्हारे नसे-पत्ते को भी दे और तुम्हारी बदफेलियाँ भी चुपचाप देखता रहे...

सुमेरा का मुँह कड़वा हो गया। कमीन! जिस हाँडी में खाता है, उसी में छेद करता है! रिक्शे पर लेटे-लेटे वह हाथ की मुट्ठी के बीच में छोटा-सा छेद बनाकर उसके आरपार दूरबीन की तरह ऊपर पत्तियों और आसमान को देखता रहा। इस खेल में उसे बचपन से ही बड़ा मज़ा आता है। दिन-भर सेलम (कच्चा संगमरमर) के खिलौने बनाने के कारखाने में काम करता और रात को अपनी इसी दूरबीन से घंटों चाँद को देखा करता...कभी बुढ़िया माई चरखा कातती दीखती...कभी हिरन दौड़ता दीखता। अब तो नीम की थरथराती पत्तियों के पार, गहरे नीले आसमान पर सफ़ेद-सफ़ेद बादलों के छोटे-छोटे टुकड़ों को देखता रहा, जैसे सफ़ेद-सफ़ेद बगूले घुमड़ रहे हों...!

हुँह! मंगी साहब झुमके लाए थे रामदेई के लिए...रेल की नीलामी में फँस गया। इनाम के लालच में पहले तो ऊँची-ऊँची बोली बोलता रहा, एक बोली में पट्ठे ने माल ही थमा दिया। मैं क्या करूँगा, भौजी?' जाने कब से साँठ-गाँठ चल रही होगी और वो तो उस दिन बीच में ही ट्यूब बदलने लौट नहीं आता, तो उसे जनम-भर पता ही नहीं चलता। बड़े-बड़े पट्टे रखाकर सारे दिन सिनेमा के गीत गाते फिरोगे तो यही सीखोगे...! रिक्शा चलाएँगे तो ऐसे, जैसे सरकस का खेल दिखा रहे हों जानो। रिक्शा नहीं, हवाई जहाज़ है! ऐसा मोड़ेंगे, जैसे कार मोड़ रहे हों!...अच्छा हुआ, एक्सीडेंट में खोपड़ा ही फटकर रह गया, वरना सीधे सरग ही जाते नज़र आते। फिर घर आया मेरा 'परदेसी' नहीं होता। और वो हरामज़ादी रामदेई, उसे तो सरम से डूब मरना वाजिब था, लेकिन वो कड़क के क्या कहती है—'पहले अपनी तरफ़ भी देखो बाबू! ख़रीदी थी या भगाई थी, थी तो तुम्हारी महतारी बराबर?' इतनी पिटी, लेकिन बंदी ने बकना बन्द नहीं किया। बाप के गुमान में रहती है! समझती है, बाप सरपंच है।... ऐसे बापों को ठेंगे पर मारते हैं! साले ठग!...दो नारंगीछाप दो और जो चाहो सो फ़ैसला करा लो। पंचायत हुई या लूट? डाँड़ लेंगे ये हमसे।—वो तो धीरा से मोह न होता तो पड़ी रहती ज़िन्दगी-भर बाप के यहाँ, कर लेती दूसरा...।

वह भी क्या बेकार की बात याद करने लगा! अच्छी-खासी तबीयत ख़राब हो गई। आख-त्थू! लेटे-ही-लेटे उसने बलगम का बड़ा-सा लोंदा पीछे की तरफ़ उछाल दिया। बाँह से होंठ पोंछे और फिर बादलों को देखने लगा। कैसे एक के बाद एक बहते चले आते हैं, जैसे नीले-नीले पानी में सफ़ेद रूमाल तैरते चले जा रहे हों...ओ-हो! उसे एक रूमाल और भी तो मिला था? आ-हा, अब याद आया! इसी बात को तो वह इतनी देर से याद कर रहा था! पिटकर रामदेई

अपनी गठरी-मुटरी बाँधकर बाप के यहाँ चली गई थी, उसके दो-एक दिन बाद की ही तो बात है।...

सारा दिन उसका मन नहीं लगा था। पड़ा-पड़ा कुट-कुट करती गिलहरियों और पंजों से राख कुरेदती मुर्ग़ी और उसके बच्चों को ताकता रहा। दाना खोजकर मुर्ग़ी चुक-चुक करती और छोटे-छोटे बच्चे उसकी चोंच के पास आ जमा होते। धरती छूती, झूलने-जैसी घाट में धँसा, मैले चीटक तकिए के नीचे से 'किस्सा तोता-मैना' व 'दिल-बहार' सिनेमा के गाने पढ़ता रहा। फिर मूंज को मोंगरी से कूटकर एक अच्छी-सी कूँची बना ली। कहीं जाने को दिल नहीं था। जिससे मिलो, ऐसा लगता था, रामदेई की नहीं, ग़लती उसकी ही है। सब साले धोखेबाज़, कमीने और मतलबी हैं! उन आठ-दस घरों में रिक्शा उसी के पास है न अपना, सो समझते हैं, जाने कौन-सी रकम उसके पास गड़ी रखी है! बाकी तो वह उसका रिक्शा लेकर भाग गया, उसको बेलनगंज के लाला ने धरवा दिया। घंटों वह अपने रिक्शे को रगड़-रगड़कर धोता और चमकाता रहा। एक घर छोड़कर भूरे की बहू हाथ चमका-चमकाकर बिसना की चाची से लड़ती रही, "दारी, भौत खसम के तेहे में मती ना रहियो! आमन दे आज, न तेरे बाप से चसमा धरवाए लऊँ। बोलो, मौंड़ा-ए खेलनई नांय दें...कढ़ी खाए, चोट्टा! सारे!..." कैसा चिचियाता हुआ गला है! मन होता है, जाकर गला भींच दे। दो पैसे का बच्चों वाला चश्मा टूट-टाट गया होगा, उस पर इतना शोर सुबह से मचा रखा है। दिन-भर जूतम-पैजार होती है। चैन नहीं है एक पल को। साले जाहिल, गँवार!

सिकन्दरे के सामने उसने रिक्शा लाकर खड़ा कर दिया। साँझ हो गई थी। उतरकर वह एक ओर खड़ा-खड़ा मुँह फाड़-फाड़कर गुड़धानी रोंथता रहा। सर्र से दो-तीन कारें भीतर गईं और निकलीं। ये गोरी लड़कियाँ तक सिर पर रूमाल बाँधकर मोटर ऐसे चलाती ले जाती हैं, जैसे माँ के पेट से ही मोटर चलाती आई हों! कारों के मुड़ने, स्टार्ट होने और दौड़ पड़ने को वह हमेशा बड़ी मुग्ध दृष्टि से देखता रहा है। काश, वह भी ड्राइवरी सीख पाता तो यों झन्न-से ले जाया करता, यों काटकर बचाता! उस हरजाई रामदेई को भी घुमा देता तो मानती कि हाँ, है कोई! तभी उसने देखा, एक ओर की खुली छाती दिखाते कसी-कसाई फतूरी, घुटनों तक धोती और भारी-सी मुँड़ासा सिर पर बाँधे एक आदमी मुँह फाड़े सिकन्दरे की बुर्जियों को देखकर दूसरे से कह रहा था, "ओरे मेहताब!

जिने देख, जे सुर्री कैसी आकास में मन्नाय रई हैं! मोय तौ महजत जैसी लगै हैं।"

फिर सुमेरा से पूछा, "चौं भैया, जे अकबरा कौ मकबरा-ऐ, कै मकबरा कौ अकबरा-ऐ?"

चबाना भूलकर सुमेरा ज़ोर से हँस पड़ा। फिर उसकी सिधाई देखकर बतलाया, "जे सिकन्दरा है ठाकुर, यहाँ पर अकबर बास्सा गाड़ा गया था। कहाँ से आए हो?"

ठाकुर ने सुमेरा को हँसते नहीं देखा। यों ही मुँह फाड़े विस्फारित आँखों से देखता रहा, "वाह! रंग-ऐ रे अकबर बास्सा, मरबे कौऊ कैसै मलूक ठौर चुन्यौ-ऐ!" फिर सुमेरा की बात के जवाब में क्षमा माँगता-सा बोला, "हम तौ भैया, भर्त्तपुर के हैं। हमन ने ऐसौ काहे कूँ देखौऔ पैलें? डीग के म्हैल देखेए... बस्सि! काम ते आए-ए, सो जाए ऊ देख चले।"

जब ठाकुर चला गया तो ताँगे वाले बुन्दन ने बतलाया, "यह बेचारा तो गाँव का है नया! हमने तो बड़े-बड़े आलिम-फाज़िलों को ऐसा बेवकूफ़ बनाया कि आज तक रोते होंगे। अरे हाँ, कोई अंग्रेज़-अमरीकन हो तो उससे पाँच-दस बख्शीश की भी उम्मीद की जाए, इन सालों के पास क्या रखा है? घंटे-भर झिक-झिक करेंगे और बाद में खोटे पैसे देकर चलते बनेंगे। सो क्या करते थे कि स्टेशन से लाए, सैंट जॉन्स कॉलेज की बिल्‌डिग के आसपास घुमा दिया। कह दिया देख लो, यही सिकन्दरा है, आज बन्द है...अरे हाँ, कौन साला घोड़े को तिक-तिक करता लाए यहाँ तक? अपने पाँच रुपए सीधे हो गए, अल्ला-अल्ला ख़ैर सल्ला! दुनिया-जहान से लोग टूटे आते हैं; जाने क्या देखते हैं इन कबरों में! हमें तो कुछ दीखता नहीं है। हाँ, गाइडों के क़िस्से सुन-सुनकर ज़रूर ख़ुश हो लेते हों, सो ऐसे क़िस्से हम गढ़ दिया करें रोज़!"

सच पूछा जाए तो यही बात आज तक सुमेरा की भी समझ में नहीं आती।

"रिक्शा!"

आवाज़ के साथ ही उसके रिक्शे की घंटी बजी, ट्रिनन्-ट्रिनन्!

चौंककर वह लपका। सवारी आ गई। जाते हुए उसे गर्व हुआ। उसी का रिक्शा सबसे नया और फैशनेबल है, सवारी और कहीं जा ही नहीं सकती।

एक लड़का और एक लड़की खड़े थे। सलेटी हल्के रंग का बिना बटन लगा चेस्टर, एक आगे और एक पीछे पड़ी चोटी, खुलता रंग, लम्बा मुँह, चमकदार आँखें।...लड़की दोनों हाथ चेस्टर की जेबों में ठूँसे बड़े भाव से लड़के को कुछ बता रही थी। लड़का ऊनी जर्किन और पतलून पहने था। साँवले से

ज़्यादा गहरा रंग, हर बार हाथ से माथे के बालों को समेटने के बहाने ख़ास अन्दाज़ में बिखरे-बनाए रखता था। मामला कुछ है, यह ताड़ जाने की प्रतिभा सुमेरा में बड़े विचित्र ढंग से विकसित हो गई थी। सुमेरा भाँप गया कि बाहर की निश्चिन्तता और निडरता बनावटी है। इससे भीतर की घबराहट छिपाई जा रही है। उसने पूछा, "ताजम्हैल सा'ब?" सोचा, ताजगंज गया तो बाहर से यह भी पता लगा लेगा कि उस साली रामदेई के क्या हाल हैं। पाँच दिन हो गए।

" दयालबाग़!" लड़के ने कहा।

"चलेंगे सा'ब," गद्दी पर हाथ पटककर बोला।

"चलो, बैठो," लड़की की कुहनी छूकर वह बोला। फिर एक बार ऊँचे-ऊँचे पेड़ों और चाय वाले को देखा।

"हुड चढ़ा लो," सुमेरा से लड़की बोली। उसके चेहरे की ओर देखना सुमेरा को बड़ा अच्छा लग रहा था। उसकी आवाज़ सुनकर चौंका। वह लड़के से कह रही थी, "इनसे पहले पैसे तय कर लेने चाहिए, बाद में हरेक को टूरिस्ट समझकर तंग करते हैं।" और वह चेस्टर समेटकर बैठ गई। चढ़ते हुए उसकी जितनी पिंडली उघरी, उसे देखकर सुमेरा का मन फुरहरी से उठा। हुड चढ़ाते हुए मन में आया, पूछे, 'सामने पर्दा भी डलेगा सा'ब?' ज़्यादा हो जाएगा। कहा, "हम पैसों के लिए झगड़ा करनेवालों में से नहीं हैं।"

दोनों बैठ चुके तो सुमेरा ने ध्यान दिया, लड़की ने उसकी निगाहें बचाने के लिए दूसरी ओर मुँह मोड़ रखा है और उसकी मुस्कराती कनपटी ही दिखाई दे रही है। वह अदा उसे अच्छी लगी कि उसका मन हुआ धीरे से...उसके अँगूठे ने घंटी बजा दी, ट्रिनन्-ट्रिनन्...

"ज़रा हटना, मुझे हाथ पीछे रखने दो ज़रा," लड़का कह रहा था।

पैदल रिक्शे को चिकनी सड़क पर लाते हुए सुमेरा ने मन-ही-मन कहा—'हाँ, हाँ, हाथ ही क्यों, सारा ही पीछे लेट जा न!' उसने व्यर्थ ही घंटी बजाई, ट्रिनन्-ट्रिनन्!

"भई, ज़रा जल्दी पहुँचना है।" लड़की की आवाज़ सुरीली थी।

अब घर जाने की जल्दी पड़ी होगी! अम्माँ जो मारेगी! तब से भीतर बैठे-बैठे मौज मार रहे होंगे। सुमेरा बोला, "अभी लो, हवाई जहाज की चाल से जाऊँगा!" चिकनी सड़क पर रिक्शा सरका तो उसका मन उत्साह से भर गया। दाँत भींचकर सारे दम से रिक्शा भगाते चले जाने की बोटी-बोटी मचलने लगी। मंगी को उसने एक लड़की को स्कूल पहुँचाने के लिए महीने पर लगा

दिया था। वह उस लड़की को बैठाकर इतनी ज़ोर से रिक्शा दौड़ाता कि बेचारी ने तीसरे दिन ही धीरे चलाने को कह दिया। मंगी ने जवाब दिया, "बैलगाड़ी में बैठना हो तो सुमेरा की में बैठिए। ये तो तूफ़ान मेल से कम चलता ही नहीं है।" यह हमारी बैलगाड़ी है! उल्लू का पट्ठा! अब उसकी समझ में आया कि क्यों आदमी का मन कभी बेतहाशा रिक्शा दौड़ाने को करता है। उसके कान असाधारण रूप से तेज़ हो उठे।

"कहो जो भी, लेकिन सवारी रिक्शा है बड़ी अच्छी!" लड़के की आवाज़।

"अच्छी तो है ही, यों सटकर जो बैठने को मिलता है!" लड़की हँसी। हँसते हुए उसके गाल कैसे हो जाते होंगे!

आगे सुना :

"देखो, हाथ हटाओ, सड़क है। रिक्शेवाले का तो ख़याल..." अगली बात उसने कुछ अंग्रेज़ी में गिटपिट की।

रिक्शेवाले का ख़याल क्यों करते हो? अन्धे हो रहे हो! अपने मज़े मारो, हरामियो! माँ-बाप को बहका लेना...यहाँ सब जानते हैं, कौन क्या करने आता है। दिन में दो-तीन बार तो तुम जैसों से काम पड़ता ही होगा। सुमेरा ने सोचा, लड़की को तो शायद कहीं देखा है, लेकिन लड़का यहाँ का नहीं लगता। या शायद इसे मेडिकल कॉलेज से गुज़रते हुए देखा हो।

"सचमुच देर हो गई," लड़का बोला, "वहाँ उधर पटरियों की तरफ़ जरा-सी ही धूप रह गई है।"

"अब लगी है, देर हो गई! हम तब से कह रहे थे, सो? तब तो 'अभी बहुत जल्दी है', 'बहुत जल्दी है'!" लड़की चिढ़ती हुई बोली।

"होगा, यार! तुम्हारी इस जल्दी ने तो प्राण खा लिये!"

"धीरे बोलो न?" लगा, लड़की ने लड़के की बाँह में चिकोटी भर ली।

हुम्!...अब जल्दी चलो...धीरे बोलो...तब तो लड़ुआ गपक रहे होंगे! तब रिक्शेवाले को याद नहीं किया? अरे, रिक्शा तो रिक्शा है, कोई मोटरकार तो है नहीं!...राम करे, दिल्ली वाली पैसेंजर के लिए फाटक बन्द मिले। होने दो ससुरों की फजीहत घर जाके!

"नहीं जी, ऐसी क्या मुसीबत है, धीरे-धीरे हवा खाते चलो दोस्त! लम्बा रास्ता है, थक जाओगे।"

हाँ, हाँ, मुझे क्या जल्दी है? तुझे तो स्वर्ग नज़र आ रहा होगा बेट्टा! घर जाके ले-दे होगी, सो उसकी होगी, तू तो अपना लम्बा पड़ियो!...जाने किसकी

बहू-बेटी को बहका लाया है! उसे लड़की पर दया आने लगी। लेकिन उसने चाल धीमी कर दी।

पीछे कुछ छीना-झपटी हुई, तो उसकी तबीयत भन्ना उठी। मन में आया, फौरन रिक्शा रोककर इन्हें उतार दे। जाने क्यों उसे लगातार लग रहा था कि वह किसी ग़लत काम में मदद दे रहा है, उसे रोकना चाहिए। यह लड़का ज़रूर कोई लुच्चा-बदमाश है। सचमुच, ये बेचारी लड़कियाँ बड़ी सीधी होती हैं। लेकिन हल्के ढाल पर पैडल रोके, ब्रेक साधे वह अकड़ा, शहीदाना अन्दाज़ से बैठा रहा, मानो जताना चाहता हो कि देखो, मैं तुम्हारी सारी हरकत जानता हूँ, सब समझता हूँ, फिर भी चुप हूँ। वैसे उसकी पीठ की एक-एक नस और पेशी तड़क रही थी कि झटके से पीछे मुड़कर देखे, एक बार तो देखे, कि साले बैठे किस तरह हैं! उसने कानों में आँखें डाल ली थीं और उनके बैठने, बातें करने की एक-एक तसवीर उसके सामने आ रही थी। अब दोनों चुप हो गए थे। बस, पिछली धुरी और चेन की किर्र-किर्र ही सुनाई देती थी। अब तो अभ्यास हो गया है, वरना पहले वह हमेशा इस आवाज़ से चौंक उठता था, जैसे पीछे से कोई दूसरी साइकिल चली आ रही हो!

अरे, इन्होंने तो साँस खींच ली। लड़-लड़ा तो नहीं पड़े? उसे चिन्ता होने लगी, लड़के ने कोई हरकत कर-करा दी होगी। इन आजकल के लड़कों का तो दिमाग़ ही जाने कहाँ चला गया है सिनेमा देख-देखकर! ढंग तो किसी काम का आता ही नहीं। भाई, लड़की का मन लेना ऐसा आसान थोड़े ही है; धीरे-धीरे बढ़ा जाता है।

उसने दूर से ही देख लिया कि रेल का फाटक बन्द है, बेचारी को और देर में देर हुई जा रही है! कैसी धुकुर-पुकुर लगी होगी मन में, ऊपर से चाहे हँस-बतिया ले!

इतनी देर की चुप्पी तोड़कर लड़का बोला, “यह जो दाहिनी तरफ़ घोड़ा है न पत्थर का, कहते हैं, अमरसिंह राठौर का है। ऐसा ही एक वहाँ क़िले के पास है। वहाँ कूदा था और यहाँ तक लाकर मर गया था। पीछे फौजें आ रही थीं...”

“हूँ, पता है। मैंने हिस्ट्री ली थी!” बेरुखी से लड़की बोली।

ले और सुन! पहले तो गुस्सा कर दिया, अब बता रहा है कि यह अमरसिंह राठौर का घोड़ा है!...अमरसिंह राठौर तेरा बाप था न! सारा मज़ा किरकिरा कर दिया लेके!

असल में उसे ख़ुद ठीक से पता भी नहीं था, यह घोड़ा किसका है। कोई

उसे हुमायूँ का बताता है, कोई अमरसिंह राठौर का।

चढ़ाई पर पैदल रिक्शा चढ़ाते हुए उसका शरीर लड़की के सैंडल-बन्द पंजों से छूते-छूते रह जाता था। उन्हें छूकर देखने की इच्छा को वह कैसे रोके था, यह वही जानता है! कहाँ यह काला-कलूटा, और परी-जैसी लौंडिया को फँसा लाया है! साड़ी की किनारी उँगलियों से कैसे खेलती है!

"हम उतर जाएँ रिक्शेवाले?" लड़के ने गद्दी छूकर उठने का भाव दिखाया।

"अजी नहीं सा'ब, ये तो यों ही ज़रा-सी चढ़ाई है।" उसने फिर दोनों के चेहरे देखे। तनाव साफ़ था। क्या हो गया?

"लो, आज तो हो गई मौत! अब यह फाटक जाने कब खुलेगा!" परेशानी से लड़का बोला, "लगता है, हमसे सभी नाराज़ हैं!"

अब दीखा होगा तुझे फाटक? नाराज़ तो हैं ही!

"देखो उम्मी, यह ग़लत बात है! अब तुम ऐसा करोगी तो...बताओ, यों हम चलते-चलाते उड़ेंगे? तुम्हारी यही आदत तो मुझे अच्छी नहीं लगती!"

"और आपकी आदत बड़ी अच्छी है!" जब सुमेरा ने रिक्शे को हाथ से रोके रखते हुए पीछे से पहियों के नीचे दो ईंटें लगाईं, तो लड़की की भर्राई-सी आवाज़ सुनी, "अरे रिक्शेवाले, पूछो भाई, कितनी देर है! देर ज़्यादा हो तो उधर जाकर दूसरा रिक्शा ले लें।"

उसके चेहरे पर ऐसा निरीह भाव था कि अब सुमेरा को सचमुच लड़की पर दया आने लगी और उसने सारा दोष लड़के पर रख दिया। पहले उसने सोचा था कि वहीं हैंडल के पास खड़ा-खड़ा घंटी खोलकर ठीक करने लगेगा लेकिन अब, 'अभी आती होगी, सा'ब, सिंगल तो डौन है' कहकर वह फाटक वाले के पास आ गया। एक ट्रक, दो कार, एक तांगा और दो-एक रिक्शे लाइन लगाए खड़े थे। नीली वर्दी पहने बगल में लाल और हरी झंडियाँ दबाए फाटक वाले से बोला, "लाना पंडित, एक बीड़ी तो दो आज।"

यहाँ से रोज़ जाना होता है। फाटक वाला उसका दोस्त है। 'बीड़ी तेरा बाप रख गया होगा' जैसी एक-दो चुहली के बाद दोनों खड़े-खड़े बातें करने लगे। बीड़ी के धुएँ को बुरी तरह घूँटकर वह भीतर की कुलबुलाहट को दबा रहा था। किससे कहे कि वह किसी असाधारण बात को जानता है, उसमें हिस्सेदार है। जब फाटक वाले ने यों ही पूछा, 'कहाँ की सवारियाँ हैं? बड़ी अच्छी हैं।' तो धुएँ के साथ-साथ अपनी हँसी भी मिलाकर वह बोला, "अरे पंडित जी, अपना तो काम ही यही है। कोई नई बात है? अपने तो दूर खड़े-खड़े दुनिया के मज़े देखते

हैं।" फिर धीरे से पूछा, "कहो तो थाने ले जाऊँ सीधा? मियाँ-बीवी नहीं हैं।"

"अब, वो जूते पड़ेंगे कि टाँट गंजी हो जाएगी। सारी तीन-पाँच भूल जाएगा। आजकल के मियाँ-बीवी को नहीं जानते तुम। साले भाई-बहन कुछ नहीं रहे इनके सामने। बेटा, रिक्शा खींचो और दुनिया को अपनी राह चलने दो!" रेल की घड़घड़ाहट से बात बीच में ही टूट गई। और जब 'छुक्क-छां' करती रेल फाटक-खम्भे थरथराती हुई गुज़र गई तो सुस्त-सा सुमेरा लौट आया।

इस बीच में शायद मेल हो गया था। लड़की का चेहरा फिर खिल उठा था। सुमेरा को बड़ा अच्छा लगा। और फिर उसे लगातार देखते रहने का मन हुआ।

"और अगर इसमें कहीं तुम्हारे पापा जी लौट रहे हों तो?"

सुमेरा ने हैंडल सँभाला तो लड़के की मज़ाक़-भरी आवाज़ सुनी—

"जाकर मम्मी से पूछेंगे तो पता चलेगा कि उम्मी बेटी मीना के यहाँ गई है।"

"कह दूँगी कि देर हो गई थी सो उसके भाई छोड़ने आए थे।"

"और सिकन्दर की तरफ़ रहते थे, क्यों? यह नहीं पता कि मीना के भाई दवाइयों की कम्पनी के एजेंट हैं, बम्बई में रहते हैं और दिल्ली आए थे, सो बीच में..."

दोनों खिलखिलाकर हँस पड़े। अँधेरा हो आया था।

"जब हम रिक्शे पर चढ़े थे न, तो यह रिक्शे वाला इस तरह घूर रहा था कि मैं घबरा गई कि कहीं पहचान तो..." इस बार लड़की के स्वर में ललक थी।

और सुमेरा सुस्त हो गया। हेश्ट! लड़की ही चालू है, स्साली! उसे मंगी और रामदेई का ध्यान आ गया। ये लोग देखने में सीधी लगती हैं। इतनी देर से उसे लड़की पर दया आ रही थी कि लड़का बम्बई का है और सीधी-सादी लड़की को बहका लाया है। वैसे भी देखने में बम्बई का गुंडा लगता है।...बम्बई के बारे में सिनेमाओं के बहुत-से दृश्य आँखों के सामने कौंध गए तो उसे लगा कि लड़के की सूरत, सिनेमाओं में बदमाशों के सरदार बनने वाले रामसिंह से काफ़ी मिलती है। लम्बे ढाल पर पिछली धुरी की चेन फिर किरकिराने लगी थी और वह एक पाँव ऊपर फ्रेम में टिकाकर सुस्ता रहा था। साली रामदेई!

पुच्च!

खट् से उसके ब्रेक अपने-आप लग गए। अब तो हद हो गई है! यह रिक्शा है या यह सब करने की जगह? उसे दुःख हुआ, लड़की ने खींचकर तमाचा क्यों नहीं मारा?

"क्यों, क्या हो गया?." रिक्शा रुकते ही दोनों सकपका गए। लड़की का

गोरा चेहरा लाल पड़कर कैसा लगता होगा, सुमेरा इसका अनुमान लगाने लगा। सीधे देख नहीं पाया।

"सामने चौकी है सा'ब, ज़रा बत्ती जला लें," जब उसे कुछ नहीं सूझा तो यों पैंडल उल्टे घुमाता वह बोला। पीछे वाले रिक्शे और मोटर आगे निकल गए। बत्ती के लिहाज़ से अभी जल्दी थी, लेकिन खड़ड़-खड़ड़ करते खाली रिक्शा लिये जाते एक रिक्शे वाले को रोककर माचिस ली, बत्ती जलाई। मन में आया, अगर सीधी चौकी पर ले जाकर खड़ा कर दे तो बड़ा मज़ा आए, सारी चौकड़ी भूल जाएँ!

"अच्छा, मज़ाक़ अब बहुत हो गया। अब हमें गम्भीरता से सारी बातें तय कर लेनी चाहिए। देखो, मुझे भी तो उसी हिसाब से सब कुछ कहना होगा न।" इस बार जैसे ही रिक्शा चला, एकदम बदले हुए लहजे में लड़के ने कहा। कुछ देर जवाब का इन्तज़ार किया, फिर बोला, "जैसे ही इम्तहान ख़त्म हों, मुझे लिखना। मुझे भी तब तक पता चल जाएगा कि कहाँ रखते हैं, बम्बई या दिल्ली। जगह-वगह सब ले रखूँगा। पापा जी से तुम कहना।"

"न बाबा, हमारी हिम्मत नहीं है। आप ही लिखना!"

"देखो, बेवकूफ़ी की बातें नहीं करते हैं। अपना काम मैं करूँगा, तुम अपना देखो!" इस बार जब लड़के ने आज्ञा देने के स्वर में कहा तो सुमेरा को अच्छा लगा। हाँ, यह हुई मर्दों वाली बात!

लड़का आगे बोला, "और मैं कहता हूँ, मारो गोली सबको! चुपके से सिविल मैरेज कर डालें, बाद में सब हो जाएगा।"

अरे, यह तो छुपा रुस्तम है! गिरजे में जाकर शादी करने को कहता है!

"नहीं," लड़की ने भी दृढ़ स्वर में कहा। कुछ देर दोनों चुप रहे। तब मानो उसके कन्धे से अपने गाल रगड़ती लड़की ठुनकते स्वर में बोली, "उसके तो अभी बहुत दिन हैं। तब तक कैसे रहा जाएगा? सच, मेरा मन तो बहुत घबरा रहा है! जाने क्या होगा! सुनो..."

हाय-हाय! सारा गुड़ गोबर कर दिया! यह लड़की है या मोम की गुड़िया? अभी ऐसी बमक रही थी और अब यों मिमियाने लगी!

"सचमुच हमसे अब नहीं रहा जाता! जब से तुम्हारा खत मिला है, मुझसे तिनका-भर काम नहीं हुआ। बस, लगता था, कब शाम हो और कब चार बजें! घड़ी पर ऐसा गुस्सा आता था कि क्या बताऊँ! सारी लड़कियाँ मज़ाक़ उड़ाती थीं। सच, इतना नुकसान होता है! देख लेना, मैं तो इम्तहान में भी नहीं बैठूँगी।

फेल होकर मज़ाक़ थोड़े ही उड़वाना है अपना!"

सारी सुस्ती भूलकर सुमेरा के भीतर कोई किलकिला उठा, अबे लो, यह तो बम्बई का खेल हो गया! बस, अब एक गाना और हो जाए!

"अरे-अरे! यह क्या बेवकूफ़ी है उम्मी? देखो, यों मत रोओ सड़क पर। कोई देखे तो? भई, भगवान के वास्ते!"

ट्रिनन्-ट्रिनन्! घंटी बजाकर पीछे से कोई सवारी तो नहीं आ रही, यह देखने के लिए बाईं ओर हाथ देते हुए सुमेरा ने कनखियों से देखा, लड़की का सिर सच ही, उसके कन्धे से टिका था और वह रूमाल से उसके आँसू पोंछ रहा था। अँधेरे और जल्दी में और कुछ साफ़ नहीं दीखा। रेड़ हो गई! कैसा अच्छा चल रहा था! अब फँसे बेटा! अब यह तिरिया-चरित्तर दिखा रही है! कल ही देख लेना, किसी और की बगल में बैठकर यों ही रोएगी।...रामदेई का ध्यान आया तो फिर तबीयत कड़वाहट से भर गई। सोलह आने गोबरगनेश है यह लड़का भी। सारी बातों को सच समझ रहा है। अबे, दो लात दे और अपने घर जा। कहाँ फँसा है!

"ज़रा इस तरफ़ वाली सड़क से ले चलो," लड़के ने रेल के पुल पर बताया।

चाहे जिधर से चल, मुझे तो तुझसे दो रुपए ले लेने हैं आज!

"देखो उम्मी, घबराओ मत? सब ठीक हो जाएगा। और देखो, मेरे पहुँचने से पहले ही वहाँ तुम्हारा ख़त पहुँच जाना चाहिए, ऊँ?" हल्के-हल्के गाल थपथपाने की आवाज़! "देखो, उस जंगल में इन्हीं प्यारे-प्यारे ख़तों के सहारे तो ज़िन्दा हूँ, वरना इन दवाइयों..."

"तुम्हीं बहुत देर लगा देते हो। सुनो, मैं कहे देती हूँ, अगर पास कराना हो तो लौटती डाक से जवाब दे दिया करो, नहीं तो फिर मुझे दोष मत देना! यहाँ तो रोज़ जाकर मीरा से पूछो, और जब पता चले कि कोई ख़त नहीं आया तो ऐसा ग़ुस्सा आता है कि ज़िन्दगी-भर कोई ख़त न डालूँ।"

काश, कोई उससे भी ऐसी बातें करता! सुमेरा के भीतर कुछ कसक उठा। उसे बहुत ज़ोर से लगा, जैसे उसे कुछ चाहिए...कुछ चाहिए...क्या चाहिए, यह तो वह नहीं जान पाया, लेकिन माँ से आँखें लड़ाने का पाप और हार की चोरी का अपराध दोनों एकसाथ कील की तरह करक उठे...

"यहाँ इस सामने वाले फाटक के सामने रोक लो," लड़की ने कहा और पूरी तरह रुकने से पहले ही झट उतर गई। चेन का किरकिराना बन्द हो गया।

"अच्छा, तुम मत उतरो, भीतर से कोई बाहर ही चला आए!"

"अच्छा," लड़की के दोनों हाथों को अपने हाथों में लिये ही लड़के ने कहा और शायद यों ही अपने होंठों तक ले गया।

"चलो!"

चलते-चलते मुड़कर रिक्शे की तरफ़ देखती लड़की की आँखों से सुमेरा की आँखें मिलीं। उनमें भय, झिझक, संकोच कुछ भी नहीं था और जाने क्या था कि सुमेरा का मन भर आया। किसी पेड़ की पत्ती तोड़ दो, तब भी बड़े महीन-महीन रेशे दूर तक खिचते चले जाते हैं, वही रेशे सुमेरा को लड़की के चेहरे पर खिचते लगे। ठिठकती हुई वह फाटक तक गई, फिर मुड़कर देखा, लड़का भी पिछला पल्ला उठाकर देख रहा था।...मरे-मरे हाथों से फाटक का कुंडा छूटकर दूसरी तरफ़ जा गिरा। तब रिक्शा मुड़ गया। काँच के फलक पर चलती चटखन की तरह सुमेरा के मन में उदासी तैरती चली गई...।

पैसों के लिए उसने हुज्जत नहीं की। बीड़ी ख़रीदने के लिए जब वह एक दुकान पर रुका, तो उतरते ही सबसे पहले उसकी निगाह पायदान पर कबूतर की तरह पड़े सफ़ेद रूमाल पर गई। यों ही रिक्शे को ज़रा-सी अँधेरी जगह ले जाकर रूमाल उठाया। खोला, बड़ा-सा रूमाल था, जगह-जगह भीगा। सोचा, वापस जाकर लौटा दे क्या? अनजाने ही उसने रूमाल नाक पर लगाया तो बड़ी भीनी-भीनी-सी ख़ुशबू उसके दिमाग़ की तहों में तैरती चली गई। लगा, जैसे वह हँसते कमलों वाले पोखर में जाकर खो गया हो। पता नहीं, कब आँखें भीग आईं, और लड़की का चेहरा उभर उठा। खुशबुओं में लिपटा वह खाली-खाली लौट आया, बस, पिछली धुरी पर चेन किरकिराती रही, जैसे कोई हौले-हौले ईंट पर ईंट घिस रहा हो।

मुट्ठी की दूरबीन से बादलों के रूमाल उड़ते-फड़फड़ाते देखते-देखते उसे जाने क्यों विश्वास हो गया कि आज के बुढ़िया वाले रूमाल से भी ज़रूर वही ख़ुशबू आ रही होगी। उसने उस रूमाल को रख लिया था, कभी मान लो फिर उस लड़की को बिठाया, तो हिम्मत करके वापस दे देगा।...लेकिन थोड़े दिन के बाद पता नहीं वह कहाँ चला गया। उसे भी याद नहीं रहा। आज इतने दिन बाद मानो सचमुच वही ख़ुशबू उसके नथुनों में लपट मारने लगी।

तभी तरह-तरह की आवाज़ें सुनकर वह हड़बड़ाया और सीधा बैठ गया। देखा, कोई खड़ा-खड़ा हाथ में जूता लिये उसकी नाक के पास इस तरह घुमा रहा था,

जैसे मिरगी के रोगी को सूँघा रहा हो, 'आल तू...जलाल तू...आई बला को टाल तू!...' उसे उठते देखकर बोला, "अबे ये औंधा पड़ा-पड़ा अफीमचियों की तरह सो रहा है या जाकर मजूरी करता है? पंजाब मेल जाने कब की आई खड़ी है!"

और उसके ठहाके से चौंककर उसने देखा कि बाबू रिक्शेवाला था, उसका दोस्त। उसने खड़े होकर ज़ोरदार अंगड़ाई ली, और चारों तरफ हाथ फैलाकर बुरी तरह बदन तोड़ा, "हाँ, यार, ज़रा यों ही आँख लग गई थी।"

सवारियों-भरे हुए रिक्शे-तांगों का रेला ट्रिनन्-ट्रिनन्, भों-भों करता बाढ़ की तरह चला आ रहा था। एक पल को उसे लगा, जैसे वह अभी-अभी इसी गाड़ी से नया-नया उतरकर इस जगह आया है और यहाँ की किसी चीज़ को नहीं पहचानता, यहाँ की सब चीज़ें एकदम नई हैं, यहाँ तक कि रिक्शा भी अनपहचाना है...जो उसके शरीर का एक अंग है...

छोटे-छोटे ताजमहल

वह बात न मीरा ने उठाई, न ख़ुद उसने। मिलने से पहले ज़रूर लगा था कि कोई बहुत ही ज़रूरी बात है जिस पर दोनों को बातें कर ही लेनी हैं, लेकिन जैसे हर क्षण उसी की आशंका में उसे टालते रहे। बात गले तक आ-आकर रह गई कि एक बार फिर मीरा से पूछे—क्या इस परिचय को स्थायी रूप नहीं दिया जा सकता?—लेकिन कहीं पहले की तरह उसे बुरा लगा तो? उसके बाद दोनों में कितना खिंचाव और दुराव आ गया था!

पता नहीं क्यों, ताजमहल उसे कभी खूबसूरत नहीं लगा। फिर धूप में सफ़ेद संगमरमर का चौंधा लगता था, इसलिए वह उधर पीठ किए बैठा था। लेकिन चौंधा मीरा को भी तो लग सकता है न? हो सकता है, उसे ताज सुन्दर ही लगता हो! परछाईं उधर यमुना की तरफ़ होगी, इधर तो सपाट धूल में झलमल करता संगमरमर है, बस। इस तपते पत्थर पर चलने में तलुओं के झुलसने की कल्पना से उसके सारे शरीर में फुरहरी दौड़ गई।

तीन साल बाद एक-दूसरे को देखा था। देखकर सिर्फ़ मुस्कराए थे, आश्वस्त भाव से—हाँ, दोनों हैं और वैसे ही हैं—मीरा कुछ निखर आई है और शायद वह...वह पता नहीं कैसा हो गया है! जाने कितने पूरे-के-पूरे वाक्य, सवाल-जवाब उसने मीरा को मन-ही-मन सामने बैठाकर बोले थे, प्रतिक्रियाओं की कल्पना की थी और अब बस, खिसियाने ढंग से मुस्कराकर ही स्वागत किया था। उस क्षण से ही उसे अपने मिलने की व्यर्थता का अहसास होने लगा था, जाने क्यों! क्या ऐसी बातें करेंगे वे, जो अक्सर नहीं कर चुके हैं? साल-छः महीने में एक-दूसरे के कुशल समाचार जान ही लेते हैं।

उठे हुए घुटनों के पास लॉन की घास पर मीरा का हाथ चुपचाप रखा था। बस, उँगलियाँ इस तरह उठ-गिर रही थीं, जैसे किसी बहुत नाज़ुक बाजे

पर हल्के-हल्के गूँजते संगीत की ताल को बाँध रही हों! मीरा ने लोहे का छल्ला डाल रखा था—शायद शनि का प्रभाव ठीक रखने के लिए। उसने धीरे से उसकी सबसे छोटी अँगुली में अपनी अँगुली हुक की तरह अटका ली थी, फिर हाथ उठाकर दोनों हथेलियों में दबा लिया था। फिर धीरे-धीरे बातों की धारा फूट पड़ी थी।

विजय का ध्यान गया—बड़ी-बड़ी मूँछोंवाला कोई छोटा-सा कीड़ा मीरा की खुली गर्दन और ब्लाउज़ के किनारे आ गया था। झिझक हुई, ख़ुद झाड़ दे या बता दे। उसने अपना मुँह दूसरी ओर घुमा लिया—प्रवेश-द्वार की सीढ़ियाँ झाड़ियों की ओट आ गई थीं, सिर्फ़ ऊपर का हिस्सा दीख रहा था। हिचकिचाते हुए कैरम का स्ट्राइकर मारने की तरह उसने कीड़ा अँगुलियों से परे छिटका दिया, नसों में सनसनाहट उतरती चली गई। उँगलियों से वह जगह यों ही झाड़ दी, मानो गन्दी हो गई थी। मीरा उसी तन्मय भाव से अपनी सहेली के विवाह की पार्टी में आए लोगों का वर्णन देती रही—उसने कुछ नहीं कहा। न वहाँ रखा विजय का हाथ हटाया ही। विजय ने एक बार फिर सशंक निगाहों से इधर-उधर देखा और आगे बढ़कर उसको दोनों कनपटियों को हथेलियों से दबाकर अपने पास खींच लिया। नहीं, मीरा ने विरोध नहीं किया। मानो वह प्रत्याशा कर रही थी कि यह क्षण आएगा अवश्य। लेकिन पहले उसके माथे पर तीखी रेखाओं की परछाइयाँ उभरीं और फिर मुग्ध मुस्कराहट की लहरों में बदल गईं...। एक अजीब, बिखरती-सी सिमटी, धूपछाँही मुस्कराहट। विजय का मन हुआ, रेगिस्तान में भटकते प्यासे की तरह दोनों हाथों से सुराही को पकड़कर इस मुस्कराहट की शराब को पागल आवेश में पीता चला जाए... पीता चला जाए...गट...गट और आख़िर लड़खड़ाकर गिर पड़े। पतले-पतले होंठों में एक नामालूम-सी फड़कन लरज रही थी। उस रूमानी बेहोशी में भी विजय को ख़याल आया कि पहले एक हाथ से मीरा चश्मा उतार ले—टूट न जाए। तब उसने देखा, हरियाले फव्वारों-जैसे मोरपंखियों के दो-तीन पेड़ों के पीछे पूरे-पूरे दो ताजमहल चश्मे के शीशों में उतर आए हैं...दूधिया हाथी दाँत के बने-से दो सफ़ेद नन्हे-नन्हे खिलौने...

पता नहीं क्यों, उसे ताजमहल कभी अच्छा नहीं लगा। ध्यान आया, अवांछित बूढ़े प्रहरी की तरह ताजमहल पीछे खड़ा देख रहा है। बातों के बीच वह उसे कई बार भूल गया था, लेकिन दाँतों में अटके तिनके-सा अचानक ही उसे याद

आ जाता था कि वे उसकी छाया में बैठे हैं जो महान है, जो विराट है...जो...? इतनी बड़ी इमारत! इसके समग्र सौन्दर्य को एकसाथ वह कभी कल्पना में ला ही नहीं पाया...एक-एक हिस्सा देखने में कभी उसमें कुछ सुन्दर लगा नहीं। लोगों के अपने ही मन का काव्य और सौन्दर्य रहा होगा जो इसमें आरोपित करके देख लेते हैं। कभी मौक़ा मिलेगा तो वह हवाई जहाज़ से ताज की सुन्दरता के समग्र हो पाने की कोशिश करेगा। कई विहंगम चित्र इस तरह के देखे तो हैं...और तब सारे वातावरण के बीच कोई बात लगी तो है...मगर ये चश्मे के काँचों में झिलमिलाते, धूप में चमकते ताज...। खिंचाव वहीं थम गया। उसने बड़े बेमालूम-से ढंग से गहरी साँस ली और अपने हाथ हटा लिये, आहिस्ते से। —'नहीं, यहाँ नहीं। कोई देख लेगा....' यह उसे क्या हो गया...?

सहसा मीरा सचेत हो आई। उमड़ती लाज छिपाने के लिए सकपकाकर इधर-उधर देखा, कोई भी तो नहीं था। पासवाली लाल-लाल ऊँची दीवार पर अभी-अभी राज-मजदूर-से लगनेवाले मरम्मतिये लोग आपस में हँसी-मज़ाक़ करते एक दूसरे के पीछे भागते गए हैं। बन्दर की तरह दीवार पर भाग लेने का अभ्यास है। रविश के पार-पड़ोस के लॉन में दो-तीन माली पाइपों को इधर-उधर घुमाते पानी लगा रहे थे—वे भी अब नहीं हैं। खाना खाने गए होंगे। मीरा ने बगल से साड़ी खींचकर कन्धे का पल्ला ठीक कर लिया। फिर विजय ने अनमने भाव से घास का एक फूल तोड़ा और आँखों के आगे उँगलियों में घुमाने लगा। मीरा ने चश्मा उतारकर, मुँह से हल्की-सी भाप दी और साड़ी से काँच पोंछे, बालों की लटों को कानों के पीछे अटकाया और चश्मा लगाकर कलाई की घड़ी देखी।

बड़ा बोझिल मौन आ गया था दोनों के बीच। विजय को लगा, उन्हें कुछ बोलना चाहिए, वरना यह चुप्पी का बोझ दोनों के बीच की किसी बहुत कोमल चीज़ को पीस देगा। हथेली पर यों ही उस तिनके से क्रास और त्रिकोण बनाता वह शब्दों को ठेलकर बोला, " तो फिर अब चलें...? देर बहुत हो रही है..."

मीरा ने सिर हिला दिया। लगा, जैसे वह कुछ कहते-कहते रुक गई हो या प्रतीक्षा कर रही हो कि विजय कुछ कहना चाहता है, लेकिन कह नहीं पा रहा। फिर थोड़ी देर चुप्पी रही। कोई नहीं उठा। तब फिर उसने मरे-मरे हाथों से जूतों के फीते कसे, अख़बार में रखे और सन्तरे और मूँगफली के छिलके फेंके। बैठने के लिए बिछाए गए रूमाल समेटे गए और दोनों टहलते हुए फाटक की तरफ़ चले आए।

तीन का समय होगा—हाथ में घड़ी होते हुए भी उसने अन्दाज़ लगाया। धूप अभी भी बहुत तेज़ थी। एकाध बार गले और कनपटियों का पसीना पोंछा। आते समय तो बारह बजे थे। उस वक़्त उसे हँसी आ रही थी, मिलने का समय भी उन लोगों ने कितना विचित्र रखा है...!

जैसे इस समय से बहुत दूर खड़े होकर उसने दुहराया था—बारह...बजे, जून का महीना और ताजमहल का लॉन। वह पहले आ गया था और प्रतीक्षा करता रहा था। उस समय कैसी बेचैनी, कैसी छटपटाहट, कैसी उतावली थी... यह समय बीतता क्यों नहीं है? बहुत दिनों से घड़ी की सफाई नहीं हो पाई, इसलिए शायद सुस्त है। अभी तक नहीं आई। इन लड़कियों की इसी बात से सख़्त झुँझलाहट होती है। कभी समय नहीं रखतीं। जाने क्या मज़ा आता है इन्तज़ार कराने में! वह जान-बूझकर उधर आने वाले रास्ते की ओर से मुँह फेरे था। उम्मीद कर रहा था कि सहसा मुड़कर उधर देखेगा तो पाएगा कि वह आ रही है। लेकिन दो-तीन बार ऐसा कर चुकने के बाद भी वह नहीं आई। जब दूसरी ओर मुँह मोड़े रहकर भी वह कनखियों से उधर ही झाँकने की कोशिश करता तो ख़ुद अपने पर हँसी आती। अच्छा, सीढ़ियाँ उतरकर आने वाले तीन व्यक्तियों को वह और देखेगा और अगर इसमें भी मीरा नहीं हुई तो ध्यान लगाकर किताब पढ़ेगा—जब आना हो, आ जाए। एक-दो-तीन! हो सकता है, अगली वही हो! हिश, जाए जहन्नुम में नहीं आती तो, हाँ तो नहीं! अच्छा, आओ, तब तक यही सोचें कि मीरा इन तीन सालों में कैसी हो गई होगी? कैसे कपड़े पहनकर आएगी? एक-दूसरे को देखकर वे क्या करेंगे? हो सकता है, आवेश से लिपट जाएँ, कुछ बोल न पाएँ! उसके साथ ऐसा होता नहीं है, लेकिन कौन जाने, उस आवेश में...।

आख़िर वह आई तो वह उसे पास आते देखता रहा था। हर बार वह उधर से निगाहें हटाने की कोशिश करता कि उसे यों न देखे, पास आने पर ही देखे और हठात् मिलने के थ्रिल को महसूस करे। लेकिन वह देखता रहा था और निहायत ही संयत भाव से बोला था, "नमस्ते मीरा जी!" झेंपकर मीरा मुस्करा पड़ी थी। धूप में चेहरा लाल पड़ गया था। फिर दोनों इस लॉन में आ बैठे थे—ऐसे अचंचल, ऐसे आवेशहीन, जैसे रोज़ मिलते हों!

"मैंने सोचा, तुम शायद न आओ। याद न रहे।"

"आपने लिखा था तो याद कैसे नहीं रहता? लेकिन टाइम बड़ा अजीब है।"

"हाँ, शरद-पूर्णिमा की चाँदनी रात तो नहीं ही है।" अपने मज़ाक़ पर वह

ख़ुद ही व्यर्थता महसूस करता, गम्भीर बनकर बोला, "इस वक़्त यहाँ ज़रा एकान्त होता है।"

सचमुच अजीब टाइम था—मीरा के साथ एक-एक क़दम लौटते हुए उसने सोचा—'दोपहर की धूप और...और दो प्यार करते प्राणी!' 'प्यार करते प्राणी...' उसने फिर दुहराया। यह प्यार था? जैसे बरसों बाद मिलने वाले दो मित्र हों, जिनमें बातें करने के विषय चुक गए हों। सफ़ेद संगमरमर पर धूप पड़ रही थी, चौंधा था इसलिए उधर पीठ कर ली थी। रह-रहकर झुँझलाहट आती—किस शाप ने हमारे ख़ून को जमा दिया है? यह हो क्या गया है हमें? कोई गर्मी नहीं, कोई आवेश और कोई उद्वेग नहीं...क्या बदल गया है इसमें? हाँ, मीरा का रंग कुछ खुल गया है...शरीर निखर आया है...

लौटते समय भी उसकी समझ में नहीं आया कि यह बोझ, यह खिंचाव क्या है...दोनों योंही घास में काटी हुई लाल पत्थरों की जाली पर क़दम-क़दम टहलते हुए सीढ़ियों तक जाएँगे...फाटक में बैठे हुए गाइडों और दरबानों की बेधती याचक निगाहों को बलपूर्वक झुठलाते, बजरी पर चरचर-चरचर करते हुए ताँगे या रिक्शे में जा बैठेंगे...और एक मोड़ लेते ही सब कुछ पीछे छूट जाएगा।...कल वह लिखेगा—'मेरी मीरा, कल के मेरे व्यवहार पर तुम्हें आश्चर्य हुआ होगा। हो सकता है, बुरा भी लगा हो...लेकिन...लेकिन...'

और फिर चश्मे के काँचों में झाँकता ताजमहल साकार हो आया। 'तुम्हारी पलकों पर तैरते दो ताजमहल'—कितना सुन्दर वाक्य है! (यह तो नई कविता हो गई!)

टैगोर ने देखा होता तो 'काल के गालों पर ढुलक आई आँसू की बूँद' कभी न कहते...। कहते—'गालों पर ढुलक आए आँसुओं में झाँकते ताजमहल की रुपहली मछलियों-सी परछाइयाँ'...लेकिन मीरा की आँखों में तो उसे नमी का भी आभास नहीं हुआ था। कितने जड़ हो गए हैं हम लोग भी आजकल! वह कल वाले पत्र में लिखेगा—'हक्सले की नक़ल नहीं कर रहा, जाने क्यों, मुझे ताजमहल कभी ख़ूबसूरत नहीं लगा। लेकिन पहली बार जब मैंने तुम्हारी पलकों पर ताज की परछाईं देखी तो देखता रह गया...पिछले दिनों की एक अजीब-सी बात मुझे याद हो आई, उस क्षण...'

अरे हाँ, अब याद आया कि क्यों वह अचानक यों सुस्त हो गया था। उस बात को भी कभी भूला जा सकता है? 'हाँ, मेरे लिए तो वह बात ही थी...' वह लिखेगा। उसे लगा, मन-ही-मन वह जिसे ही सम्बोधित कर रहा है, जिसे पत्र

लिख रहा है, वह साथ-साथ चलने वाली यह मीरा नहीं है। वह तो कोई और है...कहीं दूर...बहुत दू...र...वही मीरा तो उसकी असली बन्धु और सखा है, यह...यह...इससे तो जब-जब मिला है, इसी तरह उदास हो गया है। लेकिन उस मीरा से मिलने का आकर्षण इसके पास खींच लाता है। इसकी तो जाने कितनी बातें हैं, जो उसे कतई पसन्द नहीं हैं। जैसे? वह याद करने की कोशिश करने लगा, जैसे उसे क्या-क्या पसन्द नहीं है? जैसे इस समय उसे इसी बात पर झुँझलाहट आ रही है कि मीरा नीचे बनी जाली के पत्थरों पर ही पाँव रखकर क्यों नहीं चल रही, बीच-बीच में घास पर पाँव क्यों रख देती है...

और इस सबके पार दोनों कान लगाए रहे कि दूसरा कुछ कहे। एक बात सोचकर सहसा वह ख़ुद ही मुस्करा पड़ा—जब वे लोग बहुत बड़े-बड़े हो जाएँगे; समझो चालीस-पचास साल के, तो हँस-हँसकर कैसे दूसरों को अपनी-अपनी बेवकूफ़ियाँ सुनाया करेंगे—कैसे वे लोग छिप-छिपकर ताजमहल में मिला करते थे!

'चार-पाँच साल हो गए होंगे उस बात को...' उसके मन के भीतरी स्तरों पर पत्र चलता रहा। यह सब वह उस पत्र में लिखेगा नहीं, वह सिर्फ़ उस बहाने क्रमबद्ध शब्दों में उस सारी घटना को याद करने की कोशिश कर रहा है...वह, देव, राका जी और मुनमुन इसी तरह तो लौट रहे थे—चुप-चप, उदास और मनहूस साँझ थी इसलिए परछाइयाँ ख़ूब लम्बी-लम्बी चली गई थीं...

अच्छी तरह याद है, सितम्बर या अक्टूबर का महीना था। कॉलेज से आकर चाय का कप होंठों से लगाया ही था कि किसी ने बताया, "आपको कोई साहब बुला रहे हैं।"

वह अनखाकर उठा—कौन आ गया इस वक़्त!

"अरे, आप?"

"पहचाना या नहीं, आपने?"

"अरे साहब, ख़ूब, आपको नहीं पहचानूँगा?" लेकिन सचमुच उन्होंने पहचाना नहीं था। देखा ज़रूर है कहीं, शायद कलकत्ता में। ऐसा कई बार हुआ है, लेकिन वह भरसक यह जताने की कोशिश करता है कि पहचान रहा है और बातचीत से परिचय के सूत्र पकड़कर याद करने की कोशिश करता है, "आइए न भीतर..."

“नहीं मिस्टर माथुर, बैठूँगा नहीं। गली के बाहर मेरी वाइफ और बच्चा खड़े हैं...” उन्होंने क्षमा चाहने के लहज़े में कहा, “आप कुछ कर रहे हैं क्या?...”

“लेकिन उन्हें वहाँ...? यहीं बुला लीजिए न...”

“नहीं, देखिए, ऐसा है कि हम लोग ज़रा ताज देखने आए थे। याद आया, आप भी तो यहीं रहते हैं। जगह याद नहीं थी, सो एक-डेढ़ घंटे भटकना पड़ा। ख़ैर, आप मिल गए। अब अगर कुछ काम न हो तो...बात ऐसी है कि हमें आज ही लौट जाना है...” वे सीढ़ी पर एक पाँव रखे खड़े थे, “आप किसी तरह के संकोच में न पड़िए, पाँवों में चप्पल डालिए और चले आइए।”

गली के बाहर गाड़ी खड़ी थी। पीछे का दरवाज़ा खुला था और उसको पकड़े पिछले मडगार्ड से टिकी एक महिला खड़ी थी—गहरी हरी बंगलौरी रेशम की साड़ी, बंगाली ढंग का चौड़ा-चौड़ा जूड़ा और बीचोबीच जगमग करता अठपहलू रुपहला सितारा। मडगार्ड पर छोटा-सा चार-पाँच साल का बच्चा फिसलते जूतों को जैसे-तैसे रोके बैठा था। दोनों बाँहों से उसे सँभाले हुए वे उसकी कलाई पकड़े छोटी-सी अँगुली से धूल-लदे मडगार्ड पर लिखा रही थी—टी-ए-जे। जूतों की आवाज़ से चौंककर मुड़ीं और स्वागत में मुस्कराईं। बच्चे को सँभालकर उतारा, फिर दोनों हाथ जोड़ दिये। फिर ख़ुद ही बोली, “देखिए, आपसे वायदा किया था कि...”

“हज़रत आ ही नहीं रहे थे...” वे बीच में ही बात काटकर बोले। फिर सहसा बोले, “अच्छा, राका, अब बैठो वरना अँधेरा हो जाएगा तो देखने का मज़ा भी नहीं रहेगा।”

राका...राका...हाँ, कुछ याद तो आ रहा है। ड्राइवर की बगल में बैठकर उसने एकाध बार घूमकर देखा, जैसे यहीं कहीं उनका नाम भी लिखा मिल जाएगा।

“कैसे हैं?—बहुत दिनों बाद मिले हैं। याद है आपको, कलकत्ता में हम लोग मिले थे...?...उस दिन हम लोगों ने आपको कितनी देर कर दी थी...” सुनहला रंग, कानों में गोल कुंडल, बहुत ही बेमालूम-सी लिपस्टिक। साड़ी का पल्ला साधने के लिए खिड़की पर टिकी हुई कुहनी...

अरे हाँ, अब याद आया—इनसे तो मुलाकात बड़े अजीब ढंग से हुई थी। न्यू मार्केट के एक रेस्तराँ में बैठा वह शेकिया अपनी-अपनी संगीत-कला का प्रदर्शन

करने वालों को देख रहा था। फिर जाने क्या मन में आया कि ख़ुद भी उठकर माउथ-ऑरगन पर देर तक सिनेमा के गीतों की धुनें निकालता रहा। उस छोटे-से मंच से हटकर जिस मेज़ पर वह बैठा था, उसी पर बैठे थे ये लोग, यह राका जी और मिस्टर...क्या? हाँ, मिस्टर देव।

"सचमुच आपने बहुत ही सुन्दर बजाया। बड़ी अच्छी प्रैक्टिस है।" देव ने उसके बैठते ही कहा। रूमाल से बाजे को अच्छी तरह पोंछकर जेब में रख ही रहा था कि चौंक गया। राका के चेहरे पर प्रशंसा उतर आई थी और यों ही कप के ऊपर हथेली टेके, वह एकटक मेज़ को देख रही थी।

"आपकी चाय तो पानी हो गई होगी। और मँगाए देते हैं। बैरा, सुनो इधर..."

उसके मना करने पर भी चाय और आई। "छुट्टियों में घूमने आए हैं...? अच्छा, कैसा लगा कलकत्ता आपको...जी हाँ, गन्दा तो है बम्बई के मुक़ाबले...लेकिन एक बार मन लग जाने पर छोड़ना मुश्किल हो जाता है..." फिर प्रशंसा, कृतज्ञता का आदान-प्रदान, परिचय और रात देर तक उनके लोअर सर्कुलर रोड के फ्लैट पर बातें, खाना, कॉफ़ी और संगीत। राका को सितार का शौक़ है। देव किसी विदेशी कम्पनी के इंचार्ज मैनेजर की संगति में विदेशी सिंफनियाँ पसन्द करते हैं। उसका माउथ-ऑरगन सुनने के बाद राका जी ने सितार सुनाया था और फिर देव निहायत ही ख़ूबसूरत प्लास्टिक के लिफ़ाफ़ों में बन्द अपने विदेशी रिकॉर्ड निकाल लाए थे। एक-एक रिकॉर्ड आध घंटे चलता था और उसमें तीन-तीन कम्पोजीशंस थे। उसकी समझ में कुछ भी नहीं आया था, लेकिन वह बैठा लिफ़ाफ़ों पर लिखे हुए परिचय और संगीतज्ञ की तसवीर को ज़रूर ग़ौर से देखता रहा था। कोई चियाकोवस्की या कुछ बेंगर था जिसका नाम वे बार-बार लेते थे। एक-एक रिकॉर्ड चालीस-पचास रुपए का था। बीच-बीच में, "कभी ज़रूर आएँगे आगरा। बहुत बचपन में एक बार देखा था, शायद दिमाग़ में जो नक़्शा है उससे मेल ही न खाए। शादी के बाद एक बार देखने का प्रोग्राम बहुत दिनों से बना रहे हैं। ये तो हर छुट्टी में पीछे पड़ जाती हैं। जी नहीं, इन्होंने नहीं देखा...इधर ही रहे इनके फादर वग़ैरा सब। अब तो आप वहाँ हैं ही..."

उस दिन दोनों देरी के लिए रास्ते-भर क्षमा माँगते हुए अपनी गाड़ी पर ही विवेकानन्द रोड तक छोड़ने आए थे। रास्ते-भर बातचीत के टुकड़े, सितार की

गूँज और सिंफनी की कोई डूबती-सी दर्दीली कराह उसे अभिभूत किए रही... कैसे अजीब ढंग से परिचय हुआ है, कितना सुखी जोड़ा है...उसे बहुत ही ख़ुशी हुई थी। बच्चा बाद में आया है, नाम है मुनमुन।

देव बता रहे थे, "नुमाइश में हमारा स्टाल आया है न, सो हम लोग भी दिल्ली आए थे। सोचा, इतने पास से, यों बिना देखे लौटना अच्छा नहीं है। आपको यों ही घसीट लाए, कोई काम तो..."

"नहीं, नहीं..." जल्दी से कहा। उसे और तो सब बातें याद आ रही थीं, लेकिन यह याद ही नहीं आ रहा था कि इन मिस्टर देव के आगे-पीछे क्या लगता है। बड़ी बेचैनी थी। कैसे जाने? बस, उस मुलाक़ात के बाद फिर कभी भेंट नहीं हुई। याददाश्त अच्छी है इन लोगों की, "आपने याद ख़ूब रखा..." सोचा, उस मुलाक़ात में ऐसी कोई ख़ास बात भी तो नहीं थी।

"जब भी हम लोग ताज की बात करते, आपकी बात याद आ जाती। और कोई दिन ऐसा नहीं गया जब ताज की बात न आई हो..." फिर राका जी की ओर देखकर ख़ुद ही बोले, "आज हमारे विवाह को सातवाँ वर्ष पूरा हुआ है... आपके सामने यह मुनमुन नहीं था..."

"मुनमुन, तुमने अंकल जी को मत्ते नहीं किया? कहो, अंकल जी, आज हमाले पापा-डैडी के विवाह की सातवीं वर्छगाँठ है..." राका जी उसके हाथ जुड़वाती बोलीं, "बहुत ही शैतान है। मुझे दिन-भर ख़याल रखना पड़ता है कि किसी दिन कुछ कर-करा न ले।"

"तब तो आपको बधाई देनी चाहिए..." लेकिन इस सबके पार विजय को लगा, कहीं घुटन है जो अदृश्य कुहरे की तरह गाढ़ी होती हुई छाई है। रहा नहीं गया, पूछा, "आप कुछ सुस्त हैं। तबीयत..."

"नहीं जी।" उन्होंने दोनों हाथ उठाकर एक क्लिप ठीक किया और स्वस्थ ढंग से मुस्कराने का प्रयत्न करके कहा, "गाड़ी में बैठे-बैठे पाँच घंटे हो गए। एक घंटे से तो यहीं आपको ही खोज रहे हैं..."

"च्च्, सचमुच बहुत ज्यादती है यह तो आपकी!" कृतज्ञता भाव से वह बोला, "कम-से-कम मुँह-हाथ तो धो ही लेतीं राका जी!"

"सब ठीक है—लौटना भी तो है न आज ही।"

फिर सभी ने ख़ूब घूम-घूमकर ताज देखा था। मुनमुन का एक हाथ देव के हाथों में था और एक राका जी के। कभी-कभी तो तीनों आपस में ही ऐसे

व्यस्त होकर खो जाते कि विजय को लगता—वह बेकार ही अपनी उपस्थिति से इनके बीच विघ्न बन रहा है। ऊपर इमारत के सफ़ेद-काले चबूतरे पर देव बड़ी देर तक पैसा लुढ़काकर उसके पीछे भागते और बच्चे को खिलाते रहे, और विजय के साथ-साथ राका जी जालियों की बनावट, दरवाज़े पर लिखी कुरान की आयतें और बूटों की नक़्क़ाशी देखती रहीं। साँझ की पीली-पीली सुहानी धूप थी। लॉनों की नरमी साँवली हो आई थी, मोरपंखी और चौड़े-चौड़े ताड़ जैसे पत्तों के गुंबदाकार कुंज मोमबत्ती की हरी-सुनहली लौ जैसे लगते थे—जैसे आनन्द में फूले-फूले कबूतर हों और अभी हुलसकर फुरहरी ले लेंगे तो चिनगारियों की तरह सुर्ख़ फूल इधर-उधर बिखर पड़ेंगे। वे लोग भीतर क़ब्रों के पास अपनी आवाज़ गुँजाते रहे—कैसी लरजती-सी तैरती चली जाती है। जैसे बहुत ही महीन रेशों का बना हुआ, घड़ी में लगे बाल-स्प्रिंग की तरह बड़ा-सा वर्तुलाकर कुछ है जो कभी सिकुड़कर सिमट उठता है। देव की आवाज़ थी, 'रा का...रा का-ा...रा ा-ा का-ा...' एक-दूसरे पर चढ़ते चले जाते शब्द... दूर खोते हुए...किन्हीं अनजानी घाटियों की तलहटियों में—'मुनमुन मु उ-उ न-अ-अ...' देव देर तक डूबे हुए इस खेल को खेलते रहे थे। लगता था, उनके भीतर है कुछ, जो इस खेल के माध्यम से अभिव्यक्ति पा रहा है। वह राका या मुनमुन का नाम ले देते और देर तक अँधेरे में इन शब्दों को डूबता-खोता देखते रहते—जैसे हाथ बढ़ाकर उन्हें वापस पकड़ लेना चाहते हों! उन्हें क़ब्रों में कोई दिलचस्पी नहीं थी। बड़ी देर बाद, बहुत मुश्किल से जब वे उस वातावरण से टूटकर बाहर निकले तो बहुत उदास और खोए-खोए थे। विजय के पास से मुनमुन को लेकर ज़ोर से छाती से भींच लिया।

बाहर निकलकर आए तो देखा कि नदी किनारे वाली बुर्जी के पास राका जी चुपचाप दूर शहर और लाल पुल की ओर देखती खड़ी हैं। सिन्दूरी आसमान के गहरे सिलेटी बादल नदी के चौखटे में वाश-कलर की तरह फैल गए हैं। बुर्जी से लेकर बीच के मकबरे तक चबूतरे की काली-सफ़ेद शतरंजी को सिमटती धूप ने तिरछा बाँट लिया है...हवा में साड़ी उनके शरीर से चिपक गई है और कानों के ऊपर की लटें उच्छृंखल हो आई हैं। देव बहुत देर तक उन्हें यों ही देखते रहे, जैसे उन्हें पहचानते ही न हों। और उस सारे वातावरण में, सफ़ेद पत्थर के उस विराट क़ैदख़ाने में जैसे किसी अभिशप्त जलपरी को यों भटकने के लिए छोड़ दिया गया हो...! यह जगह, यह वातावरण है ही कुछ ऐसा। विजय ने अपने-आपसे कहा और जान-बूझकर दूसरी तरफ़ हट आया।

शायद राका जी मुमताज के प्रेम की बात सोच रही हों, अपने मरने के बाद अपनी ऐसी ही यादगार चाहती हों या कुछ भी न सोच रही हों—बस, पुल से गुज़रती रेल की खिड़की से झाँकती हुई, ताज को देखकर सौन्दर्य और कल्पना की स्तब्ध ऊँचाइयों में खो गई हों...

अपनी छाती तक ऊँची पीछे की दीवार से मुनमुन नदी की ओर झाँकता हुआ हाथ हिला-हिलाकर नीचे जाते बच्चों को बुला रहा था। कौवे काँव-काँव करने लगे थे। मुनमुन के पास वह संगमरमर की दीवार पर झुककर हथेलियाँ टेके सामने की धारा और पेड़ों की घनी पाँतों को देखता रहा। जाने कब देव भी बराबर ही आ खड़े हुए...काफ़ी दूर हटकर उसी तरह बुर्जी के पास झुकी राका जी...हवा में फहराती साड़ी को एक हाथ से पकड़कर रोके हुए...

"भीतर की आवाज़ और गूँज को सुनकर बड़ी अजीब-सी अनुभूति होती है...होती है न? जैसे जाने किन वीरान जंगलों और पहाड़ों में आपका कोई बहुत ही निकट का आत्मीय खो गया है और आपकी निष्फल पुकारें टूट-टूटकर उसे गुहारती चली जाती हैं...चली जाती हैं और खो जाती हैं...। न वह आत्मीय लौटता है और न आवाज़ें—जैसे युगों से किसी की भटकती आत्मा उसे पुकारती रही हो और वह है कि गूँजों और झाँइयों में ही घुल-घुलकर बिखर जाता है... डूब जाता है...बिलमता है और साकार नहीं हो पाता..."

नदी में ताज की घनी-घनी परछाईं लहरों में टूट-टूट जाती थी...अनजाने ही देव की आँखों में आँसू भर आए।

"ऐसा ही होता है, ऐसे वातावरण में ऐसा ही होता है।" विजय ने अपने-आपसे कहकर मानो स्थिति को शब्द देकर समझना चाहा, "जब कोई किसी को बहुत प्यार करे, बहुत प्यार करे, और फिर ऐसी ख़ूबसूरत मनहूस जगह आ जाए तो कुछ ऐसी ही अनुभूतियाँ मन में आती हैं...अभी लॉन पर चलेंगे, मुनमुन के साथ किलकारियाँ मारेंगे—सब ठीक हो जाएगा..."

देव ने सुना और गहरी साँस लेकर बड़ी कातर निगाहों से विजय की ओर देखा। कुछ कहते-कहते रुक गए। और दोनों चुपचाप ही टहलते हुए सामने की ओर आ गए...मुनमुन राका जी के पास चला गया था। नीचे की सीढ़ियाँ उतरते-उतरते सहसा ही देव ने विजय के कन्धे पर हाथ रख दिया था। कुछ कहने को होंठ काँपे, "आपको पता है मिस्टर विजय!" विजय स्वर और मुद्रा से चौंक गया था।

"नहीं...कुछ नहीं..." ऊपर हरी साड़ी की झलक दिखी और फिर दोनों

सीढ़ियाँ उतर आए। जूते पहनते हुए बोले..." आपको ताज्जुब तो बहुत होगा कि हम यों अचानक आपको लिवा लाए..."

"नहीं तो, इसमें ऐसी क्या बात है?" विजय ने शिष्टता से कहा।

"हाँ, बात कुछ नहीं है, लेकिन बहुत बड़ी बात है।" फिर गहरी साँस।

अब विजय को लगा कि सचमुच कोई बहुत बड़ी बात है जो देव के भीतर से निकलने के लिए छटपटा रही है। तब पहली बार उसका ध्यान इस स्थिति की विचित्रता की ओर गया। बीच के चबूतरे तक दोनों बिलकुल चुप रहे...चबूतरे के ख़ूबसूरत कोनों वाले हौज़ में आग लग गई थी...गहरे साँवले आसमान में लाल-लाल गुलाबी बादलों के बगूले उतर आए थे। उलटे ताज की परछाईं दम तोड़ते साँप-सी इनके क़दमों पर फन पटक-पटककर लहरा रही थी। धूप ऊपर बुर्जियों पर सिमट गई थी। उस पर आँखें टिकाए देव बड़ी देर तक यों ही देखते रहे। सामने मुनमुन को लिये राका जी चली आ रही थीं, लेकिन जैसे कोई किसी को नहीं देख रहा हो—हाँ, विजय कभी उसे और कभी इसे या मशक लेकर आते भिश्ती को देखता रहा। टप-टप बूँदों की सर्पाकार लाइनें उसकी उँगलियों से टपक रही थीं। बड़े साहस से शब्दों को धकेल-धकेलकर देव बोले, "यह सारी स्थिति...यह...यह टूट जाने की हद तक आ जाने वाला चरमराता तनाव... मौत के पहले के ये कह-कहे। औपचारिकता का वह बर्फ़ीला कफ़न...शायद हममें से कोई इसे अकेला नहीं सह पाता...कोई एक चाहिए था जो इसकी ओर से हमारा ध्यान हटाए रखे...इस समाप्ति का गवाह बन सके।"

"मैं समझ नहीं सका मिस्टर देव..." घबराकर विजय ने पूछा था।

बूटों के दोनों पंजों पर ज़रा-सा मचककर देव निहायत ही इत्मीनान से धीरे से हँसे। "आप...आप—विजय साहब, यह हमारी आख़िरी सन्ध्या है..." और विजय के कुछ पूछने से पहले ही उन्होंने कह डाला। "मैंने और राका ने निश्चय किया है कि अब हम लोगों को अलग ही हो जाना चाहिए...दोनों तरफ़ से शायद सहने की हद हो गई है...नसों का यह तनाव मुझे या उसे पागल बना दे, या कोई ऐसी-वैसी बेहूदगी करने पर मजबूर करे, इससे अच्छा हो कि दोनों अलग ही रहें। चाहे तो वह किसी के साथ सैटिल हो जाए। वह मुनमुन को रखना चाहती है, रखे। वैसे जब भी वह उसके बाधक लगे, निस्संकोच मेरे पास भेज दे..."

विजय का सिर भन्ना उठा। वह चुपचाप हौज़ की गहराई से तड़पती ताज की परछाईं पर निगाहें टिकाए रहा।

"लेकिन आप दोनों..." विजय ने कहना चाहा।

देव ने हाथ फैलाकर रोक दिया, "वह सब हो चुका। सारी स्थितियाँ ख़त्म हो गईं। हमने तय किया कि क्यों न अपनी अन्तिम सन्ध्या हँसी-खुशी काटें... मित्र बने रहकर ही हँसते-हँसते विदा लें..." फिर कुछ देर तक चुप रहकर कहा, "राका को बड़ी इच्छा थी कि ताज देखे, शादी की पहली रात उसने चाहा था कि हनीमून यहाँ ही हो...लेकिन...लेकिन...." फिर हाथ झटक दिया, "अजीब संयोग है न?...लेकिन..."

लेकिन विजय को लगा था, जैसे किसी डैम की रेलिंग पर झुका खड़ा है और नीचे से लाखों टन पानी धाड़-धाड़ करता गिरता चला जा रहा है...गिरता चला जा रहा है...और उसका सिर चकरा उठा...। नहीं, उससे किसी ने कुछ भी नहीं कहा। यह सब तो सिर्फ़ वह कल्पना कर रहा है। कहीं ऐसी अविश्वसनीय बात...ध्यान उसका टूटा देव की आवाज़ से, "उसे रोको राका, माली वगैरह मना करेंगे...नहीं मुनमुन!" स्वर बहुत मुलायम था। और फिर देव ने दौड़कर प्यार से मुनमुन को दोनों बाँहों में उठा लिया और उसके पेट में अपना मुँह गड़ा दिया...मुनमुन खिलखिलाकर हँस पड़ा...आँखों में लाड़-भरे राका जी मुस्कराती रहीं। नहीं, अभी जो कुछ सुना था, वह इन लोगों के आपसी सम्बन्धों के बारे में नहीं था—हो नहीं सकता।

बहुत बार विजय ने राका जी का चेहरा देखना चाहा, लेकिन लगा, वे इधर-उधर के सारे वातावरण को ही पीने में व्यस्त हैं। चिड़ियाँ चहचहाने लगी थीं...

इन्हीं जालियों पर इसी तरह तो वे लोग चल रहे थे कि पास आकर धीरे से देव ने कहा था, " राका से कुछ मत पूछिएगा..."

क्या पूछेगा वह राका जी से...?

"सॉरी, आपको यों घसीट लाए हम लोग..."

और इस बार कातर निगाहों से देखने की बारी विजय की थी—इतना ग़लत समझते हैं आप...

चार-पाँच साल हो गए, लेकिन बात कितनी ताज़ी हो आई है...वह, देव, राका जी और मुनमुन इसी तरह लौट रहे थे, चुपचाप, उदास और मनहूस...साँझ का बजरा रात का किनारा छूने लगा था। जैसे किसी वर्षों की तूफ़ानी यात्रा से वे तीनों लौटकर आ रहे हों! पेड़ों और इमारतों की परछाइयाँ ख़ूब लम्बी-लम्बी चौड़ी धारियों की तरह पीछे चली गई थीं...कुंजों और लॉन की हरियालियाँ

अजीब टटकी-टटकी हो उठी थीं...हरियाली के सुरमई धुँधले काँच पर सफ़ेद फूल छिटक आए थे...

मीरा के चश्मे के काँचों में झाँकती परछाईं को देखकर, जाने क्यों उसे वही याद ताज़ी हो गई थी...वही ताज जो उस दिन हौज़ में मानो आसमानी जार्जेट के पीछे से झाँक रहा था और अपने-आपसे लड़ते हुए देव उसे बता रहे थे।...आज अगर देव होते तो क्या जवाब देता...? तो क्या वे भी उसी तरह अलग हो रहे हैं...?

सहसा चौंककर उसने मीरा को देखा। उसे लगा, जैसे उसने कुछ कहा है, "कुछ कह रही थीं क्या?"

"मैं?...नहीं तो।" फिर वही मौन और घिसटती उदासी का कंबल।

लगा, जैसे कोई मुर्दा-क्षण है जिसका एक सिरा मीरा पकड़े है और दूसरा वह, और उसे चुपचाप दोनों रात के सन्नाटे में कहीं दफनाने के लिए जा रहे हों...डरते हों कि किसी की निगाहें न पड़ जाएँ—कोई जान न ले कि वे हत्यारे हैं...कहीं किसी झाड़ी के पीछे इस लाश को फेंक देंगे और ख़ुशबूदार रूमालों से कसकर ख़ून पोंछते हुए चले जाएँगे... भीड़ में खो जाएँगे...। जैसे एक-दूसरे की ओर देखने में डर लगता है...कहीं आरोप करती आँखें हत्या स्वीकारने के मजबूर न कर दें...

बाहर वे दोनों ताँगा लेंगे...झटके से मोड़ लेता हुआ ताँगा ढाल पर दौड़ पड़ेगा और ताजमहल पीछे छूटता जाएगा...और फिर 'अच्छा' कहकर सूखे होंठों के भरे स्वर पर मुस्कराहट का कफ़न लपेटकर दोनों एक-दूसरे से विदा लेंगे...।

✪✪✪